Thibaut Solano

Pour Thibaut Solano, le fait divers est une passion. Après des études de cinéma à Poitiers, il travaille comme journaliste au quotidien *La Montagne*, à Clermont-Ferrand, puis rejoint la presse nationale, d'abord le magazine *Ebdo*, puis *L'Express*, où il se spécialise davantage dans la chronique judiciaire, et enfin *Marianne*. Il est l'auteur des *Disparues* (Les Arènes, 2016), récit captivant de son enquête sur la disparition et l'assassinat de jeunes femmes à la gare de Perpignan (affaire jugée), et de *La Voix rauque* (Les Arènes, 2018 ; Pocket, 2019), chronique glaçante de la genèse de ce qu'on appellera « l'affaire Grégory ». En 2021 paraît chez Robert Laffont *Les Noyés du Clain*, repris chez Pocket en 2022.

LES NOYÉS DU CLAIN

ÉGALEMENT CHEZ POCKET

LA VOIX RAUQUE

LES NOYÉS DU CLAIN

THIBAUT SOLANO

LES NOYÉS DU CLAIN

LA BÊTE NOIRE
Robert Laffont

Ce livre est inspiré de faits réels. En revanche, tous les personnages du récit sont imaginaires. Leur personnalité et leur comportement ne sont en aucun cas inspirés des véritables protagonistes de ces dossiers criminels, y compris les victimes.

MIXTE
Papier issu de sources responsables
FSC® C003309

L'éditeur de cet ouvrage s'engage dans une démarche de certification FSC® qui contribue à la préservation des forêts pour les générations futures.

Pour en savoir plus :
www.editis.com/engagement-rse/

ISBN 978-2-266-32289-8
Dépôt légal : mai 2022

Prologue

Septembre 2001

Je me souviens de la première fois où je me suis retrouvé seul dans mon studio d'étudiant. J'ai fermé la porte à clé, il n'y avait pas un bruit. C'était un studio de vingt mètres carrés, à peine occupé par du mobilier récupéré dans un bric-à-brac. J'étais si impressionné d'être là, en tête à tête avec moi-même, que, pour rompre le silence, je n'ai rien trouvé de mieux à faire que d'allumer la télé. Quelques jours avant, je zonais encore avec mes potes dans le patelin où j'avais grandi. J'aimais m'y ennuyer en sirotant des bières sous l'abribus le samedi soir. On se racontait des blagues qu'on avait entendues, on parlait des films qu'on avait vus, des filles qu'on ne séduirait jamais. On était peinards sans en être vraiment conscients.

Ma nouvelle ville, Poitiers, n'était pas une mégalopole, loin de là, mais pour le villageois que j'étais, ses quasi cent mille habitants paraissaient écrasants.

Ce premier jour, je me suis recroquevillé dans mon clic-clac, face à la petite télévision calée sur une table de pique-nique en plastique blanc. À cette époque, je n'avais pas encore d'écran plat ni d'ordinateur, encore moins de smartphone. Quand j'ai enclenché le bouton « on », j'ai vu deux grandes tours en feu. L'une des deux s'est enflammée en direct sous mes yeux, je crois avoir vu l'un des deux avions la percuter. France 2 avait interrompu ses programmes, comme TF1. Les réseaux sociaux, les chaînes d'infos en direct n'existaient pas. Que France 2 bouscule le cours normal de sa diffusion et renonce à l'épisode de la série *Derrick* était déjà un vrai chambardement.

Quand le World Trade Center s'est écroulé, j'ai oublié un moment mon angoisse, qui se diluait dans une angoisse mondiale, incomparable, gigantesque. Ma vie changeait mais le monde aussi. À quelques jours de la rentrée universitaire, je perdais mes repères, je quittais vraiment l'enfance. J'avais dix-huit ans.

À la nuit tombée, de la fenêtre de mon logement, j'ai observé les lumières froides et bleues qui s'élevaient de la zone commerciale la plus proche, à la périphérie. Pour la plupart des gens, ce n'était que l'éclairage nocturne d'un centre Leclerc banal. Pourtant, ça me glaçait le sang. Subitement, ce paysage constituait le symbole le plus juste de mon sentiment d'oppression. On aurait dit que ces lueurs m'aspiraient, m'avalaient pour me recracher sur le parking désert du supermarché, inquiétant, encore puant d'essence et d'huile. Je pensais : « Voilà, ma vie, désormais, c'est ça. » Tout seul dans un endroit sans âme.

Je ne parvenais pas à me convaincre que la vie étudiante m'offrirait tout ce qu'on voyait dans les films ou qu'on lisait dans les livres. Des jolies filles abordables, des fêtes jusqu'à l'aube, des cours de littérature et d'art pour se nourrir de culture. La liberté, ses plaisirs et ses excès. Devant la glace de ma salle de bains, dont les murs moisiraient bientôt sous l'effet de l'humidité, je ne voyais que le reflet d'un adolescent trop timide, la peau encore assaillie par l'acné et les bras trop frêles pour jouer au football américain. Discipline qui, de toute façon, se pratique beaucoup moins à Poitiers qu'au Texas.

Le 11 septembre 2001 s'est pour moi résumé à un long moment suspendu dans le temps, figé devant la télévision. Vers minuit, j'ai fini par presser le bouton « veille » de la télécommande, depuis mon clic-clac déplié. Une fois la lumière éteinte, j'ai tenté de trouver le sommeil. Je ne lui ai arraché que quatre petites heures, à tout casser, avant que le premier jour de ma vie étudiante ne se lève. Clic-clac, bienvenue à la fac.

6 avril 2004

Un corps retrouvé dans le Clain

Découverte macabre hier dans les eaux du Clain, à Poitiers. Vers 8 heures du matin, un riverain remarquait la présence d'un corps dans la rivière à proximité du Pont-Neuf. Moins de trente minutes plus tard, les policiers se rendaient dans le secteur. Selon les premières constatations et dans l'attente d'une autopsie, le corps, en partie dévêtu, serait celui d'un jeune homme. Il pourrait s'agir d'un étudiant de 20 ans, inscrit à l'École supérieure de l'aéronautique, disparu depuis quatre jours.

Le parquet a ouvert une enquête pour identifier les causes de la mort : suicide, accident ou homicide ? Selon nos informations, aucune hypothèse n'est exclue pour le moment.

PREMIÈRE PARTIE

1

La fac

Septembre 2001. Trois ans avant le meurtre.

Quand Robin m'a adressé la parole, j'ai d'abord entendu une voix basse et grave, dont le ton badin laissait percer un manque d'assurance. Pour dire les choses lapidairement, une voix de gros nigaud.

— Tu trouves pas que le prof ressemble à un gourou de secte ?

Je me suis tourné vers mon voisin d'amphithéâtre. Dix-huit ans, les cheveux dressés en brosse comme s'il sortait d'un salon de coiffure du début des années 1990. Il a soufflé sa petite comparaison sans oser me regarder, mais le corps timidement orienté dans ma direction. Pas plus à l'aise que lui, j'ai souri en laissant échapper un bref rire nerveux.

— Maintenant que tu le dis…

C'était notre premier échange, les yeux posés sur l'universitaire qui nous souhaitait la bienvenue et présentait le programme de l'année. Nous n'avions pas besoin d'en dire plus : on s'était reconnus, deux timides jetés dans l'arène étudiante. Deux garçons débarqués de leur village respectif, dans un forum plein à craquer et au milieu duquel, déjà, nous étions à l'écart.

Le prof avait effectivement un air de chef illuminé, avec sa chevelure attaquée par la calvitie à l'avant, éclatée en pétard à l'arrière, et ses yeux exagérément ouverts. On aurait dit qu'il surjouait sa conviction, comme pour tenir un rôle dans la grande comédie de la fac : celui du prof habité par sa foi. Il parlait avec de grands gestes, on allait voir ce qu'on allait voir, l'ouverture au monde, la culture, l'art, et tout le tsoin-tsoin. Le spectacle ravissait la plupart des jeunes entassés ici, persuadés d'être au commencement d'un grand parcours qui les transformerait en George Lucas ou en Jean-Luc Godard. On était en fac de cinéma. Des casquettes gavroches, des longs manteaux un peu élimés mais pas trop et quelques keffiehs coloraient cet alignement de crânes. Au lycée que j'avais quitté, on appelait cette communauté les « chevreuils ». D'autres disaient les « babos », et d'autres encore, plus approximatifs, les « hippies ».

Ma présence dans ce décor s'avérait aussi logique qu'un parpaing sur un service à thé.

— Si c'est un gourou, ça va peut-être finir par un suicide collectif, a poursuivi Robin.

J'ai émis un second rire nerveux de politesse. Dans ma tête, j'étais déjà loin, parti sur le chemin de la crise d'angoisse. D'un coup, cette présence humaine, ce bétail d'inconnus, ces rangées de sourires affichés me submergeait. Je manquais d'air, je perdais pied. Ma vue se troublait : les visages se brouillaient dans un kaléidoscope nauséeux, les corps se transformaient en ombres envahissantes. Tous les yeux semblaient braqués sur moi, inquisiteurs et moqueurs, comme s'ils avaient démasqué ma névrose. J'aurais voulu sortir, m'échapper, mais il n'y avait même pas dix minutes qu'on était sur les bancs en similicuir. Et l'autre, à côté, Robin, ne s'arrêtait plus, bloqué sur son analogie :

— Ou alors ça va finir en sacrifice humain…

Cette première journée, à être bringuebalé d'un amphi à l'autre, m'a paru interminable. À 18 heures, je suis ressorti essoré du bâtiment labyrinthique, où tous les couloirs, étages et salles se ressemblaient. Sur le parking du campus, sans me quitter d'une semelle, Robin a extirpé son paquet de tabac Django de sa poche de jean et s'est roulé une clope. Le soleil de fin d'été dessinait sa silhouette sur le béton, grande et large, à contre-jour sous mon regard perdu.

— Tu crèches où, toi ? m'a-t-il demandé.

— Pas loin, dans un studio.

— Moi je suis à la cité U.

— Et tu t'y plais ?

— Je te paie une bière, si tu veux.

Dix minutes plus tard, mon nouveau pote m'a conduit dans un immeuble aux allures de paquebot, érigé en longueur, la façade bleu et orange, moche et surannée. Sa piaule de neuf mètres carrés se nichait au premier étage. Le logement était mal exposé et, à cette heure-ci, la pièce plongeait déjà dans l'obscurité. Robin n'avait pas de meubles personnels, pas même un frigo. Il stockait ses produits sur le rebord de la fenêtre. Une brique de lait entamée et une motte de beurre voisinaient avec deux bières 33 Export. Il m'en a servi une, a décapsulé l'autre et continué la conversation.

— T'es d'où ?

— D'un petit village à deux cents bornes d'ici.

— C'est à côté de quelle ville ?

— C'est à côté de rien. Y a même pas mille habitants.

Je m'étais inscrit à la fac de Poitiers pour suivre des études de cinéma. J'aurais voulu être réalisateur de films d'horreur.

— Moi je suis de La Rochelle, enfin à côté. Mon père peint des bateaux et ma mère s'occupe des « cassos ».

— Ton père peint la coque des bateaux ?

— Non, il peint des bateaux sur des tableaux.

— Ah ! Il est artiste peintre ?

— Il aurait bien aimé mais finalement il est plutôt cassos. Comme ça, ma mère ramène du travail à la maison.

Robin paraissait moins fragile que moi mais peut-être plus sombre. J'ai jeté un coup d'œil au décor. Quelques chemises à manches courtes, motifs petits carreaux de cahier d'écolier, s'entassaient dans une penderie entrouverte, à gauche de la banquette-lit. Les murs étaient beiges et nus. Au fond vers la fenêtre, j'ai remarqué une sorte d'aquarium vide.

— T'as rapporté du poisson de La Rochelle ?

Une lueur malicieuse a réveillé son œil amorphe.

— Ah non… Ça, c'est Gilliam.

Je me suis redressé de la banquette dans laquelle j'avais sombré. Ce bocal rectangulaire n'abritait pas un poisson mais un reptile : un gros lézard de vingt centimètres de long, avec une peau de léopard, jaune et noir. Un gecko.

— Gilliam, dis bonjour à…

Robin s'est arrêté, embarrassé par son trou de mémoire.

— Simon.

— … à Simon.

Je me suis levé pour mieux contempler la bête. Gilliam s'est immobilisé pour me jauger. C'était une drôle d'idée de s'encombrer d'un truc pareil dans une aussi petite chambre. Comme le reptile n'avait rien de passionnant à raconter, j'ai laissé traîner mes yeux à l'extérieur. La vue n'était pas si vilaine, avec cette rangée de platanes à l'arrière du bâtiment qui verdissait le grand ensemble de logements. Au pied de la cité U, le long d'une allée, deux étudiantes de notre âge passaient. Je les imaginais sortant d'un cours de littérature.

— Jolies brunes, ai-je commenté, pour jauger à mon tour Robin.

Il ne leur a même pas adressé un regard, trop occupé à admirer sa créature. J'ai pensé à l'abribus du village, à mes potes partis chacun de leur côté dans d'autres universités et à Pauline qui m'avait largué trois mois avant le bac. J'accusais un sérieux coup de mou. J'ai terminé ma 33 à grandes gorgées.

— Bon, je vais y aller, je suis un peu crevé…

— Comme tu veux.

— C'est à l'amphi A, demain, le cours d'histoire du cinéma ?

Robin a tiré de sa poche une feuille froissée comme si elle avait déjà traversé une année entière. On nous avait distribué cet emploi du temps le matin même.

— Ouais, l'amphi A.

En quittant sa chambre miteuse, j'ai longé les murs couverts de tags et de pensées philosophiques à deux balles écrites au feutre noir : « Cueille le jour », « Nos nuits sont plus belles que vos jours ». Les bruits de portes ouvertes et fermées, de pas dans le couloir, de brouhaha diffus me donnaient l'impression de sortir d'un parloir.

*

Les premiers mois, je rentrais chez mes parents un week-end sur deux. Je ne voulais pas moisir dans mon studio, mais le prix du billet de train décourageait mon compte en banque. La joie de retrouver mon village le vendredi soir était toujours teintée de mélancolie. À peine avais-je posé ma valise remplie de linge sale que je pensais déjà au moment où il faudrait repartir. Et quand ce moment arrivait, sur le quai de la gare, ma mère finissait toujours par pleurer. Dès que je montais dans la voiture, je sentais une boule d'angoisse et de tristesse grossir dans mon ventre.

Entre ces deux trains, le week-end passait à toute vitesse. Ma mère faisait tourner la machine à laver à plein régime, s'inquiétait de ma santé, me jouait un morceau sur le piano qu'elle avait, toute jeune, hérité de sa propre mère, souvent la *Lettre à Élise*, que j'adorais depuis tout petit. Mon père me posait des questions très pratiques en lissant son épaisse moustache grise : « Le frigo marche bien ? », « Le voisinage, ça va ? », puis s'enfermait dans son bureau pour s'occuper de « ses choses ».

« Ses choses ». C'est par ces deux mots, les plus flous possible, qu'on désignait le hobby auquel il se consacrait depuis l'année 1990, pour être précis. Une date facile à retenir : c'était un an après la chute du mur de Berlin. Ce séisme de l'Histoire avait fait vaciller l'usine où travaillait mon père, spécialisée dans la production d'armes et principale pourvoyeuse d'emplois à la ronde. Moins de guerres, moins de commandes. Et moins d'ouvriers. La manufacture avait dégraissé du personnel, tout en laissant planer la menace perpétuelle de nouveaux licenciements. Mon père avait une trouille bleue d'être le prochain sur la liste. Il croyait voir des signes derrière le moindre propos anodin prononcé par son petit chef. Un simple « Profite bien de tes jours de repos » devenait un sous-entendu pervers. Il le répétait à ma mère et s'alarmait : « Tu crois qu'il voulait dire que j'aurai une mauvaise nouvelle lundi matin ? » Cette angoisse bégayante avait plombé plusieurs dimanches.

Cette année de 1990, un autre événement avait changé son quotidien. À l'automne, une vague d'observations d'ovnis avait contaminé toute l'Europe. Il vous en parlerait mieux que moi ; les spécialistes appellent ça la « vague de 1990 ». Des témoignages par centaines évoquaient des engins lumineux dans le ciel, parfois gros comme un terrain de foot. Selon l'explication officielle, les objets célestes n'étaient que les débris d'un satellite russe, mais beaucoup n'y croyaient pas. On nous cachait la vérité. Or mon père faisait partie des témoins. Un soir de novembre, à la fenêtre de la maison, il avait vu une sorte de rectangle dont chaque bord émettait une lueur rouge ou orange (« C'était pas une soucoupe, hein, c'était un rectangle », disait-il). Ça l'avait travaillé des semaines et des semaines. Avant qu'il n'aménage son bureau pour « s'occuper de ses choses ». Onze ans après, il passait encore ses soirées à empiler de la documentation, analyser des récits trouvés dans la presse, établir des recoupements. Il stockait tout dans son bureau secret où il était formellement interdit d'entrer. Vers l'âge de dix ans, j'avais trouvé la porte entrouverte alors qu'il était pendu au téléphone, dans le salon, avec je ne sais qui. Poussé par la curiosité, je m'étais aventuré dans l'espace privé. J'avais à peine eu le temps d'apercevoir des exemplaires de journaux sur une table que mon paternel avait surgi derrière moi pour m'administrer la seule gifle qu'il m'ait jamais donnée.

Au lycée, à cause de la lubie paternelle qu'un copain idiot avait dévoilée dans la cour, on m'avait surnommé « l'extraterrestre » (en même temps que « la calculette », à cause de l'acné). À la fac, au milieu d'inconnus, je ressentais encore moins l'envie de m'épancher. Mon village, mes potes étaient loin et chaque jour passé les éloignait encore. Tout ce qui avait bercé mon enfance et mon adolescence semblait imprimé sur une vieille photo jaunie, ou plutôt une photo en train de jaunir, là, sous mes yeux, sans que j'y puisse rien. Sur le quai de la gare, chaque dimanche, je repartais chargé d'une grosse valise, encombrante, trop lourde, trop bondée.

J'aurais aimé vous raconter que ma première année de fac m'a fait changer, grandir, que j'en suis ressorti épanoui, riche de mille expériences. Mais tout est passé ainsi, tout gris, comme un train dans une petite gare, où une mère dit au revoir à son fils.

2

Soirée d'étudiants

Avril 2002. Deux ans avant le meurtre.

Ma première véritable soirée d'étudiant n'a eu lieu qu'au mois d'avril, le 24 je crois. L'après-midi, avec Robin, on avait manifesté en criant des slogans à pleins poumons : « Et F comme fasciste ! Et N comme nazi ! » Trois jours plus tôt, on apprenait que l'élection présidentielle, notre première élection, opposerait la droite à l'extrême droite. Dans l'amphi babos, on résumait : « C'est la peste et le choléra. »

Robin restait plus en retrait, à la traîne du cortège, une bière à la main. Je me sentais au contraire galvanisé par les clameurs de la foule, l'esprit de collectif. En fin de compte, il suffisait de répéter les mêmes mots pour se sentir partie prenante d'un groupe. La veille au soir on avait confectionné des pancartes en ramassant de vieux cartons près des poubelles. J'avais mis au moins trente minutes à trouver mon slogan : « FN = la France d'abord » et j'avais barré les lettres

« f » et « n » du mot France. Sur le pavé poitevin, on avait croisé d'autres étudiants de notre promo qui m'avaient félicité de mon inventivité. Et je m'étais laissé amadouer. On avait discuté politique et, de fil en aiguille, on avait décidé de se retrouver le soir au bord de la rivière traversant Poitiers, le Clain.

Celui qui avait lancé l'idée s'appelait Max. Un type du genre rigolo de la classe promu en rigolo de l'amphi, toujours à capter l'attention, à trouver la vanne qui fait mouche. Il compensait par le verbe sa toute petite taille. Il m'évoquait *Bip Bip et Coyote*, parce qu'il s'agitait, courait partout et s'exprimait par de grands gestes. Dès qu'il occupait l'espace, il n'était plus possible d'en placer une.

On accédait au Clain depuis le boulevard Anatole-France qui longeait la rivière et formait une sorte de frontière entre le centre-ville et les quartiers plus excentrés, qui eux-mêmes précédaient le campus. Depuis un parking municipal à ciel ouvert, un petit escalier discret encastré entre deux grands murs de pierre, et composé d'une quinzaine de marches irrégulières, descendait jusqu'à la rive. Au pied d'une muraille où les tags et les noms d'amoureux gravés se mélangeaient, une bande de terre épousait le tracé de la rivière. Des hêtres ombrageaient cette promenade plutôt triste, que peu de Poitevins empruntaient, sauf à la nuit tombée, comme en témoignaient les capsules et mégots qui traînaient par terre.

La lumière fiévreuse d'une fin de journée printanière baignait les bords du Clain où on avait élu domicile, après avoir déployé sur l'herbe une nappe en tissu prêtée par l'une des filles du groupe. Les uns restaient assis en tailleur, la bière calée entre les genoux, d'autres s'étaient allongés et faisaient tourner un joint, l'œil brillant. Installé sur l'une des pierres calcaires qui délimitaient le sentier, Max balançait ses pieds nus au-dessus des nénuphars, comme pour laisser penser qu'il finirait par piquer une tête. Ce qu'il ne ferait évidemment jamais : personne ne se baignait dans ces eaux marronnasses. Vingt mètres plus loin, un autre groupe d'étudiants avait eu la même idée et prenait la même pose.

La plus jolie de notre bande mixte constituée d'une dizaine de personnes s'appelait Julia, petite blonde au visage poupin, plus classique dans sa tenue vestimentaire et moins soucieuse de paraître « hippie ». Tous les mecs présents n'avaient d'yeux que pour elle dès qu'elle ouvrait la bouche. Mais au bout de dix minutes, tout en grignotant une chips saveur barbecue, elle avait déjà refroidi les ardeurs générales en évoquant, l'air de rien, son petit copain, inscrit en école d'ingénieurs.

Progressivement, à mesure que la nuit tombait, la conversation a dévié vers les tours jumelles. Tout le monde prenait part au débat. Sauf Robin, indifférent, replié sur sa bière, à l'écart, hors de portée des lampes torches que certains avaient allumées. Moi, j'acquiesçais de temps en temps, et quand je n'étais pas d'accord, je gardais le silence. Mon père avait façonné mes idées en la matière comme il pratiquait son syndicalisme tendance FO à l'usine : un peu mais pas trop. J'étais bien incapable de citer des extraits du *Capital* de Karl Marx. Vers 23 heures, Max a liquidé sa sixième bière et a affirmé de sa voix braillarde que Ben Laden était un agent d'Israël et que le World Trade Center avait été piégé par des explosifs déclenchés juste avant que les avions ne pointent le bout de leur nez.

Si on était ensemble, c'est parce qu'on était tous très assidus des salles obscures, suffisamment pour y consacrer nos études (« T'es sûr que tu vas trouver du boulot avec ça ? » avait marmonné mon père le jour où je lui avais dévoilé mes ambitions). Quelque part, on aimait tous qu'on nous raconte des histoires. Les théories du complot n'étaient que des récits de plus. J'écoutais poliment les causeries de Max mais c'est lorsqu'il a changé de sujet que mon intérêt est monté d'un cran.

— De toute façon, on sait pas le quart des choses qui se passent dans ce pays…

— Tu penses à quoi ? l'a relancé Julia.

— Eh ben, par exemple… Vous connaissez l'histoire de cet étudiant qui s'endort sur un banc ?

L'assistance entière l'a regardé avec curiosité. Encouragé, il a braqué une lampe torche sous son menton, éclairant son visage par un jeu clair-obscur comme s'il présentait un numéro à sensation au cabaret, du genre la femme coupée en deux.

— C'est un copain flic qui m'a raconté ça. Et franchement, c'est un type sérieux… D'après lui, c'est une histoire qui serait arrivée à plusieurs étudiants. L'année dernière, un gars inscrit à la fac d'histoire passe une soirée en ville. Il picole beaucoup avec ses potes. À 4 heures du mat', il décide de rentrer chez lui mais il est tellement bourré qu'il fait une pause de cinq minutes sur un banc. Il finit par s'endormir… Et ne se réveille que le lendemain matin. Il rentre chez lui, il prend une douche. Et là, dans la salle de bains, il s'aperçoit qu'il a une énorme balafre dans le dos.

— Une balafre ? a questionné Julia.

— Ouais… On lui a prélevé un rein pendant son sommeil.

— Non, tu déconnes ? a demandé l'un d'entre nous, la voix légèrement troublée.

— Pas du tout, je suis sûr que c'est vrai. Ça s'est sûrement pas produit dans la rue, évidemment, mais des types ont dû l'enlever dans son sommeil, le droguer, faire l'opération puis le remettre sur son banc, ni vu ni connu.

— Du trafic d'organes ?

— Exactement. Des gars d'une mafia visent les étudiants parce qu'ils sont jeunes et ont plus de chances d'être bien portants.

Entre fascination et inquiétude, on n'osait plus prononcer un mot. Sûr de son effet, Max a déposé avec gourmandise la cerise sur le gâteau :

— Et d'après mon pote, cette mafia tournerait sur plusieurs villes étudiantes et notamment Poitiers…

Après ce coup d'éclat, les sujets de conversation paraissaient plus fades. Quelqu'un a tenté une autre histoire fantastique – celle d'un bébé alligator qu'on aurait retrouvé dans les toilettes de la cité U –, mais le cœur n'y était plus. Vers 1 heure du matin, chacun a regagné ses pénates et Max a terminé seul sa huitième bière.

Le printemps était chaud, il faisait doux dans les allées de Poitiers. Avec Robin, on marchait côte à côte. Il nous fallait trente minutes pour rejoindre le campus, à l'écart du cœur de la ville. La fatigue me gagnait et je n'essayais même plus de combler les silences. Alors qu'on allait se séparer, près d'un rond-point désert, il m'a glissé :

— L'histoire de l'alligator, je la connaissais mais avec une mygale…

Je lui ai souri.

— Et tu crois que c'est vrai ?

Il a réfléchi deux secondes.

— Techniquement, c'est pas impossible.

Il est resté planté devant moi d'un air hésitant. Je n'avais plus qu'une envie : aller dormir, mais on aurait dit qu'il voulait me confier quelque chose.

— Tout va bien, Robin ?

Il a ruminé encore deux secondes puis m'a chuchoté :

— Tu vas me prendre pour un dingue mais le type dont parlait Max…

— Oui ?

— Je suis sûr d'avoir déjà vu un gus de cette mafia rôder au bord du Clain. J'étais allé boire un verre tout seul dans un pub, l'hiver dernier… En rentrant, près du Pont-Neuf, j'ai vu ce type qui avait l'air de guetter une proie.

Captivé quoique dubitatif, je ne savais plus sur quel pied danser.

— Tu me fais marcher, là ?

— Non, je te jure… Je m'en souviens bien parce qu'après l'avoir dépassé, j'ai cru qu'il me suivait…

— C'était peut-être juste un gars, comme ça… Qu'est-ce qui te fait dire que c'était celui dont parlait Max ?

— Je sais pas, un pressentiment…

Je souriais nerveusement. Autour de nous, il n'y avait plus aucun signe de vie. Le quartier entier était soit endormi, soit mort. Il s'est empressé de corriger :

— Non, laisse tomber… Je crois que j'ai des hallucinations en ce moment.

— Pas de problème, mec, je te crois.

— Ouais… Allez, bonne nuit.

Et Robin est parti d'un pas pressé. Sa silhouette semblait flotter sous le halo des lampadaires, puis elle s'est fait avaler par l'obscurité.

3

Premier cachet

Janvier 2003. Un an et deux mois avant le meurtre.

Mes parents n'avaient pas osé me dire que les fins de mois étaient de plus en plus difficiles mais plusieurs signaux m'ont alerté. Dans le placard de leur cuisine, toutes les marques de conserve avaient disparu au profit de celles que l'on trouve dans les hard discount. Comme des imitations pour fauchés. L'été qui a suivi ma première année de fac, ils ne sont pas partis en vacances. Et surtout, ma mère a vendu son piano.

Aussi, à la rentrée suivante, je me suis décidé à trouver un job d'étudiant. D'une pierre deux coups : d'un côté, j'allais décharger mon père et ma mère des sacrifices qu'ils consentaient pour mes piètres études, de l'autre, je repartais à la fac avec un objectif motivant.

Il m'en fallait un. Cette première année s'était révélée inquiétante. J'avais réussi mes partiels en me reposant sur mes acquis : décrypter des films, analyser les intentions d'un réalisateur revenait à peu près au même que de se cogner un commentaire composé en cours de lettres au lycée. Mais en fin de compte, apprendre l'histoire du septième art m'ennuyait copieusement. Le cinéma russe, le cinéma muet me barbaient. Ma motivation se désagrégeait aussi nettement que le plafond de ma salle de bains. Je séchais de plus en plus de cours. Je m'endormais à 2 heures du matin devant un documentaire animalier à la télévision et me réveillais à 11 heures, déjà fatigué, barbouillé, plâtreux. Je fumais deux ou trois cigarettes à jeun dans mon lit puis je faisais chauffer une ration de pâtes dégueulasses.

Le moment qui précédait l'entrée dans l'amphithéâtre me tordait le ventre. Chaque fois que j'approchais de ce grand bâtiment blafard, je sentais l'angoisse s'emparer de moi, sans parvenir à la contrôler. Pourtant, il y avait deux fois moins d'étudiants que l'année précédente dans les travées. Des dizaines d'apprentis Tarantino étaient partis livrer des pizzas ou directement à l'ANPE parce qu'ils n'avaient plus les moyens de persévérer. Mais cet écrémage n'y faisait rien : entre les murs, je ne voyais encore que des spectres menaçants et des rictus sarcastiques. La claustrophobie ne me lâchait pas.

Robin ne m'était d'aucune aide. Il s'épanchait toujours aussi peu. Le spectacle de nos soirées communes, taiseuses, amorphes, me foutait le cafard. D'une année à l'autre, il avait changé de chambre à la cité U en migrant au quatrième étage. Lorsque je venais partager une bière, je n'osais plus regarder par sa fenêtre. Ce n'était pas si haut mais un simple coup d'œil à travers la vitre provoquait en moi une sensation de vertige.

Ce n'était pas vraiment du vertige, d'ailleurs, pas vraiment la phobie de tomber. Plutôt celle de s'y jeter. D'un moment d'égarement, d'un accès de folie. J'avais peur de tout, surtout de moi.

Tant et si bien que ma décision de trouver un job étudiant est restée un vœu pieu pendant des mois. Je ne voulais pas nettoyer les chiottes d'un McDo, ni servir des bières dans un pub irlandais. Sur le campus, un local encastré près du resto U et baptisé « maison des étudiants » proposait une bibliothèque remplie de bouquins, de guides pour changer d'orientation. Dans un coin, il y avait aussi des offres d'emploi imprimées sur des Post-it. Je les consultais régulièrement, sans jamais oser composer de numéro. Si mes yeux se décalaient légèrement, ils tombaient sur une petite table sur laquelle un tas de prospectus incitait à utiliser un préservatif et à se faire dépister. Un conseil inutile pour moi : je ne draguais personne, personne ne me draguait.

Ces dépliants médicaux ont cependant fini par produire un effet dans mon cerveau ankylosé. Le mot « médecin » s'est faufilé jusqu'à mes neurones. En début d'année 2003, je me suis enfin décidé à passer la porte d'un toubib. J'avais trouvé un prétexte : depuis quelque temps, des acouphènes martyrisaient mes tympans. Mais j'avais surtout l'espoir de tomber sur un docteur sympa. Quelqu'un à qui je pourrais parler.

Son cabinet était à deux cents mètres de chez moi, à côté de l'une de ces galeries commerciales déprimantes qui s'étaient multipliées dans les années 1980. On trouvait tout côte à côte, boulangerie, pharmacie, bureau de tabac, les boutiques enfilées dans un rez-de-chaussée aux teintes marronnasses. Même quand il faisait beau, on croyait qu'il pleuvait.

Lorsque le médecin est venu me chercher dans la salle d'attente, j'ai compris que l'horizon pouvait s'éclaircir.

Il m'a fait asseoir face à son bureau. Derrière ses lunettes à monture métallique, il m'a regardé d'un œil perçant et bienveillant à la fois. Il devait approcher l'âge de la retraite. Ses cheveux gris et ondulés lui conféraient une forme de sagesse. D'une voix apaisante, il m'a demandé :

— Qu'est-ce qui vous amène ?

Je pense qu'il l'avait déjà deviné.

Il a joué le jeu, pris ma tension, ausculté mes yeux, mes oreilles, posé une ou deux questions sur les acouphènes, mes habitudes alimentaires, ma pratique sportive – nulle. Puis, le plus naturellement du monde, comme si nous savions tous les deux quel chemin emprunter, il a changé de sujet.

— Et la fac, ça se passe bien ? Vous avez des copains avec qui sortir ?

J'ai balbutié quelques mots, du genre « Ça va, ça va », sans y croire. Pas dupe, il s'est fait plus amical :

— Et les copines ? Vous avez l'âge de faire le guide de l'étudiante, non ?

Je lui ai servi mon rire le plus nerveux. Il a poursuivi avec la même ténacité :

— Et quoi d'autre ?

Je me suis enfin ouvert.

— Quelquefois j'ai… comme des moments d'angoisse… C'est assez tétanisant. J'ai l'impression de ne plus arriver à respirer…

— Des angoisses, d'accord. Des idées noires aussi ? J'ai fait un gros effort pour retenir mes larmes.

— Oui, je crois…

Il m'a souri comme un sauveteur sourirait à un chiot qu'il aurait extirpé d'un fleuve. Puis a saisi son bloc d'ordonnances.

— Quitter la maison des parents et devenir autonome n'est pas forcément un chemin pavé de roses… C'est souvent difficile et chacun réagit à sa façon. Il y a ceux qui se réfugient dans la fête et qui boivent jusqu'à s'en rendre malades. De l'extérieur, on croit que tout va bien pour eux. Mais derrière les masques…

J'ai pensé alors à tous mes potes d'amphi. Dans mon imaginaire, l'espace d'une seconde, leurs rictus moqueurs se sont métamorphosés en bouches tordues par la peur.

— Et puis il y a ceux qui ont des idées noires et qui les cachent un peu moins… Ça va passer. Je vais vous donner un médicament à prendre quand c'est vraiment trop dur. C'est un tranquillisant. Quand vous êtes à la fac, en cours, que vous sentez l'angoisse monter, vous en prenez un, vous le mettez sous la langue. Dix minutes plus tard, vous vous sentirez plus léger.

Son ordonnance a rimé avec délivrance. Dès le lendemain, j'ai expérimenté le remède en plein cours d'histoire du cinéma soviétique. Au milieu d'une rangée de visages éteints, je me suis initié à la petite pilule bleue. Ma main a glissé discrètement au fond de la poche de mon pantalon. J'avais stocké un cachet dans une vieille boîte de Tic Tac. J'ai fait basculer le clapet en plastique et versé la pilule au creux de ma main. Je l'ai fourrée l'air de rien sous ma langue. Dix minutes plus tard, c'est comme si j'avais bu deux bières. Je me sentais zen, presque hilare. À côté, Robin m'a demandé innocemment :

— Il te reste un Tic Tac ?

— Désolé, vieux, c'était mon dernier.

En fait, c'était le premier d'une longue, très longue série.

4

Premier reportage

Avril 2003. Onze mois avant le meurtre.

Ma boîte de Tic Tac faisait *plic ploc* contre mon trousseau de clés, au fond de ma poche, lorsque je me suis rendu au canard local. Les bureaux étaient situés près du centre-ville, en face d'un grand jardin public. Ce coin de Poitiers avait quelque chose de parisien, avec le voisinage du parc, ses immeubles anciens aux façades claires et aux encorbellements taillés dans le plâtre, ses trentenaires dynamiques qui promenaient leurs gosses à vélo.

Depuis le trottoir, la devanture de *L'Écho* ne laissait pas voir immédiatement le petit groupe qui y turbinait. De l'extérieur, on ne distinguait que la une du journal du jour, scotchée sur la vitre, à côté d'autres unes marquantes, heureuses ou tragiques, des dernières années. Le 21 avril 2002 (avec le duel droite-extrême droite au second tour de la présidentielle), le 11 septembre 2001, la France championne du monde de foot en juillet 1998… Le dernier numéro montrait un lointain paysage dévasté d'Irak. La guerre et le pétrole avaient fait irruption dans les discussions alcoolisées des soirées d'étudiants.

Trois jours plus tôt, j'avais fêté mes vingt ans avec trois copains du lycée, au village de mes parents. On l'avait jouée nostalgique : comme au temps du bahut, on s'était retrouvés sous l'abribus avec deux packs de bières, de la vodka et du gin-fizz industriel au goût chimique. La soirée était nulle : il faisait froid, on n'avait pas grand-chose à se dire, personne ne suivait le même cursus et ne nourrissait les mêmes projets, entre celui qui s'était mis à la coke et voulait courir tous les festoches de la planète, celui qui caressait l'idée d'arrêter les études et de revenir au bercail, un autre qui s'était trouvé une copine et nous considérait comme des losers ringards. Sur les coups de 23 heures, des lycéens s'étaient pointés en nous dévisageant, comme si on leur avait volé leur spot. C'est eux qui nous l'avaient pris, en vérité, mais on n'y pouvait plus rien. Et d'autres le leur prendraient plus tard. À 1 heure du matin, on était tous au pieu, en comprenant que cette soirée était la dernière et qu'il fallait dire adieu à l'abribus de notre adolescence.

Revenu à Poitiers le lundi suivant, je m'étais mis en action pour tromper la mélancolie. Dès 10 heures du matin, je m'étais pointé à la « maison des étudiants » pour parcourir les petites annonces disponibles. On proposait un poste de « vacataire » à *L'Écho*. Je pensais que ce serait moins glauque de tenir un stylo qu'un balai pour gratter un peu d'argent. J'en savais quelque chose : ma mère était femme de ménage et ce qu'elle ramassait à la fin du mois dans la poussière ne dépassait pas le Smic. La seule exigence était de tracer une croix sur la plupart de mes week-ends. Étant donné ce que j'en faisais, je n'y voyais pas d'inconvénient.

J'avais envoyé mon CV le lundi après-midi, on m'avait rappelé le lendemain matin pour fixer un rendez-vous avec le « chef de la locale » le jour même. Un homme bien propre sur lui, la cinquantaine, tout fin, yeux fatigués derrière ses lunettes, et chemise blanche élégante.

— Alors comme ça, vous aimez écrire ? a-t-il commencé, assis à la table circulaire d'une petite pièce isolée.

La baie vitrée donnait sur la ruche de la rédaction : majoritairement des hommes, quadragénaires. Les uns se concentraient sur leur texte, d'autres bavardaient et riaient ensemble, un gobelet de café à la main.

— Oui, j'aime bien. J'ai fait un bac littéraire.

— Vous avez participé à des concours de nouvelles, j'ai vu…

— Quand j'étais au lycée, oui.

Il a souri.

— Mais vous savez qu'ici, c'est du réel, pas des nouvelles ?

— Oui, mais ça m'intéresse aussi.

Il a jeté un coup d'œil en diagonale à mon CV.

— Je vois que vous aimez le cinéma. Et la culture en général ?

— Oui, la musique…

— Les expos ?

— Aussi.

— Les concours de sosies et les foires à la saucisse ?

— Euh…

— Non, je plaisante… Enfin, pas tant que ça. Vous voulez faire quoi après vos études ?

J'ai réfléchi deux secondes.

— Réalisateur de films.

— Ah oui, a-t-il relevé, impassible. Vous savez ce qu'on dit de la presse locale ?

— Non.

— Ça mène à tout… À condition d'en sortir. Et il a ponctué son trait d'esprit d'un rire acide.

— C'est une petite ville calme, Poitiers, vous savez. Ne vous attendez pas à couvrir des scandales d'État.

— Je viens d'un petit village alors pour moi, c'est déjà grand.

— Ouais… Vous avez le permis ?

— Je l'ai passé l'été dernier.

— Très bien. Vous pouvez commencer la semaine prochaine ?

— Euh… Oui, oui, pas de problème.

— Vous travaillerez deux week-ends sur trois, du vendredi soir au dimanche. À quelle heure vous finissez les cours le vendredi après-midi ?

— À 11 heures du matin.

— Ah oui… J'avais oublié mes années de fac… Alors vous pourrez commencer dès 16 heures, mettons ?

— Sans problème.

— Parfait. Je vous prends.

Ce ne fut pas plus compliqué que cela. Mon goût pour l'écriture avait joué en ma faveur. Enfin, je récoltais le premier fruit de mes après-midi d'adolescent passées enfermé à lire et rédiger des nouvelles dans ma chambre, pendant que d'autres jouaient au foot ou roulaient des patins à leur copine.

Le week-end suivant, le premier passé à *L'Écho*, ne fut pas le plus captivant de mon existence, je l'avoue. Mon recruteur, Salzer, chef de la locale, m'a présenté aux troupes. Il n'y avait qu'une femme, d'une quarantaine d'années, « secrétaire de rédaction ». Suzy, journaliste autant que les autres, relisait les papiers, en corrigeait les fautes, réécrivait les titres. Les autres allaient sur le « terrain », se répartissant les sujets d'actualité en fonction de leur appétence, même si les frontières n'étaient pas trop cloisonnées : culture, économie, politique… Le seul qui disposait d'un véritable pré carré couvrait les faits divers, les « chiens écrasés » comme on dit parfois à l'extérieur (mais jamais entre ces murs). Il s'appelait Mernot. Un homme d'une cinquantaine d'années qui fumait clope sur clope et parlait peu à ses voisins.

— Simon, tu n'as pas peur des sorcières ? m'a demandé Salzer, en public.

— Non, non.

— Ça tombe bien. Une expo sur la sorcellerie et les guérisseurs, ça te tente ? Si ça te tente pas, ce sera le même tarif. Tu prends une bagnole, c'est à Sérizon, route de Parthenay.

Un grand plan du département ornait l'un des murs de la salle de rédaction. Je me suis posté devant, sans trop m'attarder, la faute à une pudeur idiote. Ne pas montrer sa méconnaissance, ne pas trahir ses faiblesses.

Mon premier reportage aurait sans doute constitué un excellent album de *Gaston Lagaffe*. J'ai coché toutes les cases du tableau des maladresses : caler au feu vert, se tromper de route, arriver en retard, choisir un stylo qui n'écrivait plus. Au moment de prendre la photo (floue et mal cadrée) de la galerie, je me suis montré si nul que le responsable de l'expo (un brave type, soixante balais, deux mètres de haut, sourire gêné) m'a expliqué le fonctionnement de l'appareil. C'est tout juste s'il ne m'a pas proposé d'appuyer lui-même sur le déclencheur.

Je pensais être tiré d'affaire en quittant ce village éteint de Sérizon, mais c'était souffler trop tôt. J'ai réussi à me perdre sur le chemin du retour. Je me suis égaré sur une minuscule route de campagne où faire demi-tour était impossible. J'ai roulé des kilomètres et des kilomètres au milieu des bois sans apercevoir le moindre village. Les arbres qui bordaient l'étroite voie m'engloutissaient, je suffoquais. J'avais déjà pris un cacheton pour le cours en amphi du matin. J'en ai pris un second. Il commençait seulement à agir lorsqu'un panneau m'a enfin indiqué la route à suivre.

De retour à la locale, je n'ai rien laissé paraître. D'ailleurs, la plupart des journalistes étaient partis. Il restait Suzy au fond de la pièce, les yeux esquintés par les copies à relire. Et Mernot, en pleine inspiration, tapant frénétiquement sur le clavier de son ordinateur.

Avec une grande gentillesse, Suzy m'a montré la marche à suivre, où écrire, avec quelle police de caractères, comment faire un titre. Ce n'était pas la peine de compter sur le fait-diversier, qui ne m'avait pas accordé un seul regard depuis mon arrivée.

Et j'ai signé un article indigeste, pompeux et ridicule. « C'est pas sorcier », avais-je titré, fier de mon pitoyable jeu de mots. Discrètement, Mernot a zieuté ma prose sur le « chemin de fer », l'assemblage des pages du journal à paraître le lendemain, visible depuis tous les ordinateurs. Un éclair de consternation a frappé le blanc de son œil.

5

Le patron

Novembre 2003. Quelques mois avant le meurtre.

La nuit était déjà tombée sur Poitiers lorsque j'ai regagné le siège de *L'Écho*. Le froid a pincé mes mains au moment où elles ont poussé la porte d'entrée. Je revenais des salons de l'hôtel de ville, où on m'avait envoyé suivre une conférence de presse sur l'agrandissement d'une zone commerciale à la limite nord-ouest de Poitiers. Les élus étaient fiers d'annoncer les excellentes retombées à venir. Sans l'ombre d'un doute, il y aurait de l'emploi et une juteuse taxe foncière dont s'acquitteraient les promoteurs. Pas mal d'articles avaient déjà été signés sur le sujet, ce n'était pas un scoop, juste une couche de cirage supplémentaire sur les pompes du maire. Le chef de la locale m'avait laissé un message le matin même me demandant de remplacer au pied levé un collègue. Mon emploi du temps à trous me permettait de le satisfaire. J'avais d'ailleurs écouté son message en sortant de l'unique cours de la matinée, « Esthétique du théâtre ». Une discipline obscure qu'obscurcissait davantage encore un prof élégamment sapé en costume et chemise blanche, qu'on apercevait ensuite à la cafète, hâbleur attablé aux côtés de trois jolies filles de la promo. « Il doit les partouzer », avait un jour commenté Max, rouge de jalousie. Ses cours verbeux achèveraient sans doute de décourager les quarante-cinq survivants de la licence parmi lesquels je me débattais sans trop de conviction.

« Gravet est encore en arrêt maladie », avait grincé Salzer sur mon répondeur. Ce journaliste aurait dû couvrir l'amuse-gueule à ma place mais il s'était fait porter pâle un jour plus tôt. J'avais aussitôt compris que le gus était coutumier du fait, en revanche les interprétations étaient diverses : dépression mal soignée ou poil dans la main ? Je préférais privilégier la deuxième possibilité : l'idée qu'une dépression puisse résister aux toubibs et aux pilules bleues me plongeait dans un profond désarroi.

Ce soir-là, à la rédac', il n'y avait plus que Mernot vrombissant sur son clavier, clope au bec. Je l'ai salué sans effusion, lassé de son mutisme permanent. Sans dire un mot, j'ai entrepris mon compte rendu à l'ordinateur d'en face. Au bout de quelques minutes, le constat était sans appel : je n'avais pas l'ombre d'une inspiration. Et je n'avais pas compris grand-chose à cette conférence. Des mots abscons – « péréquation », « concertation communautaire », « avis de la commission » – embrumaient mon esprit comme les volutes de cigarette aux soirées étudiantes confinées. Ça a été plus fort que moi, j'ai laissé échapper un soupir d'angoisse.

— Tu veux une clope ?

C'était la première fois que Mernot m'adressait une phrase complète. Ses doigts épais et jaunis me tendaient un paquet de gitanes bleu.

— Non, merci, je suis plutôt blondes.

Il a haussé des épaules, d'un air à la fois déçu et compréhensif.

— Ah.

Tout de même, sa demande m'adoucissait un peu. C'était une perche tendue.

— Putain, c'était chiant, cette conférence de presse…, ai-je lâché.

Mernot a laissé passer quelques secondes, comme s'il n'avait plus envie de rebondir. Puis a fait un autre pas :

— Passages obligés. Si on se froisse avec les élus, après, on nous coupe le tuyau.

— Quel tuyau ?

— Les infos qu'ils nous donnent. Et puis les sous. Ils achètent des pubs dans le journal. C'est comme ça qu'on bouffe.

— Ah oui, ai-je dit, sans conviction.

Un ange est encore passé. Mon collègue a embrayé de nouveau, d'un air faussement interrogatif et la voix plus forte :

— Ça te choque pas, au moins ?

— Quoi ?

— Ce que je te dis sur les élus.

— Ben vous êtes en train de me dire qu'on est copains avec les élus ?

— Tutoie-moi. On se tutoie entre journalistes.

— D'accord… V'tu es en train de me dire qu'on est co…

— Et voilà, j'en étais sûr ! pesta-t-il d'un coup.

J'en ai presque sursauté.

— Encore un idéaliste !

— Tu parles de moi ?

— Tu veux faire ce métier pour dénoncer les puissants et montrer ta trombine à la télé ?

— Non, je ne sais même pas si je…

— Tu t'es trompé d'adresse, mon petit gars. Ici, on n'est pas là pour la gloire.

— D'accord, je…

— Je suis sûr que t'étais aux manifs contre l'extrême droite l'année dernière.

— Ben…

— Et voilà ! Encore un pinpin qui veut apprendre la vie aux autres et leur dire ce qu'il faut penser et pour qui il faut voter.

— Non, j'ai juste…

— Si y a bien une chose qui me fout en rogne dans la vie, c'est de voir des petits nantis prendre de haut les ouvriers et les caissières.

— Mon père est ouvrier.

Enfin, le vieux briscard m'a entendu. Sa bouche s'est refermée instantanément et ses yeux m'ont détaillé avec acuité. En face, sur ma chaise, j'ai tenté de soutenir le regard.

— Ah… Où ça ?

— Dans un bled que tu connais pas, à deux cents bornes d'ici.

— Bon. Et tu sais pour qui il a voté, ton père ?

Il fallait bien l'avouer : je l'ignorais. Depuis quelques années, à la table du déjeuner, ses envolées pouvaient prendre plusieurs cibles : les patrons comme les syndicats, les rupins comme les chômeurs, les immigrés comme les stars de la télé.

— Non, je sais pas…

— Pose-toi la question. Et demande-toi s'il est hitlérien… Ha ha ! (Son rire était volontairement excessif.) F comme fasciste, N comme nazi… Je t'en foutrais.

S'il avait eu mon pote Max face à lui, en train d'appeler au sursaut révolutionnaire contre la peste brune, affalé dans son pieu avec une bière à la main, j'aurais compris la réaction de Mernot. Mais face à moi qui jugeais tout cela avec un peu plus de distance, je le trouvais injuste.

— Tu as voté pour qui, toi ? ai-je tenté, sarcastique.

— Je vote plus. C'est pas que je sois déçu, c'est que je m'en branle.

On était figés tous les deux à notre clavier mais le silence ne mentait pas : plus aucune lettre ne sortait de nos doigts. L'ambiance était fichue. Soudain, Mernot s'est levé de sa chaise comme s'il voulait en découdre. Il n'était pas très grand, plutôt enrobé, une chemise débraillée sur son futal noir. Ses cheveux plaqués en arrière, un peu gras, laissaient voir une calvitie inéluctable et lui donnaient un air d'alcoolo repenti quoique toujours sur la brèche.

— Tu as une idée des gens qui nous lisent ? Tu sais ce qu'ils cherchent, les gens qui achètent le canard ? Ils veulent pas qu'on leur dise quoi penser, pour qui voter, quoi foutre, ils veulent juste qu'on leur raconte ce qu'il se passe sous leur fenêtre. Pourquoi la sirène des flics a retenti hier matin. Quelle vieille connaissance a son nom dans les avis de décès. Si leur ophtalmo qui part à la retraite sera bien remplacé. Et ce qu'il y aura à la place de cette putain de boulangerie qui a fermé. Tu comprends ?

Je n'osais pas me lever de ma chaise.

— Oui, oui… Je comprends bien.

Il m'a progressivement quitté du regard, le corps toujours dressé vers moi, l'œil de plus en plus hésitant. Comme s'il cherchait d'autres exemples à me donner. La sonnerie d'un téléphone portable a brisé le silence. Le volume était poussé à son plus haut niveau ; à mon avis, il n'avait jamais trouvé comment régler les paramètres.

— Ouais, allô ?

Au bout du fil, il devait s'agir d'une bonne connaissance. Mernot a empoigné son crayon et griffonné quelques mots sur son calepin. Une lueur a jailli au fond de son iris.

— Merci ! J'arrive tout de suite.

Comme s'il avait oublié notre échange, il m'a demandé, en enfilant son imperméable beige :

— T'as fini ton papier, là ?

— Non, j'ai même pas commencé…, ai-je répondu, penaud.

— Tu feras des heures sup'. Allez viens, je t'emmène faire un tour !

Un éclair plus tard, je me cramponnais au siège passager de sa vieille ZX blanche.

— J'aime pas prendre la voiture du journal, on passe pas discrètement…

J'avais les fesses sur des monticules de miettes de pain et les pieds dans des feuilles de bloc-notes.

Mernot roulait vite et semblait prêt à griller tous les feux rouges. En fait, il s'arrêtait juste à temps, à chaque fois, d'un brusque coup de frein. Il faisait nuit et les rues de Poitiers étaient désertées. On quittait Blossac, le secteur du journal, pour descendre vers le long boulevard de la gare. Les tristes commerces se succédaient, là un kebab, ici une boîte d'intérim, puis une station-service. Mernot a grillé une clope et a baissé la vitre. Le froid s'est engouffré dans l'habitacle. Je me laissais porter sans poser de questions. C'est lui qui a glissé un premier indice :

— Tu vas voir… Je vais te montrer un coin de Poitiers que tu connais pas.

À la fin du boulevard, la ZX s'est engagée dans le rond-point de la porte de Paris, au milieu duquel se dressait une sorte de large tourelle de pierre. La première sortie à droite ramenait vers le centre-ville. À gauche, deux itinéraires menaient soit vers l'océan et l'aéroport, soit vers le Futuroscope, le grand parc d'attractions de la région. Tout droit, un autre axe plus secondaire filait vers l'inconnu. Mernot a pris cette direction.

On a d'abord traversé un quartier tranquille où des maisons de pierre paraissaient endormies. La rue se resserrait et les derniers signes de l'espace urbain s'évanouissaient peu à peu pour se perdre dans l'obscurité de la nuit. Un panneau « Poitiers » barré d'un trait rouge symbolisait cet entre-deux, plus vraiment en ville, pas encore à la campagne. Les arbres bordant le chemin s'épaississaient, les bois étouffaient davantage la ligne droite. Mernot a fait cliqueter un levier sur le tableau de bord pour passer en pleins phares. Un autre décor plus massif mais tout aussi fantomatique s'est dressé à notre droite, des entrepôts, peut-être une laiterie avec de grandes cuves verticales, ensuite encore des maisons plus vieilles, fenêtres murées.

On suivait le tracé de la voie ferrée qui filait, plus haut, à notre gauche. De l'autre côté de la route, des halos ont attiré mon attention avant de devenir des lueurs et des brasiers : cohabitaient deux gyrophares bleus, balayant le paysage comme les spots d'une discothèque, et un spectre rougeoyant, grimpant et se perdant dans le ciel sans étoiles. Il y avait le feu au milieu de nulle part. Du moins, c'est ce que j'ai pensé dans un premier temps. Il s'agissait d'un campement à l'écart, enserré par quelques caravanes et délimité par des gravats, des amas de pneus et des bidons bleus. Les flammes n'étaient pas criminelles mais salvatrices : en temps normal, elles réchauffaient des hommes, des femmes et des enfants massés autour, les mains tendues et la paume offerte au brasier. Sauf que la séance venait d'être interrompue par l'arrivée des uniformes.

Mernot a garé sa voiture cinquante mètres avant. Il a coupé le moteur, les phares et a observé la scène, comme un joueur analyse la situation avant d'entrer dans le match.

— Ouvre la boîte à gants, m'a-t-il ordonné sans quitter des yeux le spectacle.

Je me suis exécuté : une housse rectangulaire reposait au milieu de la paperasse entassée. La forme de l'objet était évidente : c'était son appareil photo. Je l'ai attrapé pour le lui donner.

— 'erci, a-t-il marmonné.

Devant nous, quatre policiers encerclaient l'un des hommes. Petit et baraqué, ce quadragénaire au teint hâlé hurlait, menaçait vaguement d'un poing fermé. Deux femmes criaient derrière, l'une donnait de petites tapes sur le dos d'un flic. Les fonctionnaires demeuraient imperturbables.

— Putain, il l'a bien amoché…, a murmuré Mernot.

J'ai cherché du regard, et brusquement j'ai compris la raison de notre venue. Un homme gisait au sol, le visage barbouillé de sang. Son nez se perdait dans une bouillie rougeâtre. Il était encore vivant, son corps se mouvait difficilement mais ses yeux pochés ne parvenaient pas à s'ouvrir. L'auteur présumé de cette dérouillée s'agitait encore de rage.

— Il m'a provoqué ! Il m'a provoqué ! geignait-il.

Visiblement, tout le monde n'était pas d'accord. Deux autres femmes, penchées au-dessus du blessé, s'égosillaient contre celles qui se tenaient debout. La cacophonie généralisée servait les représentants de la force publique. La petite foule était trop divisée pour empêcher l'interpellation.

— S'ils l'embarquent pas maintenant, ça va dégénérer, a poursuivi Mernot, prêt à bondir hors du véhicule.

L'instant d'après, tout s'est accéléré : un agent a ceinturé la boule de nerfs et l'autre lui a passé les menottes aux poignets. Les cris ont redoublé, le tumulte est devenu pagaille. La petite femme brune a renoncé à ses coups pour tenter de s'interposer, mais elle ne faisait pas le poids. Une seconde plus tard, la brute était calfeutrée à l'arrière d'une des deux voitures. Le véhicule a démarré immédiatement. Les deux policiers restants ont reculé doucement vers leur Peugeot bleu marine, sans baisser la garde face à la dizaine d'individus amassée. Bientôt, une autre sirène s'est ajoutée au concert et a distrait l'attention : les pompiers.

— C'est bon, ça va se tasser, a prédit Mernot.

Je faisais confiance à son expérience.

— C'est les flics qui t'ont prévenu ? ai-je demandé.

— Ouais… Ça fait vingt ans que je fais ce boulot. J'ai mes contacts, tu sais.

On est restés dix minutes de plus, en planque. Il y a eu encore quelques éclats de voix mais le sauvetage du type à terre, sans doute in extremis, a dissipé la tension. Sur le chemin du retour, Mernot a retrouvé la parole dont il était économe depuis notre départ.

— Ça te change de ta vie étudiante, là, hein… T'as vu, c'est juste à côté et pourtant c'est déjà un autre monde.

— J'avoue…

Le tableau de bord indiquait 21 heures. À mesure qu'on approchait de la ville, les lueurs de phares se multipliaient. Enfin, la tour du rond-point a surgi à travers le pare-brise embué.

— On a quelques affaires avec les manouches… Je me souviens d'un cas, en particulier. Ça devait être en 90, à peu près. Une gamine de sept-huit ans avait disparu de ce camp de Gitans. Les parents n'avaient pas pu faire autrement que de prévenir la cavalerie… Assez vite, tout le monde a soupçonné un truc dégueu de la part du père ou éventuellement d'un oncle. Ils vivaient tous au même endroit…

— Le père a rapporté la disparition de sa propre fille et c'est lui qui a été soupçonné ?

— Ouais. Il faut savoir que, Gitans ou pas, la plupart des affaires glauques se passent en famille… Donc ça semblait plausible. Ça ou qu'un oncle ait eu la main baladeuse puis qu'il ait paniqué ensuite en la zigouillant.

— La main baladeuse, la zigouiller… T'as de ces mots.

— Ah, ça y est, tu vas me chanter le couplet du politiquement correct ? Bref. Les flics sont restés un moment bloqués sur la piste familiale. Et puis, un matin, une vieille paysanne, à vingt bornes de Poitiers, rentre du marché. À cette époque, c'est pas vieux, pourtant y avait plus de fermes et moins de supermarchés, bref… La vioque aperçoit, sur le bord de la route, une petite fille avec les vêtements lacérés. Alors, forcément, elle s'arrête à hauteur de la gosse. Elle baisse sa vitre et elle lui demande ce qu'elle fait là. La petite a des griffures sur le visage, elle pleure et elle baragouine un truc incompréhensible. Et là, *paf*, la vieille fait le lien avec l'avis de recherche qu'elle a lu dans le journal quelques jours plus tôt… C'était bien la même gamine.

— Qu'est-ce qui lui était arrivé ?

— Les flics ont interrogé la gosse. Elle a décrit un type qu'elle avait croisé en faisant du vélo à deux cents mètres du campement. Un grand brun tout maigrichon. Il lui avait raconté qu'il avait un vélo plus beau que le sien chez lui et qu'il pouvait le lui donner, si elle le voulait. Elle s'était pas méfiée, la pauvre…

Mernot a planté une nouvelle cigarette entre ses lèvres et l'a allumée avant de poursuivre son récit, sûr de son effet.

— La petite a décrit l'intérieur de la baraque avec précision. La cave sans aération, les traces de moisissure au plafond, le matelas jaune pisseux par terre… Par contre, l'extérieur, elle s'en souvenait pas beaucoup. Juste la niche rouge d'un clébard dans le jardinet. Sans clébard.

On approchait de *L'Écho*. Une place de stationnement nous attendait le long du trottoir. Mernot a fait son créneau, impeccable. Puis il a coupé le moteur mais n'a pas bougé de son siège, finissant son mégot dans l'aquarium de l'habitacle.

— Moi, j'avais ces infos… Je m'étais engagé à rien publier dans le canard pour pas entraver l'enquête. Un journaliste de Paris aurait sûrement brisé l'omerta pour se faire mousser et sortir un scoop. Mais un localier en province, comme moi, sait trop l'importance de garder la confiance de ses sources. Quand on écrit un article, on se barre pas le lendemain. On sait qu'on reste sur place et qu'il faudra croiser le regard des gens qui nous ont informés…

Il a soufflé une latte, doucement.

— La môme a raconté que la voiture de son kidnappeur avait roulé quinze minutes. Chez moi, j'ai pris un plan et j'ai tracé un cercle pour isoler tous les bleds à un quart d'heure, ou à peu près un quart d'heure, du camp des Gitans. Et dès que je pouvais, je prenais ma caisse et je zieutais tous les jardinets de toutes les maisons de tous ces putain de bleds avec une niche sans clébard. Des histoires de crimes en famille, je t'ai dit, y en a à la pelle. En revanche, des prédateurs sortis de nulle part, y en a pas tant que ça… Alors je voulais vraiment savoir…

L'affreuse sonnerie de son téléphone portable nous a surpris à nouveau. Il s'est hâté de saisir l'appareil perdu au fond de la grande poche de son imper.

— Ouais, Mernot.

Une voix grésillait à son oreille. Il a acquiescé d'un mouvement du menton.

— Merci ! Je note ça.

Puis il a raccroché et a écrasé son mégot dans son cendrier plein à ras bord, à côté de la boîte de vitesses.

— Et donc ? ai-je demandé, encore captivé.

— Le pronostic vital n'est plus engagé, notre gus va s'en sortir.

J'ai mis un petit instant à comprendre.

— Ah oui, d'accord… Mais je voulais dire : et donc, pour la gamine ?

— Ah ! a-t-il fait, faussement surpris. Il est tard, non ? On a des papiers à écrire, toi et moi.

— Ah non, non, tu peux pas me laisser en rade sans me raconter la fin de ton histoire.

— Bien sûr que si. La suite au prochain épisode.

Et il a cligné de l'œil en souriant. Au moins, je m'étais fait un pote.

6

La disparition

Avril 2004. Au moment du crime.

Quatre mois ont passé et Mernot ne m'avait toujours pas livré la clé de l'énigme. Il me racontait pourtant une flopée d'anecdotes, chaque vendredi soir. Anecdotes que je relayais ensuite dans l'amphi, à Robin, qui transformait le récit en embryon de scénario, sur un coin de feuille de bloc-notes, persuadé que « un jour, on en fera un film qui nous rendra célèbres ». Aux quelques soirées d'étudiants, quand Max-le-Coyote me laissait en placer une, j'avais enfin quelque chose à dire. Je trouvais dans cette boucle une forme d'équilibre, de semblant de vie sociale. Certains commençaient à me surnommer le « journaliste » et ça ne me déplaisait pas. En réalité, à *L'Écho*, j'étais toujours cantonné aux petits sujets « à la con » : conférence de presse de commerçants, expos d'artistes locaux et, une fois, Mernot m'a proposé d'écrire un « fait divers », en l'occurrence une brève sur un accident de scooter en centre-ville.

L'irruption de l'étrange dans mon quotidien est advenue un samedi soir, le 3 avril 2004. Il était 18 h 30 et l'ambiance était calme dans les locaux. Le chef n'avait trouvé aucun travail à me confier sinon l'annonce d'un festival de musique urbaine à venir. Mernot, lui, dissertait sur les règles d'orthographe, la féminisation des mots, fallait-il mettre un « e » à « auteure » ? Suzy lui tenait tête, « T'es qu'un vieux macho ». « Vous nous faites chier, avec vos conneries », concluait-il au moment où deux jeunes ont frappé au carreau à l'entrée. La secrétaire n'était plus là pour les accueillir : elle ne travaillait pas le week-end. « Une rédaction doit être accessible, proche du lecteur, intellectuellement et physiquement », m'avait exposé Mernot. Encore fallait-il des effectifs suffisants pour le faire. Sans secrétaire, la porte de *L'Écho* restait fermée pour dissuader les importuns de déranger les journalistes en pleine écriture.

— Qu'est-ce qu'y veulent, ceux-là ? s'est interrogé Mernot en allant leur ouvrir.

Les deux visiteurs avaient à peu près mon âge. Le premier, le plus grand et le plus fin, était brun aux cheveux longs. Je l'imaginais bien jouer de la gratte, seul dans sa chambre universitaire, pas au milieu d'une soirée étudiante. On le sentait trop timide. Le second, légèrement plus petit et les cheveux courts, présentait encore quelques stigmates d'une acné lycéenne. Il avait l'air plus vif, plus sûr de lui, sportif.

— Bonsoir, on vient vous voir pour savoir si ce serait possible de passer un avis de recherche dans le journal, a demandé ce dernier.

— Un avis de recherche… Vous avez perdu la trace d'un copain ? a répondu Mernot.

— Oui. Un copain de notre promo a disparu depuis jeudi… Son téléphone ne répond pas, il est pas chez lui, on sait pas où il est passé.

— Ah bon… Vous avez prévenu la police ?

— Oui, mais ils disent qu'il est majeur et qu'on ne peut rien faire pour l'instant… Y pensent qu'il a « fugué » mais ça nous paraît bizarre.

— Fugué ? Il habite chez ses parents ?

— Ah non, non, il a un appartement près du Futuroscope, a embrayé le chevelu. Il a vingt-deux ans.

— Oui, c'est un peu tard pour fuguer… Ben je suis bien embêté, moi. On ne passe que des avis de recherche transmis par la police ou la gendarmerie.

— Ah bon, a fait le petit d'un air déçu. Vous pouvez pas nous aider à le retrouver ?

— Ben, c'est-à-dire que… Et ses parents, vous les connaissez ? Ils sont au courant, au moins ?

— Oui, je les connais, je suis originaire du même endroit. Ils n'ont pas de nouvelles non plus…, a ajouté le chevelu.

— Et vous êtes originaires d'où ?

— D'Auvergne. On est venus, Vincent et moi, suivre nos études ici à l'École d'aéronautique.

— Vincent, c'est le prénom de votre pote ?

— Oui…

Mernot paraissait très embarrassé. Avec Suzy, depuis nos ordinateurs, on n'en perdait pas une miette.

— Attendez peut-être encore vingt-quatre heures et je verrai avec la police…

— À la télé, ils disent que plus on attend, moins on a de chances de retrouver les disparus, a argumenté le grand à queue-de-cheval.

— Oui, enfin bon, faut pas penser au pire comme ça, a maugréé Mernot.

— On a apporté une photo de lui, vous voulez pas la prendre au moins ?

— Si, si, je peux…

Le petit a laissé son numéro de téléphone, les yeux implorants.

— Si vous pouviez passer l'annonce, ce serait vraiment une grande aide.

Puis les deux sont partis. Mernot s'est piqué d'un trait d'humour, sous le regard réprobateur de Suzy :

— Si tu veux le numéro d'un jeunot pour égayer tes soirées d'hiver, je te le donne, Suzy.

Il a posé la photo sur son bureau. Je me suis empressé d'y jeter un œil. Le disparu était un beau gosse, sourire solaire, les traits métissés, peut-être lointainement indiens. Cheveux courts et peroxydés. Des épaules bien carrées. Je l'imaginais séducteur dans une boîte de nuit, abonné d'un club de sport, hâbleur dans l'amphi, bref, exactement ce que je n'étais pas. Au dos de la photo, l'un de ses amis avait griffonné son numéro de téléphone sous la mention : « Vincent, disparu le 1er avril 2004 à Poitiers ».

7

À la une

Des vers de terre géants et carnivores. Un type brandissant une tronçonneuse tandis qu'un alien lui sortait du bide. Une poupée vivante au regard démoniaque et armée d'un couteau. Chaque nouvelle visite au vidéo-club ressemblait à la précédente : rapidement, on se retrouvait à contempler les jaquettes toutes plus cradingues les unes que les autres au rayon des films d'horreur. Avec Robin, on avait instauré tacitement ce rituel deux fois par mois, plutôt le mardi, après avoir repéré le vidéo-club très bien garni qui occupait un local d'environ cinquante mètres carrés dans le centre-ville. À la caisse, un sympathique chevelu au tee-shirt noir ressemblait plus à un prof de guitare pour amateurs de hard rock. Mais les quelques fois où on avait discuté ne trompaient pas : ce type bouffait des films à la fréquence d'un boulimique. Je n'aurais pas été surpris qu'il soit un ancien étudiant de la fac de cinéma, et c'était peut-être le meilleur débouché que l'université puisse nous offrir. Ses rayons en proposaient pour tous les goûts, des comédies françaises aux classiques hollywoodiens, mais une large partie du stock tutoyait la série B, voire la série Z. En particulier sur les étagères du genre « horreur et épouvante ». On passait un temps interminable à choisir un film, selon qu'on recherchait le frisson ou le sang.

— Ça vous dit pas de prendre *Délivrance* ? C'est l'histoire de types qui se font violer dans la jungle pendant une excursion.

Exceptionnellement, Max avait choisi de nous rejoindre. Et même si le courant ne passait pas toujours avec Robin, la faute à des caractères trop opposés, on l'avait invité.

— C'est pas vraiment un film d'horreur, non ? ai-je demandé.

— Non, mais c'est violent quand même.

— Chais pas trop. Y a la suite de *Chucky, la poupée maléfique*, sinon.

— T'es sûr que ça fait peur, ça ?

— Et pourquoi pas *Ça* ?

— Ça quoi ?

— L'histoire du clown qui tue les gosses, adaptée de Stephen King.

— Ah oui… Pourquoi pas.

Max n'avait pas l'air convaincu mais il n'a pas insisté et s'est mis à déambuler dans les rayons, s'éloignant de moi. J'ai poursuivi ma quête, fasciné par les images de démembrements, de mutilations et de geysers d'hémoglobine sur les jaquettes de DVD. Il s'était écoulé moins d'une minute lorsque j'ai entendu Max s'écrier d'une voix oscillant entre la surprise et l'amusement :

— Hé ! Alors on se rince l'œil ?

Le timbre balbutiant de Robin a répondu aussitôt :
— Pas du tout, qu'est-ce que tu racontes !
— Tu te fous de ma gueule ? Je viens de te gauler en flag' !
Curieux, j'ai quitté les films d'horreur pour retrouver mes deux potes… et suis tombé sur la section porno. Max était hilare, Robin verdâtre.
— Qu'est-ce que vous foutez ici ?
— Monsieur Robin a l'air plus intéressé par…
Max n'a pas eu le temps d'achever sa pique et a perdu son sourire en une fraction de seconde. Robin l'a agrippé par le cou et plaqué contre un mur, faisant s'écrouler plusieurs boîtiers de DVD.
— Fous-moi la paix ! Espèce de gros beauf !
Le visage de Robin venait de passer du vert de la honte au blanc de la colère. D'abord interloqué par tant de brutalité, je me suis interposé.
— Hé, c'est bon, vous embrouillez pas ! C'est rien, là.
Robin a lâché sa proie, respirant encore plus fort qu'elle, les yeux prêts à bondir de leurs orbites. Max était livide.
— T'es malade, en fait ! Je me casse !
Il a disparu aussitôt tandis que le gérant du magasin s'approchait de nous.
— Ça va, les gars ?
Robin avait encore changé de couleur : cramoisi. Il a baissé les yeux et s'en est retourné aux films d'horreur. Scié par la surprise, j'ai bloqué sur place. L'explication du malaise m'est apparue enfin quand j'ai levé les yeux. Robin ne s'était pas discrètement attardé aux pornos « classiques »… mais aux pornos gay.
Jusqu'au soir, on n'a pas dit un mot de plus sur cet incident. On tentait de faire comme si de rien n'était. Robin n'avait plus la tête au film d'horreur mais je

voulais sauver notre soirée. Au moment de manger notre kebab habituel, au pied de l'église Notre-Dame sur la place du marché, je l'ai branché sur des histoires de fantômes. Il a articulé quelques mots, plus souvent « ouais, ouais ». À 21 heures, on était calés dans mon clic-clac devant le DVD de *Il est revenu*, un téléfilm racontant comment, dans une ville du Nord américain, un clown dévorait les enfants un par un. Dans le roman original, le clown représentait tous les vices de la société occidentale : pédophilie, racisme, homophobie. L'adaptation avait été lissée pour passer sur les chaînes. Si Robin s'était livré sur ce qui le hantait, je l'aurais écouté. Mais j'étais trop timide pour le pousser à le faire.

On n'a pas retrouvé notre plaisir habituel de visionnage, je sentais mon copain moins réactif, préoccupé, ailleurs. Ce n'est qu'après le générique de fin qu'il a semblé sur le point de crever l'abcès. Il était affalé au fond de la banquette, manipulant sa bière vide avec nervosité. Cette fois, je ne pouvais pas esquiver :

— Ça va ?

Il a marqué un temps d'hésitation. Puis a murmuré :

— Bof.

— C'est à cause de Max ?

— Non, ça je m'en fous…

— Ah ? C'est à propos de quoi, alors ?

— En ce moment… je me fais un peu peur…

Je m'attendais à ce qu'il me parle de ses attirances sexuelles et me préparais à lui dire qu'il n'y avait rien de mal, peu importe l'avis des uns ou des autres. Mais il a pris une autre direction :

— Je crois que j'ai des hallucinations.

Son doigt tournait de plus en plus nerveusement autour du goulot.

— Le gars sur le pont… Je le vois tout le temps. Quand je sors faire les courses. Quand je vais à la fac. Je le vois tout le temps me suivre…

— Robin, je comprends rien… Quel gars ?

— Mais le voleur ! Le voleur d'organes !

C'était plus grave que ce que je pensais.

— J'ai… putain… J'ai l'impression qu'il veut me prélever, moi aussi.

Les idées s'entrechoquaient dans mon esprit. J'ai repensé à l'histoire que nous avait racontée Max, je l'avais presque oubliée. L'étudiant assoupi, la cicatrice, le rein prélevé. J'avais mille questions à poser à Robin, mais par où commencer ?

— Comment ça, toi aussi ?

Une larme a coulé sur son visage.

— Comme le gars qu'on a retrouvé mort, là.

— Ah oui…, ai-je répondu par réflexe, avant de me reprendre : Quoi ? Quel gars ?

Il a marqué un temps, a essuyé son œil humide et m'a regardé d'un air surpris.

— Tu lis pas ton propre journal ?

En bon égocentré, je ne lisais effectivement que ma propre prose. Il a fouillé dans la poche droite de son jean et en a extirpé un article de presse, issu de *L'Écho* et daté du jour. Même déformé par le papier froissé, le titre de l'article a frappé ma rétine.

Un corps retrouvé dans le Clain

Avant même d'atteindre le deuxième paragraphe, j'ai fait le lien avec les deux jeunes venus déposer un avis de recherche.

Il pourrait s'agir du corps d'un étudiant de 20 ans, inscrit à l'École supérieure de l'aéronautique, disparu depuis quatre jours.

C'est Mernot qui signait l'article. Il ne m'avait pas averti. En même temps, c'était logique : qui étais-je à ses yeux ? Un stagiaire qui rédigeait quelques brèves. Même pas un vrai collègue. Et sûrement pas un pote.

— Ben merde alors…

Je bloquais sur ces quelques lignes. J'ai levé les yeux. Robin me fixait. Son visage avait changé d'expression. Il n'y avait plus de tristesse ni d'angoisse mais un masque de cire. Toute émotion avait disparu de ses traits. On aurait dit que c'était un autre mec. Même sa voix était plus posée, froide, glaçante.

— Il a croisé la route du gars sur le pont… C'est ce qui arrive à ceux qui traînent trop tard le soir. Il les balance par-dessus bord.

Brusquement, j'ai explosé :

— Mais t'as pas bientôt fini de raconter ces conneries ? Ça suffit, maintenant, tu devrais voir un médecin !

J'ai regretté ces derniers mots juste après les avoir prononcés. Robin a baissé les yeux, posé sa Kro à ses pieds, puis s'est levé doucement.

— Je suis cramé, je vais y aller. Merci pour les bières.

8

Enquête de voisinage

Au saut du lit le lendemain, c'est-à-dire sur les coups de midi, j'ai grimpé à bord de ma Renault Super 5 rouge, achetée une paille deux années auparavant avec l'aide de mes parents, et j'ai roulé jusqu'au lieu du possible crime. J'ai évité les transports en commun : le bus me rendait agoraphobe. Ou claustrophobe. Ou les deux. J'ai garé ma voiture près d'un antique sex-shop que devaient fréquenter des vieux esseulés puis me suis hasardé sur le trottoir jusqu'au parapet pour scruter le décor déserté.

L'endroit où le corps avait été découvert ne m'était pas inconnu : c'était là que, deux ans plus tôt, on avait liquidé quelques bières avec Max, Robin et d'autres potes de la fac, à cette frontière aquatique entre la vieille cité poitevine et ses faubourgs. Sous le ciel froid, les eaux paraissaient encore plus tristes que d'habitude, sans charme, filant avec monotonie au pied des collines poitevines d'un côté et du boulevard circulaire de l'autre. On prêtait si peu attention à cette discrète rivière qu'on finissait par l'oublier. Je suis revenu au petit escalier de pierre qui menait vers la berge. Je voulais rôder sans m'attarder, intimidé à l'idée que des passants me surprennent à cet endroit et soupçonnent une curiosité morbide. Et puis, vague superstition, on ne sait jamais si l'esprit des morts ne hante pas leur dernière demeure.

Sous le bourdonnement lointain du trafic, j'ai arpenté cette rive où des bouteilles de bière vides, des mégots de cigarette et des sacs en plastique éventrés gisaient çà et là. Selon la photo de l'article, c'était probablement dans cette zone que le corps avait été repêché. De l'autre côté de la rivière, l'imposante Notre-Dame-des-Dunes surplombait la ville. Une statue de bronze de six mètres de haut perchée sur les hauteurs en face, bâtie au XIXe siècle, tendait le bras droit pour absoudre les péchés de la ville et portait son enfant du bras gauche, comme si elle voulait le préserver des dangers du bas monde. À ma droite, le Pont-Neuf enjambait le cours d'eau, pas suffisamment haut, à mon avis, pour convaincre un suicidaire de sauter par-dessus sa rambarde.

À moins qu'on s'y appuie pour jeter un type déjà froid ? Mes pensées virevoltaient et le délire de Robin s'y est fatalement glissé. « Balancé par-dessus bord », avait-il soufflé. J'ai imaginé un type en imperméable déambuler le long du boulevard, à la recherche d'une proie. Soudain, le Clain m'a paru menaçant, plus profond qu'il ne devait être, son cours plus violent et tourbillonnant. Il y avait un peu de courant après la fin de l'hiver et le torrent venait frapper à intervalles réguliers un rocher planté au milieu du flot. Progressivement, le bruit du fracas m'a évoqué autre chose. Celui d'un crâne se brisant en tombant. Si Notre-Dame pouvait parler… Ou bien les habitants d'en face.

De l'autre côté, quelques maisonnettes donnaient directement sur la rivière, chacune avec une barque rangée dans le jardin, prête à filer au-dessus des nénuphars. En temps normal, il y avait une douce impression de marais poitevin dans le secteur, de pêche et de dimanches bucoliques. Mais ce jour-là il n'y avait plus qu'un endroit sans âme, un sentier le long de la rive plus crépusculaire qu'ombragé, pareil à un coupe-gorge. Un vent glacé et agressif m'ordonnait de décamper. Qui rôdait ici à la tombée de la nuit ? Sans doute pas seulement des étudiants fêtards.

— J'imagine que t'es pas venu pour taquiner le brochet.

Une voix éraillée de nicotine m'a pétrifié. Je me suis retourné d'un bond en étouffant un cri de surprise in extremis. C'était Mernot.

— Putain… Qu'est-ce que tu m'as fait peur !

— Désolé. Je pensais pas rencontrer de badaud.

— Ah… T'es venu pour la même chose que moi…

— Simple repérage. Et toi ?

— J'ai lu ton article… Alors, c'est Vincent Levin qu'ils ont retrouvé ?

— Ouais, c'est lui. Triste issue, hein.

— Il est mort de quoi ?

— Trop tôt pour le dire. Peut-être en se fracassant la tête contre un rocher.

— En se fracassant la tête… tout seul ?

— Tu m'en demandes trop, gamin.

En parlant, il examinait les alentours, l'œil acéré. Puis il s'est allumé une clope sans dire un mot de plus. Je me suis approché. Sa présence sur les lieux du crime me rassurait.

— Tu cherches des indices ? ai-je demandé.

— J'ai pas trop l'habitude de me promener ici et j'aime bien m'imprégner des lieux avant d'écrire un article.

— Tu prépares donc la suite du feuilleton ?

— Tu sais que sous ses allures de petite rivière à la con, le Clain a déjà débordé plusieurs fois par le passé ? En 82, par exemple, les Poitevins pouvaient faire de la barque dans les rues du centre-ville… D'ailleurs, ça te dirait, une promenade en barque ?

— En barque ?

Un quart d'heure plus tard, Mernot me guidait jusqu'à sa vieille tire garée sur le parking d'en haut, quasiment déserté, sauf par une fourgonnette blanche et une vieille Clio. Sa bagnole était exceptionnellement munie d'une remorque. À l'intérieur, tenue en équilibre, une barque verte qui avait vécu.

— Ça fait une paie que je m'en suis pas servi, a-t-il soufflé. Si on doit couler, je préférerais qu'on coule à deux.

L'instant d'après, on filait en voiture en direction du nord-est pour trouver le bon endroit duquel embarquer : le chemin du Tison. L'une des principales boîtes de nuit de Poitiers s'animait la nuit mais à cette heure, il n'y avait personne. Un chemin étroit menait jusqu'à la discothèque puis jusqu'à un sous-bois où le Clain serpentait en silence. Du rivage, on pouvait apercevoir deux strates se hisser vers le ciel : d'abord un haut mur de briques noircies par l'usure, pareil à un rempart médiéval, puis plus loin et plus haut, des bâtiments modernes empilés sans harmonie. La vieille ville comme la nouvelle nous dominaient, mais nous avions une barque pour fuir.

— Tu sais ramer ? a demandé Mernot une fois l'esquif déposé par nos bras maladroits sur la rivière.

— Ça fait longtemps que je l'ai pas fait.

— Bon je m'y colle, mais on se relaiera.

La situation était aussi comique qu'excitante. À bord, je découvrais une autre ville, ou disons un autre point de vue, à ras du sol, comme si on était des libellules en escapade dans Poitiers. Plus de campus, ici, ni de foule étudiante, ni de centres commerciaux protubérants. Seulement le cours étrange du Clain, encaissé au milieu des falaises calcaires côté faubourgs et des axes routiers côté centre-ville. On était trop bas pour être repérés par la cité, isolés du monde, personne ne nous entendrait crier.

— Ça me rappelle les parties de pêche avec mon paternel, quand j'étais gosse, s'est amusé Mernot.

— Tu as grandi à Poitiers ?

— Juste à côté, à Saint-Benoît. Mon père était pas un rigolo, et la mère Mernot a bien dégusté… Mais quand on allait à la pêche, plus rien ne pouvait l'atteindre. Il était enfin serein.

— Il travaillait dans quoi ?

— Il était gendarme.

— Ah ? Ça vient de là, cette proximité avec les flics ?

— Oh non. Les flics sont pas des gendarmes. Tout devient trop formalisé, maintenant, mais, jusqu'au siècle dernier, avec les flics, on pouvait encore boire des bières le soir et manger un cornet de frites. Les gendarmes sont beaucoup plus dans l'ordre, la discipline, le secret. Comme l'était mon père.

— Il se serait peut-être bien entendu avec mon père, lui aussi il est secret.

— Ah oui ? C'est quoi, sa passion à lui ?

— Oh, ce serait... compliqué à expliquer.

Mernot m'a toisé avec bienveillance, histoire de voir si j'allais en cracher plus. Mais je n'en avais pas l'envie. Une fois qu'il l'a compris, il a embrayé pour éviter que le malaise ne s'installe.

— Regarde ces baraques sur la berge... On trouverait peut-être des témoins à cuisiner.

— Tu veux qu'on accoste ?

Tandis que je me tournais vers les maisonnettes, j'ai aperçu un petit monsieur, chétif et chauve, en pleine activité sur son terrain.

— Qu'est-ce qu'il branle ? a susurré Mernot.

Il a cessé de ramer, la barque a ralenti. Le type ne nous avait pas remarqués. Il était en train de creuser un trou dans son jardin. À ses pieds, un basset mort et ensanglanté.

— Putain..., ai-je lâché.

Il ne m'a pas entendu mais a croisé mon regard à ce moment-là. Il s'est immobilisé, surpris et embarrassé, la pelle parallèle à son corps maintenue par sa main droite. Mernot a enchaîné alors, assez haut pour que sa voix soit audible par-delà les trente mètres qui nous séparaient de l'homme.

— Bonjour, monsieur. Condoléances pour votre chien.

— Ah... Heu, merci... Je préfère l'enterrer là pour qu'il reste près de moi.

— Vous faites absolument ce que vous voulez, monsieur... Ça ne se voit pas forcément, mais je suis journaliste à *L'Écho* et voici Simon, qui est stagiaire chez nous.

— Ah...

— Je vous rassure, on ne prépare pas d'article sur les funérailles de votre basset, nous travaillons à propos de cet étudiant qui a été retrouvé dans le Clain.

— Oui, j'en ai entendu parler.

Imperceptiblement, d'un mouvement continuel d'une rame, Mernot a rapproché notre embarcation de la maisonnette.

— Vous auriez pas vu quelque chose de louche ces derniers temps ? Cette dernière semaine, disons ?

— Heu... Non, je vois pas trop.

— Le soir ?

— Ça me dit rien, comme ça.

— Y a des jeunes qui viennent boire des bières, de l'autre côté de la rive, non ?

— Oh, c'est possible. Heureusement, on ne les entend pas trop.

— D'accord, d'accord... Rien du tout, donc ? Personne de louche ou d'inhabituel ?

Écoutez, j'ai déjà été auditionné par la police... J'ai rien de spécial à dire.

— C'est noté, monsieur. Bon courage ! a conclu Mernot en désignant du menton la dépouille canine.

La barque a repris son cours au milieu du Clain.

— T'es déçu, hein ? ai-je demandé à voix basse.

— D'autant plus que c'est lui qui a aperçu le corps de Vincent Levin en premier, d'après mes informations.

— Vraiment ? Il en a rien dit...

Mernot a laissé échapper un soupir. Le vent glacé nous giflait à nouveau. Je regrettais de ne pas avoir pris une écharpe avant de partir.

— Tu crois qu'il a buté son ch…

Un projectile a fendu l'air et m'a empêché de finir ma phrase. J'ai poussé un cri de douleur. Mernot a manqué de lâcher ses rames. Un deuxième projectile l'a atteint au sommet du crâne.

— Bordel ! a-t-il crié.

Trois ou quatre autres ont cogné contre la barque. Un dernier m'a brûlé l'épaule. On nous visait. On nous lançait des pierres.

— Putain, ça vient d'où ?

L'agresseur devait se cacher sur la rive gauche, côté centre-ville. Mais le temps de comprendre, il avait déjà pris la poudre d'escampette. La berge était déserte.

— Merde… Tu saignes, Simon.

Un filet rouge a bientôt pollué mon champ de vision. Mes doigts se sont portés au niveau d'une petite entaille formée à l'arcade. J'ai levé les yeux vers Mernot.

— Toi aussi.

Une plaie était apparue au sommet de son crâne.

— On accoste, a-t-il tranché, la voix blanche.

Il a ramé aussi vite qu'il a pu pour rejoindre la bande de terre la plus praticable, côté maisonnettes. Puis il a promené consciencieusement ses capteurs à la recherche d'un mouvement humain, entre les arbres ou plus haut au niveau du parking. On était dans la zone où le corps de Vincent Levin avait été repêché.

9

Croyances

Je n'étais pas trop branché soirées étudiantes. En deux ans et demi, je ne m'étais aventuré qu'une poignée de fois dans les bars du centre-ville, que mes voisins d'amphi prenaient d'assaut pour vider des pintes de bière à moitié prix. Ce genre d'endroits n'était pas pour moi : il fallait être « cool », à l'aise, bavard, dragueur. C'est dans ces soirées que se faisaient et se défaisaient les couples. Certains s'offraient une aventure, d'autres rencontraient la future mère de leurs enfants. Moi je regardais des DVD chez moi. Chacun fait comme il peut.

Ce jeudi-là, Max m'avait invité à une soirée très particulière, une tradition à Poitiers qui se tenait un week-end par an : la « chasse d'un animal fabuleux », m'avait-il vendu pour me convaincre. À bord de sa Peugeot 205 GTI qu'il conduisait à tombeau ouvert, il m'a trimballé jusqu'à l'orée d'un bois, dans la proche agglomération, où s'était massée une dizaine de bagnoles. Avant de descendre, il a désigné un sac à dos noir sur la banquette arrière :

— Il y a un dress code à respecter.

Il l'a ouvert et m'a tendu une cape blanche et une sorte de béret de velours noir.

— Ça s'appelle une faluche. Mets ça et on passera tranquille. Normalement, faut faire partie de la confrérie, mais un pote m'a filé les déguisements…

Il s'est changé, hilare, en s'admirant dans le rétroviseur intérieur, puis on est sortis rejoindre une petite foule piétinant sur le parking et dont la moyenne d'âge avoisinait les vingt ans. Ils riaient, chantaient, s'échangeaient des bouteilles aux breuvages orangés. Tandis que la nuit s'apprêtait à tomber, le décor m'évoquait une sorte de société secrète. Qu'est-ce que je foutais là ?

— C'est juste pour voir, c'est marrant, m'a dit Max en s'approchant de l'attroupement.

Robin avait déclaré forfait et je n'avais pas insisté. Je l'avais laissé à ses angoisses et à ses hallucinations. Aucune envie non plus de rabibocher les deux, la tâche s'avérait trop difficile. Du reste, Max n'avait pas besoin d'un large comité pour raconter ses histoires.

— Il paraît que toutes les filles sont ouvertes dans ce genre de soirées, m'a-t-il glissé à l'oreille avec un sourire avide.

Au moment où il s'est penché vers moi, j'ai senti qu'il s'était parfumé et sa fragrance détonnait avec les odeurs boisées qui nous enveloppaient. Un type de notre âge, athlétique et petite barbe rousse, est bientôt apparu au milieu du cercle d'une vingtaine de garçons et de filles. Il portait une cape bleue avec une hermine blanche et un sceptre à l'effigie d'un phallus qui le désignaient comme meneur. Il nous a harangués d'une voix forte, théâtrale.

— Escoliers pictaves ! Le grand jour est enfin arrivé ! Bienvenue aux bois de Ligugé. Ce soir, la chasse au Bitard va être lancée ! Celui qui capturera la proie sera nommé Grand Bitardier pour l'année à venir !

Max riait comme au cinéma. Il a posé son sac à dos à ses pieds, en a sorti une lampe torche et deux bières. Il les a décapsulées et m'a donné la première. Pendant ce temps, le grand maître continuait son baratin, usant de termes médiévaux que je ne comprenais pas toujours.

— C'est une confrérie qui existe depuis Rabelais ! Ils font des banquets, des courses, a chuchoté mon pote.

En arrière-plan, la forêt nous guettait de son obscurité. Le grand maître a donné le top départ : « Que la chasse commence ! » et aussitôt l'assemblée s'est divisée en plusieurs groupes qui se sont lancés à l'assaut des bois, armés de bouteilles et de lampes torches. J'ai suivi Max sur le chemin de terre. Devant nous, certains chantaient une ode au « Bitard, loué soit-il ». Personne ne nous a demandé de carte de membre, tant mieux.

— Qu'est-ce qu'on cherche, ici, en fait ?

— Le Bitard, m'a répondu Max.

— Oui, d'accord, mais ça ressemble à quoi ?

— Aucune idée. On va demander… Regarde ces avions de chasse !

Max a pressé le pas pour s'approcher d'un groupe de filles, trois jolies brunes aux cheveux bouclés dont les capes blanches virevoltaient autour d'un chêne majestueux. Le « Coyote » avait des copines de temps en temps mais ça ne durait jamais. Elles le quittaient toujours et, chaque fois, il réagissait en prenant des airs torturés, « je devrais peut-être faire une psychanalyse ». Au contraire, je trouvais qu'il avait de la chance. Même si c'était court, au moins il vivait quelque chose. D'ailleurs, après cette brève période d'introspection, il concluait que, finalement, il méritait mieux. Mieux que ces meufs, mieux que cette vie, mieux que cette ville. « Je vais aller à Paris, c'est trop petit ici, la jeunesse, ça doit se vivre à Paris. » Pourtant, il n'est jamais parti.

Max a abordé le trio en s'adaptant au rythme de leur marche.

— Alors, ça ressemble à quoi, un Bitard ?

La plus grande des filles a éclaté de rire.

— Vous ne savez même pas ce que vous chassez ?

— On est nouveaux à la confrérie…

— C'est un mélange entre un oiseau et un taureau.

— Ah non, c'est un lièvre géant, a objecté une autre des étudiantes, plus petite.

— Bref, vous ne savez pas non plus ce que vous cherchez, a taquiné Max.

— En tout cas, il faut s'éloigner du chemin principal si on veut trouver la créature…

La grande nous a entraînés hors du sentier, à travers les hêtres. Mes chaussures se barbouillaient de boue et de feuilles collantes, le sol devenait glissant. Plus on progressait dans la forêt, plus le ciel s'assombrissait. Nos bières et leur rhum arrangé passaient d'une main à l'autre. Max avait choisi sa cible : la plus petite, plus à sa taille. Je suivais le groupe, en retrait, sans oser me mêler aux conversations. J'aurais préféré faire demi-tour mais je craignais de me perdre. Régulièrement, des rires avinés d'étudiants perçaient dans la nuit tombante ou des mots d'ordre surjoués : « Sus à la bête ! » Parfois, on croisait un capé urinant contre un tronc.

Il y avait un quart d'heure qu'on avait entrepris cette chasse lorsque la lampe torche de Max s'est éteinte. Surpris, j'ai trébuché et me suis étalé en éclatant ma bière contre une racine. La lumière est revenue, braquée sur mon jean souillé de terre.

— Simon, tu t'es pas fait mal ? a demandé Max.

— Tout roule.

— Je vous présente Simon…

Le temps que je me relève, j'ai senti mon visage s'empourprer dans l'obscurité.

— Il n'est pas seulement cascadeur, il est aussi journaliste !

— Oui, enfin, je fais juste des petits trucs, hein.

— Simon, ne te sous-estime pas. Quelle que soit la discipline.

— Non, mais je…

— Tu travailles sur l'histoire de Vincent ? a demandé la grande brune.

— Vincent… L'étudiant disparu ?

— Il n'a pas disparu, il est mort.

— Moi, je sais pas grand-chose. Des amis à lui sont venus nous donner un avis de recherche.

— Oui, on les connaît.

— Ah bon ?

Aucun espoir de draguer cette fille, ce n'était pas mon charme qui l'attirait, seulement les informations dont je pouvais disposer. Elle est venue marcher à côté de moi.

— Vincent faisait partie de la confrérie. Je l'ai vu la soirée où il a disparu…

— Une soirée de la confrérie ?

— Non, rien à voir, une soirée classique, au Ness.

Le Ness était un pub bien connu des étudiants, niché dans le centre historique de Poitiers. On pouvait y faire un billard, une partie de fléchettes, et surtout se saouler à la bière ambrée dans un décor qui mixait l'Écosse et l'architecture gothique de Poitiers.

— On l'a vu débarquer vers 23 heures, il avait l'air complètement cramé. Et il avait plutôt le vin mauvais. À ce qui se dit, il avait appris une mauvaise nouvelle avant. Un truc qui le tourmentait…

— Tu lui as parlé ?

— Ce soir-là, c'était pas possible. Il envoyait bouler tout le monde. D'habitude, c'est plutôt quelqu'un de sympa. Un dragueur, même… Mais là, il était énervé. Il est resté cinq minutes dans le bar et il s'est tiré. Et ses potes ne l'ont pas retenu… Ils doivent s'en vouloir, maintenant.

— Il est parti sans dire où il allait ?

— Dans l'état où il était, il a pas dû aller bien loin. La preuve.

Max tendait l'oreille discrètement. Au loin, un cri a résonné avant de se transformer en rire hystérique. Un étudiant s'amusait à faire peur.

— En tout cas, si y a un trafic d'organes à Poitiers, ça craint.

— Carrément un trafic d'organes, ai-je ironisé. D'où ça sort, ça ?

— T'es pas au courant ?

— De quoi ?

— Il paraît qu'ils lui ont trouvé une plaie énorme dans le dos. Comme si on lui avait enlevé un rein.

J'en ai presque sursauté. La fille n'avait pas l'air d'une mytho. Et je n'avais pas pris de nouvelles de Mernot.

— Tu me charries ?

— T'es pas terrible comme journaliste.
— Je suis étudiant, pas journaliste…
— Un gars bien portant comme lui, ça doit forcément donner des idées.
Max est intervenu d'une voix exaltée :
— Une mafia qui fait dans le trafic d'organes, je l'avais bien dit. C'est dingue ! Si ça se trouve, ils sont en chasse aussi ce soir !
La petite, qui le suivait de près, a ri jaune.
— Arrête, tu vas nous foutre la trouille !
— Y a déjà eu des morts, ici, a assuré la grande. Ils ont trouvé un cadavre dans la forêt y a quelques années. Mais c'était un coma éthylique.
La troisième, plutôt discrète jusque-là, est intervenue :
— Non, tu mélanges tout, c'est un mec qui s'était pendu et que des étudiants ont retrouvé par hasard.
— Vous nous faites marcher, les filles ? s'est inquiété Max.
— Non, mais c'est normal que ce soit peu connu. Ce qui est dans la confrérie reste dans la confrérie, a soufflé la grande.
— C'est une confrérie ou une secte ? ai-je demandé.
— C'est une confrérie qui existe depuis très longtemps à Poitiers. Beaucoup d'étudiants passent par là, on retrouve même des anciens aujourd'hui au rectorat, chez les flics ou à la préfecture.
— Tout ce beau monde pour chasser le Bitard…
— C'est plus une chasse au trésor. Normalement, on est censé trouver un animal empaillé.
— Tant que c'est pas un cadavre momifié…
— En tout cas, l'histoire de Vincent, ça nous a vraiment fichus un c…

La lumière s'est coupée de nouveau.

— Hé, on voit plus rien là ! s'est plainte la petite en secouant le bras de Max.

— Mais ça marche plus !

Les nuages couvraient la lune, plongeant le décor dans le noir. Chaque arbre ressemblait désormais à une ombre prête à nous étouffer.

— C'est pas drôle ! a râlé la petite, dont la voix commençait à trembler.

Max s'est défendu :

— Je te jure, ça marche plus. C'est une vieille lampe torche que j'ai retrouvée chez moi, il ne doit plus y avoir de pile.

— Je crois en avoir une, a dit la grande en fouillant à l'aveugle dans son sac à dos.

Des cliquetis métalliques de clés, de rouge à lèvres et de porte-monnaie ont résonné.

— Merde, j'aurais juré que j'en avais une… J'ai que dalle.

— Mais on voit plus rien…

La petite s'est mise à respirer à toute vitesse, en sifflant, comme une asthmatique. Le silence était impressionnant. Plus aucun rire d'étudiant ne nous parvenait, même de loin.

— On dirait qu'on est tout seuls, a dit Max.

— On a dû se perdre.

— Oh non…, a sangloté la petite.

— Panique pas, panique pas… Il suffit de retourner sur nos pas.

Les pulsations de mon cœur se sont accélérées et ma main s'est refermée sur ma boîte de Tic Tac au fond de la poche de mon jean.

— Par là, a ordonné la grande en rebroussant chemin.

L'étroitesse du sentier nous forçait à marcher en file indienne. De multiples bruits nous cernaient. La faune nocturne se mélangeait au souffle du vent dans les feuilles. La petite a osé poser des mots sur un sentiment partagé :

— Quelque chose est en train de nous suivre…

La grande a tenté d'un timbre mal assuré :

— Mais non, ça doit être un oiseau.

— C'est peut-être le Bitard, ai-je dit pour détendre l'atmosphère.

La troisième m'a séché, glaciale :

— Très drôle.

Notre randonnée a passé une vitesse. Un bruit beaucoup plus fort, comme un pas sur une branche morte, nous a tous fait sursauter et accélérer encore. L'orée du bois se laissait désirer et la peur qu'on se soit enfoncés beaucoup plus profond dans la forêt devait tempêter sous tous les crânes.

— Mais c'est pas possible ! On devrait déjà être sur le parking ! a explosé la grande.

— On est complètement paumés, a gémi la petite.

— Y a quelqu'un ? Y a quelqu'un ? a crié la grande.

On s'est immobilisés net en espérant entendre une voix au loin. Personne n'a répondu. D'un seul élan, on s'est remis en route. Cette fois, un autre bruit étrange m'a glacé le sang. Comme un grognement étouffé à intervalles réguliers.

La petite a paniqué :

— Putain, c'est quoi ça encore ?

— Quelqu'un nous fait une blague ou quoi ? Max, tu veux pas retenter ta lampe torche ? C'est peut-être un faux contact.

Mais Max n'a pas donné signe de vie.

— Max ?

Rien, sinon le chuchotement des branches d'arbres.

— C'est pas possible ? Il s'est cassé ? a crié la grande.

— Max ! Max ! ai-je appelé à mon tour, ne parvenant plus à contrôler mon angoisse.

D'une main tremblante, j'ai cherché mes cachets dans ma boîte.

— Attendez, est-ce qu'on a perdu quelqu'un d'autre… Qui est là ?

Dans l'obscurité, la grande a touché un bras.

— C'est qui ?

— C'est Émilie. Et là, c'est qui ?

— Sophie, a répondu la troisième avant de m'attraper l'épaule. Et là ?

— C'est Simon, ai-je dit d'une voix blanche avant de tâtonner vers un autre bras. Et là ?

Aucune réponse.

— C'est toi, Max ?

Silence absolu. Brusquement, il m'a semblé que le bras était massif, sale de je ne sais quelle substance, peut-être de l'écorce. J'ai reculé. Un cri guttural, bestial nous a foudroyés. Nous avons hurlé en écho. La lumière d'une torche a jailli et éclairé une vision d'horreur : un visage pâle et grimaçant au milieu de nous, prisonnier d'un sac en plastique. Max qui suffoquait. Je me suis rué sur lui, ai déchiré le sac et lui ai redonné de l'oxygène. Il a repris son souffle…

Et a éclaté de rire.

— Pauvre connard de merde ! a hurlé la grande brune, furieuse, en lui flanquant des tapes sur la tête.

Elle avait compris la mauvaise blague avant moi. Max continuait à se gondoler :

— Ben quoi ? Vous avez essayé de nous faire peur avec vos histoires de cadavre, je vous ai pris à votre propre jeu !

Lorsqu'il a compris qu'il était allé trop loin, il s'est contenté d'éclairer la suite du chemin. On est rentrés dans un silence mortel, les filles de leur côté, nous du nôtre. Sans même se dire au revoir.

10

Autopsie

— Cette tête de mule est persuadée qu'il y a du trafic d'organes à Poitiers !

Je ne savais plus où me mettre. J'avais les larmes aux yeux tant je me sentais humilié.

En entrant dans ce bureau de la police judiciaire, je m'étais d'abord senti sur un petit nuage. Moi qui avais regardé tant de polars, enfin je me trouvais dans l'antre des enquêteurs, avec un vrai flic en face de moi et une véritable affaire criminelle. Mernot m'avait accordé une faveur en me laissant l'accompagner. Dix minutes plus tôt, j'avais passé la porte de ce grand bâtiment aux allures de vaisseau amiral, à deux pas du centre-ville de Poitiers. « Quelle classe ! » m'étais-je dit. Dans le hall d'entrée, c'était déjà moins somptueux. Des clodos, des types mal rasés en jogging, des femmes en colère hurlant au guichet… Comme si toute la misère de la ville était concentrée au bureau des plaintes. On avait patienté cinq minutes au milieu de cette population et Mernot m'avait soufflé à l'oreille :

— Il y a trois règles quand tu parles à quelqu'un en tant que journaliste. La règle du « on », quand ton interlocuteur accepte d'être cité dans ton article. La règle du « off » quand il veut bien que les informations soient publiées mais qu'il ne veut pas qu'on sache que ça vient de lui. Et la règle du « triple off ». Quand rien ne doit filtrer de ses confidences. Là, on sera dans le triple off.

J'avais opiné d'un mouvement franc. Je l'avais eu à l'usure en l'assaillant de questions et en lui répétant sur tous les tons : « Le corps de Vincent Levin avait une plaie au niveau des reins ! » Il avait accepté de m'emmener avec lui pour la première fois faire la « tournée des popotes », pour « me chasser les mouches de la tête », comme il disait, c'est-à-dire me faire voir la réalité des flics et pas la fiction qui m'influençait, selon lui. La « tournée », c'était celle à laquelle il s'astreignait chaque après-midi sur les coups de 17 heures en visitant les flics puis les gendarmes et les pompiers pour savoir s'il y avait « du nouveau ». La plupart du temps, dans une ville plutôt paisible comme Poitiers, il n'y avait que des vols à la roulotte ou des accidents de la circulation sans gravité. Mais parfois, il tombait sur un beau dossier.

Le flic qui était venu nous chercher m'avait déçu. Il n'avait pas l'allure d'un enquêteur ombrageux et charismatique, comme on en voit au cinéma, mais celle d'un vigile de supermarché. Brun, quarante-cinq ans, une petite bedaine (contenue par un footing plus ou moins régulier, imaginais-je), un visage presque poupin, rasé de près, et un air de frimeur macho.

— Je te présente Simon Magny, qui bosse avec moi à *L'Écho*, a annoncé Mernot. Simon, voici le capitaine Delmans.

Son informateur avait ravalé le sourire qu'il avait arboré spontanément en exagérant sa gravité. On avait traversé un long couloir aux murs blancs ternis, puis un autre couloir, vert, interminable, comme si on s'enfonçait dans les entrailles de la police. Une fois dans son bureau, le flic avait fermé la porte avec soin puis baissé le store de la fenêtre donnant sur la cour intérieure.

— Faudrait pas qu'on sache que j'ai de la visite… Je suis pas encore le patron, ici.

La pièce était rangée, propre. Des chemises cartonnées multicolores, bourrées de feuilles, s'empilaient sur un coin de la table. À côté de l'ordinateur, un cadre avec la photo de ses enfants, un garçon et une fille d'une douzaine d'années. Et sur le mur, le poster d'un film avec Alain Delon, *Un flic*.

Il a tendu son paquet de Marlboro vers Mernot, qui ne s'est pas fait prier, puis s'est allumé une clope. Sans m'en proposer une. Puis il s'est marré et l'ambiance s'est gâtée pour ma pomme.

— Un prélèvement d'organes sur un cadavre ? Ben voyons…

J'ai bredouillé, honteux :

— Ben ça pourrait expliquer la plaie au niveau des reins.

— Il y a juste un type tombé à l'eau, pas de plaie au niveau des reins.

— Mais tout le campus en parle !

— Sans blague ! Si tu veux être journaliste, il va falloir croiser tes sources, mon petit bonhomme.

— Et qui dit que vous ne cachez pas la vérité ? Pour ne pas affoler la population ?

Mernot s'est fendu d'un « Oh ! » très appuyé, pour montrer sa consternation. Delmans a joué les agacés. Regrettant aussitôt ma bravade, je me suis tassé sur moi-même.

— Ça s'appelle la théorie du complot ! a poursuivi l'enquêteur, cinglant. Je sais que vous en raffolez, à la fac, mais la vraie vie, c'est pas ça !

J'ai perdu encore un peu plus d'assurance et tenté un chant du cygne :

— Bon, bon… Pas de prélèvement d'organes, alors… Mais c'est pas un suicide, le pont est trop bas pour se suicider…

— Merci, Columbo, de nous éclairer de ton expérience ! Est-ce que le colonel Moutarde a un bon alibi ?

Je me sentais ridicule. M'avaient-ils fait entrer uniquement pour se moquer de moi ?

Mernot est intervenu, me parlant comme à un gamin :

— Allez, pose-lui tes questions. T'as la chance d'avoir un capitaine devant toi, pose-lui tes questions.

J'avais envie de l'insulter, « Traître ! », puis de partir. Mais j'ai décidé de le prendre au mot et me suis tourné vers le flic.

— Heu… Vous croyez qu'il est tombé par-dessus bord ?

Delmans a soufflé un nuage de nicotine et m'a fixé droit dans les yeux.

— Ouais. Il a basculé par-dessus bord. Il s'est fracassé le crâne contre une pierre en tombant, d'ailleurs.

— Et, heu… Il était saoul ?

— Ah oui, je te le confirme : il était chargé.
— De quoi est-il mort ? De sa chute ?
— Bonne question. Il est mort d'un traumatisme crânien, pas d'une noyade. La chute l'a tué avant la flotte.
— Des gens l'ont vu ?
Il a paru plus hésitant à cette question.
— On n'a pas encore trouvé de témoin… Mais ça ne veut pas dire qu'ils n'existent pas.
— À quand remonte sa mort ?
— Là, tu commences à poser une bonne question.
Mernot et Delmans me regardaient maintenant avec un paternalisme bienveillant. Comme si l'on venait d'achever un premier rite d'initiation.
Le capitaine a ouvert son paquet.
— Allez, prends une clope !
J'ai attrapé une cigarette, les doigts moites.
— Tu veux un café ?
— Non, non, ça va aller.
Mernot a soufflé une longue bouffée.
— Tu vois, c'est aussi ça, notre boulot. Vérifier, vérifier, vérifier. Et en garder sous la pédale, parfois.
— Je comprends…
Mernot a écrasé sa cigarette sur le cendrier posé sur le bureau, en exhalant une dernière latte. Il s'est avancé vers son copain d'un air complice, me laissant légèrement de côté pour me ramener à un simple rôle d'observateur.
— Donc on a affaire à une chute accidentelle ?
— Je n'ai pas dit que j'en mettrais ma main au feu, non plus. Le corps n'était pas intact… Il avait des plaies, comme des plaies de défense, sur les avant-bras. Mais il a pu aussi s'esquinter dans l'eau. Y a des

rochers, là-dessous. Et à cause de la pluie, le cours du Clain était plus tumultueux que d'habitude. Le corps s'est cogné contre plusieurs pierres.

— Vous avez identifié le lieu de la chute ?

— Pas encore. Il a dérivé, c'est sûr. Il y a quelques trucs bizarres…

Il a alors saisi une liasse de feuilles format A4 qui l'attendaient sur son bureau. Quelques procès-verbaux sous forme de questions-réponses manifestement posées à des riverains du Clain.

— On a déjà interrogé pas mal de monde. Les riverains côté faubourg et ceux côté boulevard Anatole-France. Même le facteur qui fait sa tournée dans le coin, un peintre en bâtiment qui retape une baraque du secteur et aussi les agents municipaux. Rien d'intéressant.

— Il a pu faire une mauvaise rencontre ?

— Je ne l'exclus pas. On n'a pas retrouvé sa chevalière, par exemple. Ni sa chaussette droite, bizarrement, alors qu'il avait bien ses deux chaussures. Il a pu se faire dépouiller. Bourré comme il l'était, c'était une cible facile. Il a aussi pu se faire dépouiller par quelqu'un puis tomber accidentellement.

— Et donc… à quand remonte sa mort ?

— A priori, à la nuit de sa disparition.

— Des mouvements suspects sur son compte bancaire ?

— Non, aucun.

Je n'ai pas ajouté de commentaire. Discrètement, j'ai jeté un coup d'œil supplémentaire au bureau. Malgré moi, je cherchais un signe d'appartenance à la confrérie, mais sans succès. Sait-on jamais.

11

Vincent

En sortant de l'hôtel de police, Mernot s'est allumé une nouvelle clope sur les marches et je l'ai alors imaginé dans dix ans, pesant 35 kilos et crevant d'un cancer. Je lui étais reconnaissant de m'avoir ouvert cette porte, sans vraiment comprendre pourquoi il l'avait fait, d'ailleurs. Mais je lui en voulais de m'avoir imposé cette séance d'humiliation. Le ciel avait viré au gris plombant. À peine a-t-il inspiré une première bouffée qu'une pluie froide et drue a commencé à tomber.

— Elle t'intéresse, cette histoire, hein ?

— Ouais… C'est bizarre qu'il n'y ait pas de témoin, non ?

Il a souri en marquant un temps de réflexion.

— Il y a peut-être quelque chose…

— Quelque chose ?

— Si ça se trouve, il s'est embrouillé avec quelqu'un ce soir-là et on l'a poussé…

— Tu crois ? ai-je lâché, mi-captivé, mi-glacé.

Il a enchaîné :

— Je te propose un truc… On va gratter ensemble. On va se répartir le taf. Moi, je vais chercher du côté des noctambules. Quelqu'un a forcément dû voir quelque chose… Et toi, tu fais le portrait de l'étudiant ?

— Le portrait ? ai-je répété bêtement.

— Ouais. Qui c'était ce mec. Il étudiait quoi. Il faisait quoi de ses soirées. Un portrait, quoi. Tu es étudiant, tu passeras plus facilement dans ce petit milieu.

— D'accord… Mais je commence par quoi ?

— Par le plus facile, banane. Le type qui nous a signalé la disparition a laissé son numéro au dos de la photo.

La pluie redoublait, nous obligeant à lever le camp.

— Puisque tu penses que ça cache un crime… À toi de chercher ! Ça commence maintenant.

Il a relevé le col de son imperméable beige pour se protéger la nuque et a disparu sous l'ondée.

Dès le lendemain, après avoir noté le numéro du pote de Vincent Levin, j'ai déboulé à bord de ma Super 5 au pied du campus où avait logé la victime. L'autre campus, pas celui des lettreux et des artistes, celui des ingénieurs et des technophiles. Il se dressait au nord de Poitiers, comme un pôle opposé, près du parc d'attractions qui avait beaucoup contribué à la renommée de la ville, le Futuroscope. Pour l'atteindre, il fallait traverser l'une de ces zones commerciales déprimantes, succession d'îlots uniformes, d'entrepôts raplaplas, de marchands de canapés ou de cuisines, où les bagnoles remplaçaient les habitants. Étrange coin que cet autre campus, relégué trop loin de toute vie de quartier, bordé d'immeubles gris foncé aux larges baies vitrées, plantés le long d'allées pareilles aux lignes d'une feuille quadrillée. Une sorte de quartier d'affaires incongru, construit en périphérie. Comme si Poitiers avait voulu frimer. Les quelques écoles d'ingénieurs qui avaient émergé au milieu de ces bureaux remplis de cadres sup' jouissaient d'une bonne notoriété. Elles attiraient au-delà des jeunes de la région. Comme Vincent, venu des volcans d'Auvergne. Il y avait bien des commerces, ici, pour fixer la jeunesse sur place, voire la dissuader d'aller plus loin, mais le kebab ne ressemblait pas à un kebab et la pizzeria pas à une pizzeria : toutes les enseignes étaient encastrées derrière ces blocs vitrés, comme si on les avait passées dans le même moule.

Son pote m'avait donné rendez-vous dans une salle de sport, le « Fit », insérée dans l'une de ces allées où il était facile de se perdre puisqu'elles se ressemblaient toutes. J'ai garé ma tire sur le parking le plus proche, désert, alors que 11 heures allaient sonner. Je n'avais jamais passé la porte d'une salle de sport et, à peine le seuil franchi, je me sentais déjà comme une anomalie, un gringalet parmi les baraqués. À l'entrée de la salle, un Musclor aux cheveux ras tenait le guichet d'accueil, tee-shirt moulant et immaculé collé aux biscotos. Il m'a adressé un « Bonjour » d'un ton parfaitement neutre, ni souriant ni désagréable. Il devait me prendre pour l'un de ces types qui s'inscrivent après une bonne résolution et disparaissent avant la deuxième séance. Derrière, punaisés au mur, des tarifs d'abonnement pas donnés, vingt euros le mois, mais avec une offre étudiante à moitié prix.

— Vous êtes déjà venu ici ? m'a demandé l'armoire à glace.

— Non, mais j'ai rendez-vous avec quelqu'un, ai-je répondu d'une voix mal assurée.

— Qui ça ?

— Thomas.

Il m'a jaugé puis a désigné du menton une porte derrière lui :

— Il est en salle de muscu.

J'ai passé la porte et me suis retrouvé dans un espace plus vaste, un terrain de volley à ma gauche, un coin bar à ma droite. Le bruit des balles frappées de la paume de la main résonnait à intervalles réguliers. Des filles grandes et élancées s'affrontaient avec sérieux. J'ai longé le terrain couvert pour emprunter un long couloir aux multiples portes. Ici, les vestiaires. Là, des équipements de cardio. Et au bout, à droite, la salle de muscu.

J'allais entrer lorsqu'un bras large et robuste m'a barré le passage. Le Musclor m'avait suivi :

— Un, faut payer. Deux, faut des baskets. Il avait la voix d'un vigile de boîte de nuit.

— Je reste pas longtemps… Juste le temps de prévenir quelqu'un que je suis là…

Il m'a détaillé de la tête aux pieds.

— Au moins, laisse tes pompes à l'entrée.

Je me suis exécuté sans mégoter. Puis j'ai poussé la porte en chaussettes.

Une dizaine de mecs et de filles de mon âge sculptaient leurs corps en short ou en cycliste dans un silence religieux où ne perçaient que les souffles de l'effort et le bruit métallique des haltères posées au sol après avoir été brandies à bout de bras. Sueur au front, Thomas soulevait des poids, pas si lourds mais à un rythme très soutenu. Plus tard, j'apprendrais que cette technique – soulever peu mais soulever vite – s'apparente à de la gonflette. Donner l'impression d'être musclé plutôt que l'être vraiment.

— Bonjour, Thomas, c'est moi, Simon. Je viens à propos de Vincent.

— Un peu tard, non ? a-t-il répondu d'une voix si cassante que j'ai eu l'impression d'être giflé en public.

Je me tenais debout, encombré de mon propre corps, dos voûté comme pour me faire discret alors que tous les regards étaient braqués sur moi. Un poireau terreux au milieu du caviar.

— Ben, c'est-à-dire que je veux juste faire son portrait.

— On vous a sollicités après la disparition de Vincent, vous n'avez même pas été fichus de publier un avis de recherche.

— Oui, je suis désolé, ai-je murmuré, si honteux que même mes orteils apparents dans mes chaussettes trouées ont viré au rouge.

— Comme les flics, qui n'ont rien foutu. Pas d'enquête avant qu'on retrouve son corps ! À gerber !

— Mais est-ce qu'un avis de recherche dans le journal aurait changé quelque chose à sa mort ?

Thomas a abandonné ses haltères pour se lever et me faire face. Il était un peu plus petit que moi mais suffisamment imposant pour me dominer. Ses muscles saillants et brunis semblaient si contractés qu'ils auraient pu m'exploser au visage.

— Au moins, ça aurait montré que vous en aviez quelque chose à foutre…

Personne ne mouftait autour. La dizaine de bodybuildés poursuivait leur activité, regard ailleurs, sans rater un mot de la conversation.

— Et donc, maintenant, vous en avez quelque chose à battre ?

— Je voudrais juste faire son portrait…

Thomas a attrapé une bouteille d'eau à côté de la fonte et a bu une lampée. Puis il m'a encore dévisagé. Son poing dans ma gueule paraissait imminent.

— Suis-moi.

Au lieu de me tabasser, il m'a guidé dans le couloir jusqu'au petit bar, à côté du terrain de volley. L'endroit était plus propice à la discussion. J'ai enfin respiré.

— Tu prends quoi ?

J'aurais bien descendu un demi mais il n'y avait aucune bière à la carte. Plutôt des jus de fruits et du Perrier rondelle.

— Un jus d'abricot.

La serveuse, une belle brune, fine, avec un piercing dans la narine gauche, a pris la commande.

— Un jus d'abricot et un Ice Tea.

Thomas est revenu à moi.

— C'est difficile de parler de Blondie.

— Blondie ?

— Vincent. On le surnommait Blondie depuis qu'il s'était fait peroxyder les cheveux.

— Ah…

— On se donnait toujours des surnoms.

— Tu le connaissais depuis longtemps ?

— Depuis qu'on avait intégré l'école. On était très potes.

— Ça te dérange si je prends des notes ?

— Non, vas-y, fais ton taf.

J'ai sorti de la poche de mon blouson un petit calepin avec un crayon à papier. Mernot m'avait dit :

« Prends toujours un crayon à papier. Avec un stylo-bille, si t'as plus d'encre, t'es mort. »

— Il était sportif, comme toi ?

— Oui, c'était notre repaire, ici.

La serveuse a apporté les boissons. J'ai remarqué alors deux détails sur sa peau : un tatouage d'anguille à son poignet et des ongles rongés jusqu'au sang.

— J'ai entendu des rumeurs comme quoi quelqu'un l'aurait poussé par-dessus bord. Blondie était assez baraqué. Il se serait pas laissé emmerder.

— Sauf qu'il était saoul, non ?

— Il tenait bien l'alcool. On ne faisait pas des soirées chaque semaine, parce que l'école lui pompait beaucoup d'énergie. Mais quand on sortait, il était très rarement malade.

— Il voulait faire quoi dans la vie ?

— Bosser dans l'aéronautique. Il avait grandi au milieu des volcans d'Auvergne mais il était venu ici parce que l'école était bien cotée. C'était quelqu'un d'ambitieux.

— Est-ce qu'il avait des ennemis ?

— Je crois pas. Peut-être que certains mecs enviaient son aisance, mais de là à le jeter à la flotte…

— Ce soir-là, il était de mauvaise humeur, apparemment ?

— Ouais. Il passait une soirée de merde. Il a bu pour oublier les déceptions de la journée.

— Quel genre de déception ?

— L'après-midi, à l'école d'ingés, on avait élu l'association d'étudiants.

— Les Bitards ?

— Non, ça, c'est autre chose, c'est pour le folklore une fois par an. Les associations d'étudiants, ça sert toute l'année pour organiser des soirées. Y avait deux listes. Les « Associssons » et les « C'assos ». Avec Blondie, on était sur la liste des C'assos. Le problème, c'est que c'est l'autre liste qui a été élue.

— Ah, mince…

— Blondie a cogité. Il a dû penser qu'il était pas si populaire que ça.

— Et c'était important d'être populaire pour lui ?

Thomas a réfléchi une seconde en trempant ses lèvres dans son verre.

— Oui, dans la mesure où il voulait toujours être le premier… Et ça a peut-être justement joué dans son impopularité, relative. Dans ce pays, on n'aime pas les premiers.

— Il était premier de la classe aussi ?

— Non, parce qu'il passait trop de temps à séduire les meufs. Mais il n'était pas dans les derniers non plus. Et même s'il était loin de ses parents, ils avaient toujours un œil sur ses résultats.

— Ils font quoi, ses parents ?

— Père dans la finance, mère dans la médecine. Famille aisée.

— D'accord. Tu parlais d'autres déceptions ?

— Oui… Le soir où il a disparu, y avait une teuf. On a commencé dans l'appart d'un pote. Y avait bien une dizaine de personnes de la promo. L'ennui, c'est qu'il s'est passé quelque chose avant qu'on débarque, avec Blondie.

— Quoi ?

— Des filles, sans doute déjà bourrées, avaient fait un petit jeu entre elles. Elles avaient pris une feuille de papier et elles avaient noté les performances sexuelles de leurs ex…

— Je crois que je commence à comprendre…

— Voilà, champion. Il y avait l'ex de Blondie. Ils étaient restés deux mois ensemble mais il s'était bien attaché. Il avait mal vécu la rupture. Quand il a vu la note et le commentaire qu'elle lui a attribués, ça l'a démoli.

— Merde… C'était quoi, le commentaire ?

— Ça te regarde pas. Toujours est-il que ça a pourri la soirée. Il a dû picoler une bouteille de whisky, ou pas loin, et il avait l'alcool mauvais.

— Il s'est bagarré ?

— Pas que je sache. Après l'appart, on est partis au Ness mais il a dû rester que dix minutes. J'avoue que… qu'on ne l'a pas retenu. Il commençait à nous gonfler, avec sa mauvaise humeur. Il répétait : « C'est nul, cette soirée », et nous on avait envie de s'amuser. Alors on l'a laissé filer…

À cet instant, Thomas a brusquement fondu en larmes, comme s'il s'était démené jusque-là pour retenir le chagrin accumulé. Les digues sautaient. La serveuse a redoublé d'énergie pour essuyer ses verres en détournant le regard.

— Merde, je chiale comme une gonzesse, putain !

— Mais je comprends, c'est normal.

— Ta gueule.

Il a livré un effort acharné pour maîtriser sa crise de larmes. Ses sanglots se sont interrompus d'un coup sec, comme si on avait coupé le courant dans son cœur.

— Enfin voilà… Qu'est-ce que je peux te dire de plus ?

— Il avait des passions dans la vie ?

Il a réfléchi un moment puis ses yeux se sont animés d'une lueur vive mâtinée de fierté.

— Non, c'est la vie qui le passionnait.

J'ai noté la phrase sur mon calepin, ça aurait fait un bon titre. Il a ajouté :

— J'espère que t'écriras pas de conneries dans ton papelard. À tantôt.

Ce qui signifiait « À la prochaine » dans le langage local. Il a réglé nos deux consommations sur le comptoir puis s'est éloigné vers les vestiaires. J'avais ce qu'il me fallait et je suis parti dans la direction opposée. Mernot serait fier de moi, ai-je pensé en atteignant le parking. Au moment de glisser ma clé dans la serrure de la Super 5, une impression bizarre m'a poussé à relever la tête. Personne autour. Et pourtant, j'aurais juré qu'on était au moins deux. Comme si quelqu'un m'observait. Plus tard, lorsque je le raconterais à Mernot, il me rirait au nez : « Tu deviens parano. »

12

Le message

Sur mon écran d'ordinateur, le curseur clignotait désespérément sur une page blanche. Comme un *tic-tac* me rappelant le temps qui filait entre mes doigts. Ou un petit marteau tapant sans relâche sur les parois de mon crâne. J'aurais vendu dix années de ma vie pour une clope mais mon paquet de gauloises blondes gisait sur la table, le bec ouvert sur son propre vide. Foutu portrait. Rien ne sortait.

Mernot était retenu chez lui par une vilaine bronchite propagée par ce printemps frisquet. Notre balade en barque n'avait rien arrangé. À l'autre bout de la table où je relisais pour la dixième fois mes notes, Suzy ne disait pas un mot, occupée à corriger la copie des collègues. L'horloge accrochée à l'entrée des locaux indiquait 19 h 01. Dehors, la nuit tombait sur Poitiers. J'aurais pu rentrer chez moi et me caler devant la télévision en sirotant une bière, mais je tenais à affronter le manque d'inspiration, ne serait-ce que par orgueil. Et aussi parce que je craignais un coup de pression de Mernot.

J'imagine qu'il aurait expédié trente lignes en quinze minutes sans hésiter sur la moindre virgule. Mais c'était le premier portrait que j'écrivais et c'était celui d'un mort.

— Tu es attendu ? a demandé Suzy, rompant le silence sans lever les yeux des feuilles format A3 qu'elle avait imprimées et annotées de son écriture élégante et appliquée.

— Non, non, j'ai rien de prévu.

Elle a alors regardé la rue. Elle semblait chercher quelque chose.

— Ah non ? J'avais cru que…

Trop occupé à ruminer une phrase d'accroche, je n'ai pas relevé. Au fond, Vincent ne m'inspirait guère. Son monde n'était pas le mien, il m'était étranger et je craignais de tomber à côté de la plaque en tentant la moindre description de son quotidien. Tout ce que je commençais à rédiger disparaissait presque aussitôt sous la gomme impitoyable de la touche « Suppr ». J'imaginais ses parents, ses amis : que diraient-ils de moi s'ils lisaient une erreur de ma part ? Allaient-ils m'attendre à la sortie du journal pour me régler mon compte ou me balancer mon incompétence au visage ? Mieux valait sans doute ne pas y penser, la pression de Mernot suffisait déjà à m'ankyloser les doigts.

— Tu devrais rentrer… Quand ça vient pas, il ne faut pas trop insister.

Suzy avait compris ma détresse. Elle devait se lire sur mon visage aussi clairement que la une sur le journal du lendemain.

— Ouais… J'ai du mal.

— Allez, rentre chez toi et regarde-toi un bon film.

L'argument m'a convaincu. Après avoir rangé mon calepin dans ma sacoche, j'ai enfilé mon blouson et salué Suzy. Dehors, un voile froid m'a lacéré la peau. À cette heure-ci, le tabac le plus proche encore ouvert devait se trouver à la gare. La perspective de parcourir quelques centaines de mètres me désespérait d'avance mais celle de manquer de nicotine était plus pénible encore. Je me suis engagé dans les petites artères du centre. Je remâchais encore mes notes. Et si je commençais par la description de son visage, de ses traits ? Par exemple : *Sur la photo que ses amis ont gardée de lui, Vincent semble serein, le regard tourné vers l'avenir…* Mouais. *Le regard avide de la vie.* Non, pourri. *Le regard tourné vers l'horizon.* Tiens, on dirait le début d'une chanson. *Le regard lumin…*

Un moteur ronronnait derrière moi. Je n'avais pas prêté attention jusque-là à cette voiture qui venait de quitter une place sur le bord de trottoir et roulait au pas. Mais le doute était de moins en moins permis : elle me suivait. J'avais choisi l'itinéraire le plus rapide mais pas le plus fréquenté. Les Poitevins n'étaient pas nombreux à narguer la grippe virale, samedi soir ou pas. J'ai tenté un regard furtif en arrière. Une voiture blanche. Ses phares m'aveuglaient trop pour que je parvienne à identifier le modèle. Encore moins la tête du type au volant. Quelques dizaines de mètres me séparaient encore de la place de la préfecture, que j'espérais plus vivante. J'ai pressé le pas. J'ai repensé à Suzy : « Tu es attendu ? », « J'avais cru que… ». Qu'avait-elle cru ? La voiture m'attendait-elle déjà au moment où je peinais devant mon ordinateur ?

Le moteur a changé de tonalité et le véhicule d'allure. Il passait une vitesse. Moi aussi. Juste à temps, la vue du bâtiment administratif, lumineux dans la nuit tombante, m'a soulagé. Je me suis à nouveau tourné : la voiture empruntait une autre direction. Décidément, la paranoïa me guettait. J'aurais bien mérité ma clope.

Après la préfecture, je suis descendu vers la gare. Les maisons alignées laissaient place aux bâtisses grisâtres, volets moisis, hôtels miteux. L'enseigne rouge du bureau de tabac brillait comme un sémaphore. Je me suis engouffré à l'intérieur. À la caisse, un vieil homme d'origine maghrébine m'a toisé d'un œil amorphe. En tout cas de son œil droit, l'autre était blanc comme une bille nacrée.

— Un paquet de gauloises blondes, s'il vous plaît.

Sans un mot, il a pioché dans son présentoir et a déposé le paquet sur la caisse, au-dessus de la vitre protégeant les tickets à gratter. Mon œil s'est attardé machinalement sur le sien. En fait, ce n'était pas de la nacre, ça ressemblait plutôt à un morceau d'escalope de dinde qu'on lui aurait enfoncé dans l'orbite. Avait-il souffert d'une maladie ou l'avait-on mutilé ? J'ai quitté les lieux, un peu dégoûté. Sur le trottoir, je n'avais plus qu'une envie : griller enfin une clope. J'ai ouvert le paquet, ai déchiré sans délicatesse le papier couleur argent puis me suis calé la première tige venue entre les lèvres. La flamme du briquet a réchauffé une demi-seconde mon visage picoré par le froid.

Au moment où je soufflais la première latte, deux phares ont clignoté dans ma direction. En face de moi, sur le parking jouxtant l'entrée de la gare, la voiture blanche m'attendait.

Mon cœur s'est figé dans ma poitrine et mon corps a pivoté comme celui d'un coureur prêt à sprinter. Les appels de phares se sont répétés. La curiosité l'a emporté sur la peur. S'il m'arrivait quelque chose, il y aurait forcément des témoins, ici. J'ai traversé la voie, sans me hâter, sur mes gardes. Lorsque j'ai été à dix mètres du flanc gauche de la tire, la vitre avant s'est abaissée. Je m'attendais à un conducteur, c'était une conductrice. Son visage craintif, presque implorant, me disait quelque chose.

— Bonsoir, je voudrais te parler. Tu veux bien monter à côté ?

La situation me paraissait étrange mais moins inquiétante. J'avais déjà vu cette fille. Un détail m'a rafraîchi la mémoire, au-dessus de sa main droite posée sur le volant : sur son poignet, j'ai discerné un tatouage, celui d'une anguille. C'était la serveuse de la salle de sport.

J'ai ouvert la portière côté passager et me suis installé en refermant derrière moi, les doigts cherchant à l'aveugle le métal rassurant de la poignée, au cas où il aurait fallu s'enfuir.

— Tu me remets ?

Ses lèvres tremblaient légèrement.

— Oui, t'es la serveuse du Fit.

— C'est ça. J'ai même un prénom : Tania.

— Tu m'as suivi ?

— Je voulais entrer au journal mais j'ai vu que t'étais pas seul.

— Pourquoi tu voulais me voir ?

— Tu travailles sur la mort de Vincent ?

— Oui, enfin… Je suis étudiant, moi, pas journaliste.

— Je sais. Je t'ai entendu, à la salle de sport, avec Thomas.

Elle devait avoir mon âge. Au bar, je n'avais pas remarqué son piercing à la narine gauche. Et ses yeux surmaquillés de noir. Ado, elle avait dû écouter du métal et se fringuer gothique pour emmerder ses parents.

— Tu as des trucs à me dire sur Vincent ?

— Oui… Je sais quelque chose.

Elle a baissé les yeux. A plongé dans ses propres pensées. S'y est noyée, s'est mise à pleurer.

— J'ai besoin de savoir pourquoi c'est tombé sur moi.

— De quoi tu parles ?

Ses larmes ont redoublé. Puis elle a trouvé la force de parler.

— Je connaissais Vincent parce qu'il traînait à la salle de sport avec ses potes. Je croyais que je lui plaisais parce qu'il me souriait souvent quand il prenait son jus d'orange au bar. Puis je me suis aperçue qu'il était comme ça avec beaucoup de nanas. J'ai surpris des conversations. En fait, il cherchait à améliorer son tableau de chasse… Avec ses potes, c'était à qui séduirait le plus de meufs. À qui ferait le plus de performances au pieu. Même à la salle de sport, c'était à qui soulèverait le plus de fonte. Quitte à sniffer de la coke dans les chiottes pour se maintenir en forme.

Ça faisait beaucoup d'informations à la fois pour un migraineux.

— Tu veux dire que tu as eu une relation avec lui ?

— Non… Honnêtement, j'aurais bien aimé. Au début, en tout cas. Il me draguait, il me flattait. Il parlait de mon tatouage et il disait : « T'es comme cette anguille, on n'arrive jamais à te retenir. » Et ça me plaisait. Puis j'ai compris que j'étais de la merde pour lui. Une pauvre serveuse derrière le bar.

J'ai cherché un truc intelligent à dire mais mon inspiration s'était tarie.

— Tu gagnes ta vie à la salle de sport ?

— Oui. J'étais étudiante avant. Comme toi, à la fac de lettres. Sauf que moi, j'ai pas papa et maman pour me payer mes études. Pas comme lui. Pas comme ses potes. Trop d'argent pour être boursière, pas assez pour m'en sortir sans taffer à côté. Alors j'ai taffé mais j'ai perdu pied et j'ai abandonné la fac. Moi qui voulais être psy…

— T'es encore jeune, c'est pas fini.

Elle n'a pas prêté attention à ma tentative de consolation, trop absorbée par son monologue, puisant encore dans ses ressources pour trouver le courage de continuer.

— Alors je l'ai envoyé bouler et il n'a plus jamais rien tenté. Au Fit, il faisait comme si j'étais pas là.

Je ne comprenais toujours pas où elle voulait en venir. Une lueur inquiétante a soudain animé ses yeux.

— Mais le soir de sa disparition… il m'a appelée. À minuit, j'ai vu son nom apparaître sur mon téléphone. J'étais chez moi, je regardais la télé. Et j'ai laissé sonner. J'ai cru qu'il voulait juste un plan cul pour la soirée alors j'ai pensé…

Elle a imposé un long silence qui m'a obligé à la relancer :

— Tu as pensé quoi ?

— J'ai pensé : « Qu'il crève. » Et c'est exactement ce qu'il s'est passé…

— Mais, enfin, t'y es pour rien !

— Si… Je sais que c'est ma faute.

À ces mots, ses larmes sont devenues des sanglots impossibles à refréner.

— J'aurais dû répondre et j'aurais dû prévenir la police… C'est ma faute s'il est mort… J'ai laissé faire. Même en écoutant son message deux jours après. J'ai laissé faire et maintenant j'ai honte.

— Je comprends pas. Quel message ?

Un nouveau silence, encore plus lourd que les précédents. On était seuls tous les deux, sous la lumière du plafonnier, sur ce parking. Finalement, elle a brandi son téléphone portable. Elle l'a laissé suspendu entre nous deux et a composé le numéro de sa messagerie. Puis elle l'a collé à mon oreille gauche pour que je puisse entendre les mots laissés sur son répondeur.

D'abord, il y a eu quelques secondes de bruits indistincts. Un grondement, comme celui d'un moteur, un bruissement, comme si l'appareil était frotté contre des vêtements. Puis une voix. Un murmure agité, un souffle à peine audible. Il m'a fallu une concentration maximale pour réussir à comprendre ce que disait l'interlocuteur au bout du fil. C'était la voix d'un jeune homme. Déformée par la terreur. « C'est Vincent, aide-moi. Je me suis fait avoir. Je suis à… à la gare… Je… »

Puis une voix forte, grave, menaçante, effrayante, celle d'un homme, a tonné : « C'est lui ! C'est lui ! » Ou quelque chose dans le genre.

Enfin, le silence absolu. Comme dans les profondeurs d'un océan. Jamais un parking ne m'avait paru aussi tétanisant. Tania ne pleurait plus. Elle devait être soulagée d'avoir partagé ce secret.

— Tu comprends, maintenant…

Mes yeux étaient si grands ouverts que mes globes oculaires auraient pu tomber et rouler dans l'habitacle.

— Est-ce que… C'est vraiment la voix de Vincent ?

— Oui… Le soir de sa disparition…

— Pourquoi tu ne l'as pas dit aux flics ?

— Mais pourquoi moi ?

Elle s'est remise à pleurer.

— Je ne lui parlais plus, on s'est à peine connus. Pourquoi il m'a appelée moi ?

Je n'en avais pas la moindre idée. Et je ne savais plus quoi lui dire.

— Tu devrais faire écouter ce message à la police…

— Ils savent que le téléphone de Vincent a appelé le mien. Je leur ai dit que le message était silencieux. J'ai menti. Est-ce que… Est-ce qu'ils vont m'envoyer en prison ?

— Pourquoi ils feraient ça ?

— Je ne sais pas… Non-assistance à personne en danger.

— Non, mais non…

En fait, je ne connaissais pas assez le droit pour en être totalement certain. Mais ce n'était pas ma préoccupation immédiate. J'ai regardé l'anguille tatouée sur son poignet. Une pieuvre aurait été plus indiquée. Sa détresse me semblait si tentaculaire qu'elle tutoyait la folie.

13

Hypothèses

L'appartement de Mernot, situé au cœur de Poitiers avec vue sur la place d'Armes et l'hôtel de ville, m'a surpris sur un point : je pensais qu'il serait mal rangé, mal entretenu, conforme au désordre régnant à l'intérieur de sa voiture ou à l'état de son bureau, dégueulant de feuilles volantes. Au lieu de cela, c'était un logement propre, de quatre-vingts mètres carrés, où rien ne dépassait. Dans le salon, des meubles d'antiquaire, en bois verni, reposaient sur des tapis épais rouge bordeaux. Pas un mouton de poussière ne jurait dans le décor. Le seul défaut des lieux, c'était cette odeur de clopes envahissante que rien n'aurait pu dissiper. À cinquante balais, Mernot avait dû amasser suffisamment d'argent pour devenir propriétaire de son bien, confortable sans être luxueux, de bon goût sans céder au tape-à-l'œil. C'était aussi le refuge d'un vieux célibataire, entièrement dédié à ses propres passions : des DVD de westerns sous la télévision, des classiques dans sa bibliothèque (Victor Hugo, Balzac,

Maupassant…) et quelques bouteilles de whisky dans le buffet. Pas de femme ici, ni de photo d'enfant, aucune trace d'une vie sentimentale ou familiale. Mernot vivait seul et sans doute depuis longtemps. Ça me le rendait encore plus sympathique.

— Blonde ? Brune ? Ambrée ?

— Blonde.

J'avais cogité trois jours durant sur les révélations de l'Anguille. Trois jours à laisser Mernot se remettre de sa bronchite avant qu'il ne m'invite à phosphorer ensemble. L'après-midi, j'avais attendu le moment avec excitation, accordant peu d'intérêt au cours d'« Esthétique du cinéma » et au procédé de la « cristallisation » au septième art. D'autant qu'à ma gauche, Robin manquait encore à l'appel. L'année de licence se délitait.

Assis dans le canapé de Mernot, face à la table basse en verre teinté, je scannais discrètement la pièce. Ma mère m'avait appris qu'il ne fallait pas trop regarder chez les gens, c'était aussi malpoli que de les dévisager. J'ai entendu Mernot, dans la cuisine, ouvrir la porte de son frigo, saisir des bouteilles puis revenir :

— Tu veux un verre ?

— Non, à la bouteille, ça m'ira très bien.

— Elle est un peu conne, cette fille, a-t-il lâché en décapsulant les deux Affligem, l'une blonde pour moi, l'autre ambrée pour lui.

— Qui ? La serveuse du Fit ?

— Ouais. Si elle donnait son téléphone portable aux flics, ils pourraient analyser le message, entendre des bruits en fond sonore auxquels t'as peut-être pas fait attention.

— Elle a peur de la police.

— Comme plein de gens. Ça les pousse à prendre de mauvaises décisions.

Une idée me trottait dans la tête. Encouragé par ce cadre confortable et notre apparente familiarité, j'ai franchi le pas, mais avec un sourire appuyé pour pouvoir prétexter l'humour au cas où ma proposition tomberait à plat.

— On pourrait retranscrire ce message dans un article, non ? Faire un scoop ?

— Hors de question. N'oublie pas ce que je t'ai dit sur la relation de confiance avec les sources. Si les flics apprennent que j'ai fait de la rétention d'information, ils le prendront mal.

— Alors on leur dit ?

— Ce serait mieux, ouais.

En s'asseyant sur le canapé, il a extirpé une gauloise de son paquet bleu, posé sur la table basse entre deux bols remplis de cacahuètes. Il a fait jaillir une flamme de son briquet métallisé, a tété sa tige, puis a désigné une pile de journaux à ma droite :

— Tiens, attrape-moi le plan.

Une carte de la ville reposait sur une collection de numéros de *L'Équipe*. Il l'a dépliée sur la table basse, en prenant soin de repousser les bols et les bières.

— Bon, voilà l'histoire, a-t-il dit en brandissant un feutre noir. Donc notre gars disparaît en sortant du Ness, ici.

Il a tracé un cercle sur une placette du centre historique de la ville, la place de la Liberté.

— Il disparaît vers 23 h 15 et ensuite… plus rien. Sinon l'appel à cette sombre idiote, à qui il dit être à la gare.

Mernot a esquissé avec le feutre deux itinéraires possibles entre le bar et la gare qui lui faisaient de toute façon emprunter de petites rues du centre médiéval, pour descendre vers le boulevard lugubre de la gare.

— Donc vers minuit, il est là puisqu'il a laissé le message à cette heure-là.

— Il aurait donc mis trois quarts d'heure alors qu'à pied, on met quinze minutes.

— Oui. Mais n'oublie pas qu'il est complètement bourré.

— S'il met des plombes à faire le trajet et qu'il titube… pourquoi aucun témoin ne le remarque ?

— On ne sait pas si un témoin le remarque. Les gens sont des trouillards. Regarde la réaction de cette fille. Même si quelqu'un l'a vu, il peut se garder de le dire aux flics. Pour éviter les problèmes.

J'ai repensé à ce riverain du Clain surpris en train d'enterrer son chien. Le premier à avoir vu le corps. Claquemuré dans sa maisonnette, avait-il été témoin de quelque chose sans le dire ?

— Peut-être que le gars a mis moins de trois quarts d'heure pour descendre à la gare… Peut-être qu'il a fait cette mauvaise rencontre avant.

— Vous croyez qu'il était là au mauvais moment, au mauvais endroit ?

— Pour moi, c'était une cible facile.

— Pourquoi il dit « Je me suis fait avoir » sur le répondeur de la serveuse ?

— Je me posais justement la question. Ils ont dû l'avoir par ruse, pour le faire monter à bord de la bagnole.

— La bagnole ?

— Tu m'as dit qu'il y avait un bruit de moteur. Quand il laisse son message, il doit être sur la banquette arrière. Et il prend son téléphone discrètement pour appeler au secours.

— Pourquoi il appelle cette fille ?

— Je sais pas. Peut-être qu'elle n'a pas tout dit sur ses liens avec lui.

— Elle avait l'air sincère.

En triturant son feutre au-dessus du plan, pareil à une toile d'araignée dans laquelle Vincent s'était fait piéger, Mernot réfléchissait encore et encore pour assembler les pièces du puzzle.

— Ils étaient deux, au moins.

— Comment tu le sais ?

— Il y a au moins un mec, celui dont tu as entendu la grosse voix. Et un autre, à qui le gars dit « C'est lui ».

— C'était peut-être « Fais-lui ». J'ai pas bien entendu… Mais « Fais-lui » quoi ?

— Un prélèvement d'organes, évidemment.

J'ai écarquillé les yeux. Il a gardé son sérieux cinq secondes avant d'éclater de rire.

— Mais non, banane…

— Pff…

— Sûrement pas la danse du ventre, en tout cas.

J'ai imaginé mille choses horribles. Mernot s'est replongé dans le plan.

— Bon, on a un troisième point. Le Clain. L'endroit où on a trouvé le corps.

Et il a inscrit une croix sur la rivière, pile à l'endroit que j'avais visité brièvement, au bas du petit escalier de pierre. C'était de l'autre côté du centre-ville, en direction de mon campus.

Mernot a avalé une goulée généreuse de sa bière. Je l'ai imité. La fraîcheur du liquide m'apaisait. D'après mon médecin, deux bières étaient aussi efficaces qu'un tranquillisant.

— Il y a autre chose, a-t-il soufflé.

— Quoi donc ?

— Cette histoire de chaussette disparue… Ça n'a l'air de rien mais c'est étrange. Quand on est bourré, on peut faire des trucs illogiques… Quand même, pourquoi enlever une chaussette et remettre sa pompe ?

— Et pourquoi voler une chaussette ?

— Ça n'a aucun sens.

Aussi grotesque soit-il, ce détail me flanquait une impression bizarre, difficile à décrire.

— Bon, résumons, a enchaîné Mernot. On a donc cinq questions en suspens. Sur qui tombe Vincent en sortant du Ness ? Pourquoi appelle-t-il la serveuse du Fit ? Où est-ce que le corps a chuté ? Pourquoi n'avait-il qu'une chaussette ? Et à quoi rime « C'est lui » ou « Fais-lui » ?

Il s'est levé pour faire les cent pas entre son canapé et la fenêtre donnant sur l'hôtel de ville de Poitiers. Une grande place encavée qu'on contournait au lieu de la traverser mais le charme de la mairie lui donnait un peu d'éclat. La bedaine de Mernot étouffait dans sa chemise trop cintrée. Parfois, il me faisait penser à mon père, un peu ours, bien qu'il lui soit diamétralement opposé lorsqu'il réfléchissait : autant mon géniteur se passionnait pour les théories du complot et les dossiers d'ovnis, autant Mernot contenait la moindre de ses idées dans le périmètre de la rationalité la plus clinique.

— Les flics t'avaient dit que le téléphone de Vincent avait borné à la gare ?

Mernot me tournait le dos, collé à sa fenêtre où se réfléchissaient les lampadaires de la place. Il a répondu avec dépit :

— Non.

— J'imagine que c'est normal, ils ne disent pas tout…

Mernot s'est tourné vers moi et m'a adressé un regard entendu quoique légèrement brumeux. J'en étais certain à présent : il avait bu avant mon arrivée.

— Alors, cette petite Gitane… On en était où ?

Il ne parlait pas de la cigarette qui se consumait entre ses mains. Ma patience allait enfin être récompensée. Mernot se souvenait parfaitement du moment où il avait interrompu son histoire. Moi aussi, d'ailleurs : la gamine retrouvée errante, la maison d'où elle s'était enfuie, avec une niche rouge dans le jardin. Je commençais à le comprendre : ce n'était pas qu'une anecdote. Pour lui, c'était beaucoup plus important.

Il a repris le fil du récit comme si nous l'avions suspendu la veille.

— J'avais passé des après-midi entières, sur mes jours de repos, à quadriller le secteur dans un rayon de quinze bornes pour retrouver cette putain de baraque. J'avais quoi, même pas quarante balais. C'est jeune. À moins de quarante balais, on a encore l'impression qu'un grand destin nous attend. Moi, je me voyais comme un futur as des faits divers, de la chronique criminelle. J'avais pensé qu'en résolvant ce mystère, j'entrerais dans une autre dimension… Sortir le scoop, n'est-ce pas…

Il s'est penché au-dessus de la table et a repris une cigarette. Il avait cessé de me regarder.

— C'était comme un jeu de piste pour moi. Je ne pensais plus qu'à cette niche rouge. Chaque fois que je passais devant une maison, j'avais une poussée d'adrénaline en regardant le jardin. Des fois, il fallait zieuter à travers une palissade et ça me collait des frissons. Putain de niche rouge… Mes recherches se sont étalées sur une semaine. Je gardais ça pour moi. J'en parlais pas aux flics. Pas à mon chef. Et à cette époque, avec mon ex-femme, on était déjà en froid, alors j'en parlais à personne… J'étais certain que je finirais par trouver la maison. Je me voyais déjà allant frapper à la porte sous un prétexte bidon : « Bonjour monsieur, je fais un article sur le sentiment d'insécurité dans les villages, ça vous dirait de témoigner ? Ah mais, dites-moi, vous avez un chien ? Y a quoi dans cette niche rouge ? Et y a quoi dans votre cave ? » Mais, j'avoue, ma petite enquête s'est mise à piétiner. Impossible de trouver la baraque qui correspondait à ce que décrivait la gamine.

Sa bouteille de bière était vide à présent. Mernot en a observé le fond, à la recherche de ses souvenirs plus que d'une dernière goutte.

— Et puis tout s'est accéléré… Un soir à 17 heures, je me pointe au commissariat pour ma tournée quotidienne. À la pêche aux infos. Je revois le flic de l'époque, un grand type sympa, blond, avec une gueule d'Allemand. Il était tellement sympa qu'il a voulu me donner un tuyau : « On a coincé le violeur de la gamine », qu'il m'a dit. Le mec n'avait pas encore fait ses aveux, alors le flic ne voulait pas trop m'en dire. J'ai quand même réussi à glaner le nom du village où il habitait. Le bled était presque dans le secteur que j'avais fouillé. À trois kilomètres près, putain ! Je me suis dit : eh merde, pas de bol. Mais tout n'était pas perdu. Je me suis précipité sur place. J'avais toujours pas le nom du gus mais le nom du village ajouté à la description de la baraque, j'ai pensé que je trouverais facilement.

Dehors, une sirène de police a résonné et une lumière bleue est venue rouler sur le visage de Mernot à intervalles réguliers. Normalement, son instinct de fait-diversier aurait dû se réveiller, une sirène de flic annonce potentiellement un fait divers à rapporter. Son regard aurait dû bifurquer vers son téléphone pour vérifier si on ne l'appelait pas. Pourtant, il n'a montré aucune réaction. Enseveli par son propre récit.

— Y avait quoi ? Une centaine de maisons dans ce village, pas grand-chose. À l'époque, y avait peut-être encore une épicerie et une station-service. Bref, j'ai cherché et j'ai fini par trouver cette putain de niche rouge. La baraque était désertée, il y avait des herbes hautes dans la petite cour devant. Y avait un box avec des petites vitres : on voyait une voiture à l'intérieur, du genre estafette. C'était à peu près le seul signe que quelqu'un vivait là. Sinon, ça faisait un peu maison fantôme. J'imaginais très bien la gamine séquestrée à l'intérieur. J'ai tapé deux photos, je me suis barré. J'avais encore mon article à écrire et le chef me foutait la pression. J'étais tellement content de rapporter cette photo, avec les herbes hautes, ça plantait vraiment le décor. J'ai écrit un article avec les quelques infos que les flics m'avaient données. L'heure de l'interpellation, l'âge du mec, le rappel des faits. Et puis cette putain de photo.

Au moment où il a articulé la suite, j'ai compris aussitôt. J'en avais mal aux tripes pour lui.

— Putain, c'était pas la bonne maison, a-t-il murmuré. Y avait deux niches rouges dans ce village à la con. Je me suis précipité comme un abruti. J'ai merdé…

Il y a sans doute des journalistes qui se seraient relevés de cette grosse bourde. Un peu moins scrupuleux, un peu plus désinvoltes. Mais un type seul qui cherche à faire ses preuves prend probablement ce genre d'échecs en pleine gueule.

— Elle est décevante, cette histoire, hein ? a souri Mernot en me regardant.

J'en suis resté les bras ballants, aspiré par le canapé.

— Et l'habitant de la maison ? Il a réagi comment ?

— Il est venu au journal, hors de lui. Putain, j'ai cru qu'il allait me tuer.

Il a soufflé une dernière latte.

— Mais c'était pas la peine… À l'intérieur, je me sentais déjà mort.

14

Anguille

— Un bon portrait suppose que tu t'appuies toujours sur plusieurs sources. Sinon, c'est trop léger. À mon avis, si tu bloques sur le portrait de Vincent, c'est que tu n'as pas eu assez d'interlocuteurs.

Mernot m'avait soufflé ce bon conseil en me regardant peiner sur mon ordi, une nouvelle fois. Aussi, je m'étais fait violence pour rappeler Thomas, l'haltérophile, afin d'obtenir le contact d'un autre ami de Vincent. D'un ton froid mais néanmoins coopératif, il m'avait lâché le numéro de téléphone de Fred, le garçon aux cheveux longs avec qui il était venu signaler la disparition à *L'Écho*. En notant ses coordonnées, j'avais pensé : « Ah oui, le gars avec une gueule à jouer de la guitare sèche. »

Un vendredi en fin de journée, j'avais donc rendez-vous sur la place du marché, au cœur de Poitiers. Autour de l'église romane, d'où s'élançaient les artères médiévales, quelques bistrots se disputaient une jeune clientèle, d'une vingtaine voire d'une trentaine d'années. L'âme de la ville se nichait là, bien plus que sur les campus, qu'ils soient au sud ou au nord. Fred m'attendait au Cluricaume, un pub classique, tables en imitation chêne et logos de Guinness partout. Il s'était assis près de la vitre et, de l'extérieur, j'avais déjà repéré sa longue chevelure brune, son visage émacié et surtout son air de chien battu qui comprend qu'on va l'abandonner sur une aire d'autoroute. Mon arrivée a tout juste ranimé une petite lueur au fond de ses yeux qu'une profonde tristesse semblait avoir pris comme résidence. Je suis entré dans l'établissement, vide aux deux tiers à cette heure, et me suis assis face à lui.

— Salut.

— Salut.

Le plus dur était de briser la glace mais la serveuse nous a sauvé la mise en prenant les commandes.

— Un demi.

— Deux.

Deuxième témoin, autre ambiance, loin du jus d'abricot de la salle de sport à l'odeur de testostérone. Fred n'avait pas plus d'épaules que moi et peut-être pas davantage de succès avec les filles.

— J'ai apporté une photo de Vincent. Ça pourrait servir pour ton article.

Il a fait glisser le cliché sur la table, entre nos deux bières fraîchement déposées. Vincent portait un costard gris clair, sourire fiérot, debout, la main posée sur le capot d'une Golf GTI rouge criard garée devant une maison de campagne qu'on devinait à l'arrière-plan. Ses cheveux étaient teints en blond peroxydé, pas comme sur la photo qu'on nous avait confiée au journal, et l'image paraissait plus récente. Je devais l'admettre : le disparu m'évoquait les rugbymen de mon village qui emballaient les filles à la discothèque du coin mais pour lesquels une soirée sans baston était comme un match sans essai.

— La photo est un peu réductrice mais c'est la seule que j'ai apportée à Poitiers, a bredouillé Fred, comme s'il avait lu dans mes pensées.

— Il est souriant, en tout cas, c'est bien.

— Oui, sauf qu'il a l'air d'un beauf.

— Ah bon, tu trouves ?

— Il était pas comme ça. Enfin… Il n'était pas que ça. Et surtout, il n'a pas toujours été comme ça, a-t-il observé en trempant ses lèvres dans la mousse.

De temps à autre, il tentait de croiser mon regard, sans jamais tenir longtemps.

— C'est pour ça que j'ai accepté de te rencontrer. Je voulais pas que tu aies une vision faussée de Vincent.

J'ai à mon tour bu une gorgée. J'hésitais à sortir mon calepin pour ne pas briser l'élan de sa confession.

— Je connaissais Vincent depuis qu'on était gosses. On a grandi ensemble en Auvergne.

— Oui, maintenant que tu le dis, je crois entendre un peu ton accent.

Il a souri poliment.

— On se marrait bien. On jouait au foot. On roulait sur sa mob. On a campé ensemble des tas de fois.

Il cherchait ses mots, a repris un peu de bière pour fluidifier ses pensées. Plus il se confiait, moins j'osais dégainer mon stylo.

— J'avais un frère… Il s'est flingué quand j'avais quatorze ans. Ça a été très dur, pour moi comme pour mes parents. Et Vincent était là. Il ne m'a jamais lâché. Il se démenait pour essayer de me changer les idées. Je montais à l'arrière de sa mob et on partait voir les volcans. J'oublierai jamais ça.

Il a bu une nouvelle gorgée, s'est tu un long moment. J'ai risqué une relance, timide et pudique :

— C'était quelqu'un sur qui tu pouvais compter.

— Ouais, exactement.

Il a jeté un coup d'œil dehors, sur la place du marché. Assis par terre, près de la halle du marché couvert dont le modernisme raté jurait sur ce site médiéval, un groupe de punks à chiens liquidait des canettes en parlant fort, visage rougi par le froid et l'alcool.

— Bon, c'est vrai… Vers la fin, on s'est un peu éloignés.

— Vous êtes arrivés à Poitiers en même temps, pourtant ?

— Oui, pour faire l'école d'ingénieurs. Mais il s'est mis à traîner avec des mecs que j'apprécie moins. Des tarés de la muscu. T'as remarqué, c'est pas mon style…

— Moi non plus.

— Il était de plus en plus dans l'excès. Toujours plus de meufs, d'alcool, de muscles. C'était pas mon trip. Tu vois, c'est bizarre… Au fond de moi, je crois que je savais qu'il ne vivrait pas vieux.

— Pourquoi ?

— C'est pas une histoire de destin mais… Y a des gens qui sont un peu carencés dans leur éducation. Des gens dont les parents ont été peu présents. J'ai lu des trucs là-dessus… On dirait qu'ils ont l'instinct de survie moins développé. Qu'ils se protègent moins, qu'ils ont moins conscience du danger.

— Tu veux dire que ses parents étaient absents ?

— Ses parents sont super. D'un milieu aisé. Mais c'est vrai que chacun est marié avec son boulot. Avec des horaires de dingue, des déplacements à l'étranger.

— Ah, je vois.

— Enfin, c'est ma théorie. Ça vaut ce que ça vaut. Tu l'écriras pas, ça, hein ?

— Non, non, promis. C'est du triple off.

— Moi je l'aurais plus imaginé mourir dans un accident de bagnole, une nuit après avoir trop bu.

— Et… Désolé, le sujet est délicat, t'es pas obligé de me répondre… Tu as une idée de ce qui s'est passé cette nuit-là ?

— Non, j'en sais rien.

Il a tordu les lèvres comme s'il repassait le film dans sa tête pour imaginer la fin.

— Ça tient à tellement peu de chose, la vie… Regarde ces mecs, là.

Du menton, il a désigné le groupe de SDF au sein duquel je comptais trois mecs et une nana aux cheveux de feu emmitouflée dans un manteau kaki. Par le passé, elle avait dû être jolie, mais la rue l'avait vieillie prématurément. Elle n'avait sans doute pas trente ans.

— Combien de gens dans l'amphi basculeront de ce côté ? Il suffit de pas grand-chose parfois, juste un accident de parcours.

J'avais envie d'une clope. Son laïus commençait à me foutre le cafard mais je n'aurais pas été plus joyeux à sa place.

— Merci beaucoup pour ton témoignage, ça va beaucoup m'aider pour l'article.

— Y a pas de quoi…

— Tant que j'y suis, y a pas d'autres personnes que tu me conseillerais de rencontrer pour mieux connaître Vincent ?

Il a cherché des idées dans le fond de son verre.

— Ben je sais pas… Donc tu as vu Malabar ?

— C'est qui ?

— Pardon, je veux dire Thomas. Celui avec qui j'étais passé au journal.

— Ah oui, je l'ai vu à la salle de muscu.

— Oui, voilà. Malabar, c'est son surnom.

— J'ai cru comprendre que vous fonctionniez beaucoup comme ça… C'est quoi le tien ?

— Chevelu.

— Ah tiens.

— À part ça, je ne vois pas trop…

— Tu fais partie des Bitards, toi ?

— Non, pas du tout. Encore un truc de pochetrons, ça.

Mernot m'avait dit, un jour que je le questionnais sur ses relations avec la police : « Il faut protéger l'identité de ses sources. Toujours. » Néanmoins, j'ai osé une question du bout des lèvres :

— Et Tania, tu en as entendu parler ?

— Non, c'est qui ?

— Je sais pas, peut-être une ex à lui. Elle travaille au Fit.

— Ah oui, l'Anguille.

— Voilà, c'est ça…

Là, j'avais tout de suite compris le surnom.

— Mais c'est pas son ex. Je pense qu'ils se connaissaient très peu, d'ailleurs.

Il a vidé son verre d'un trait. Son teint gris semblait avoir légèrement bruni sous l'effet de la blonde.

— Faut que j'y aille… J'ai un cours de guitare à donner.

— Oui, bien sûr.

En me levant, je lui ai serré la main le plus chaleureusement possible. Il a filé vers l'arrêt de bus le plus proche. Sitôt qu'il a eu le dos tourné, j'ai farfouillé dans ma sacoche à la recherche d'un calepin pour retranscrire tout ce qu'il m'avait confié, avant que notre discussion ne sombre dans les limbes de ma mémoire. Ce qu'il avait accepté de me livrer était précieux. J'étais tellement satisfait que je brûlais d'envie d'appeler Mernot pour me vanter de ce petit succès. Ce boulot me plaisait de plus en plus. J'ai saisi mon téléphone et parcouru mon répertoire jusqu'au numéro de mon pygmalion. C'est en voyant défiler les noms qu'une révélation a fusé dans mon esprit.

« Anguille ».

Raison de plus pour appeler Mernot.

— Ça va, gamin ?

— Si on te kidnappait et que tu te retrouvais sur la banquette arrière d'une bagnole, si tu n'avais que quelques secondes pour appeler à l'aide avec ton téléphone… tu appellerais qui ?

— Heu… Les flics ?

— Oui, c'est pas con. Mais si t'avais pas le temps, je suis sûr que tu choisirais le premier nom de ton répertoire.

— Où tu veux en venir, gamin ?

— La lettre A… Comme Anguille.

— Putain, t'es bourré ? Je comprends rien.

— Vincent ne fonctionnait qu'avec des surnoms. Il a dû appeler Tania parce qu'il la surnommait

« Anguille » et qu'elle était la première dans son répertoire.

Mernot a pris la voix volontairement surjouée d'une mère bouleversée :

— Bravo, mon petit. Tu fais des progrès.

15

Le portrait

Samedi 28 mars 2004

Il s'appelait Vincent Levin, il avait 21 ans. Il a disparu le 1er avril dernier, après avoir passé la soirée avec des amis de l'école d'ingénieurs, où il étudiait. Sa trace se perd à la sortie du bar le Ness, en centre-ville, aux alentours de minuit. Quatre jours plus tard, son corps est repêché dans le Clain, quelques mètres avant le Pont-Neuf. Pour ses amis et sa famille, le drame se double d'une terrible interrogation : qui a croisé la route de Vincent, le soir où il s'est volatilisé ? Car pour eux, c'est une certitude, le jeune homme a fait une mauvaise rencontre. Il n'avait pas d'ennemi connu, même si son assurance pouvait susciter des jalousies. « Il voulait toujours être le premier », selon l'un de ses proches. Originaire d'Auvergne, Vincent s'était installé à Poitiers il y a un an et demi pour suivre un cursus d'aéronautique. Son temps libre, il le passait en salle de musculation ou avec ses amis.

« Sa passion, c'était la vie », témoigne Thomas, qui le connaissait bien. « Il était toujours là quand on avait besoin de lui », ajoute Fred, un ami d'enfance qui l'avait suivi à Poitiers.
Simon Magny

À mesure que ma mère lisait le portrait, ses yeux s'embuaient. Lorsqu'elle a achevé le dernier paragraphe et que son regard est tombé sur ma signature, elle n'a pas pu réprimer une larme.

— Tu te rends compte… Tu as ton nom dans le journal ! Assis à côté d'elle dans le canapé du séjour, mon père ne disait rien mais affichait un sourire fier. Je l'étais aussi. Mernot n'avait modifié que peu de mots dans la mouture que je lui avais présentée, en supprimant quelques adjectifs (« Moins t'en as, mieux c'est et, dans l'idéal, il faudrait ne jamais en mettre, mais comme c'est ton premier gros papier, je t'en laisse quelques-uns »). J'avais écrit l'article le samedi, guetté sa parution fébrilement le mardi suivant, je l'avais même acheté au bureau de tabac de mon quartier pour le rapporter comme un trophée à mes parents.

— Dis donc, ça fait peur tout ça, a chuchoté ma mère. Tu ne sors pas trop tard le soir, hein ?

— Non, t'inquiète pas, maman.

— Vraiment, hein ? Fais attention…

— Oui, promis.

— Ça va pas t'attirer des ennuis d'écrire sur ce genre de sujet ?

— Qu'est-ce que tu veux qu'il m'arrive ?

Je revenais de moins en moins dans mon village, parce que le boulot au journal me prenait beaucoup de week-ends mais aussi parce que j'en éprouvais moins le besoin. Mes copains d'adolescence s'éloignaient de la même façon et, peu à peu, on se perdait de vue. Ici, tout paraissait vieillir en accéléré : les cheveux de plus en plus blancs de ma mère, les rides voraces de mon père et le déclin du village, que j'avais remarqué la veille au soir en avisant la fermeture définitive de l'épicerie où, adolescent, je me fournissais en bière avant d'aller traîner à l'abribus.

— Pour fêter ça, on a pensé à quelque chose avec ton père, a dit ma mère, sur le ton d'une devinette.

— Ah bon ? C'est-à-dire ?

— Y a un centre commercial qui a ouvert à vingt minutes, tu sais ? Ça te plairait d'aller manger à la cafétéria ce soir ?

J'étais un peu gêné de tant d'honneurs – manger à la cafétéria relevait de la sortie en grande pompe. Et je ne voulais pas décevoir mes parents en déclinant.

— Oui, c'est super !

La dernière fois qu'on avait dîné dehors, c'était pour fêter mon bac, dans la seule pizzeria du village qui, entre-temps, avait disparu dans un incendie dont l'origine n'avait jamais été déterminée – on avait soupçonné une tentative d'arnaque à l'assurance de la part du propriétaire.

Dans l'après-midi, j'ai trouvé refuge à bord de ma machine à voyager dans le temps : ma chambre. Entre ces quatre murs, tout était en ordre : celui dans lequel j'avais laissé les lieux en partant trois ans plus tôt. Mes BD de *Tintin* alignées sur l'étagère, mes posters de films d'horreur sur les murs (*Les Griffes de la nuit* et *Massacre à la tronçonneuse*). Mes poèmes que j'avais écrits pour une amoureuse oubliée et que j'avais cachés sous le lit. En contemplant ma hutte, je me suis d'ailleurs souvenu d'autres documents dissimulés sous le sommier. L'idée d'y jeter un coup d'œil m'est venue – comme un randonneur se permet un regard derrière lui après avoir franchi un pont suspendu. À côté des liasses de poèmes entassées, il y avait quatre ou cinq romans conservés dans des chemises cartonnées. À peine commencés et jamais achevés. Des histoires de monstres sortis du lac, de loups-garous cachés dans le village, de collégiens le jour et vampires la nuit. J'avais quinze ans.

— C'était à l'époque où toi aussi, tu avais ton bureau privé…

Mon père se tenait dans l'entrebâillement de la porte, un peu timide. Je lui ai souri. Comme il avait son jardin secret, rempli de littérature sur les ovnis, il savait l'importance de l'intimité et n'était pas du genre à s'aventurer au-delà des frontières. Il avait glissé un pied, signe qu'il avait envie de parler.

— Est-ce que tu as pensé… à l'hypothèse que les choses ne se soient pas passées comme ça ?

J'ai cherché à comprendre.

— C'est-à-dire ?

— Que les flics te mentent sur ce qui lui est arrivé.

— Pourquoi ils feraient ça ?

— Je sais pas… parce que la vérité est trop gênante. C'est une idée qui me trotte dans la tête.

— C'est quoi, ta théorie ?

Il a fait un pas supplémentaire dans ma direction, franchissant totalement la frontière de la chambre. Son regard se perdait dans un dédale d'idées que j'aurais presque pu voir virevolter autour de sa calvitie.

— Le message sur le répondeur, « Je me suis fait avoir », y a quand même une idée d'apparence trompeuse, non ? Et puis après, s'il dit vraiment « Fais-lui ! Fais-lui ! ». Fais-lui quoi ?

— Oui… Quoi ?

— Je sais pas, on peut tout imaginer avec ça…, a-t-il ajouté en se grattant le crâne et s'approchant encore, brûlant d'envie de multiplier les spéculations mais craignant de passer pour un illuminé. Du trafic d'organes, des expériences…

— Tu vas un peu loin, non ?

La phrase était sortie spontanément et j'en regrettais déjà le ton moqueur, presque méprisant. Sans surprise, il a d'ailleurs pris la mouche au vol et son visage fatigué a rougi sous l'effet conjugué de la vexation et de la colère.

— Ah, tu crois. Alors suis-moi !

À contrecœur, je me suis levé. Il s'est engagé d'un pas orgueilleux dans le couloir en direction de la pièce du fond. Tout au fond. Celle dont la porte restait toujours fermée. Son cabinet secret dans lequel on n'entrait pas sauf à aimer prendre des beignes. Mon père a ouvert la porte. Et j'ai plongé dans la caverne d'Ali Baba, inquiet de ce que j'allais découvrir. Sur le bureau, une petite lampe éclairait un bloc-notes et un stylo quatre couleurs. Le meuble paraissait minuscule au milieu des empilements de papiers, des colonnes de papiers, des montagnes de papiers qui l'entouraient. Il y avait là des feuilles A4 noircies de notes indéchiffrables, des journaux, des vieux magazines froissés, quelques livres glanés dans je ne sais quelle brocante. Une télé et un magnétoscope antiques survivaient dans un coin, cernés de cassettes vidéo. Des

Post-it jaunes accrochés çà et là marquaient un classement par décennie et par thématique : « Apparitions », « Enlèvements », « Rencontres »… Des plans, des cartes, des schémas recouvraient les quatre murs. Il n'y avait plus un centimètre carré vierge, tout était saturé. Mon père a baissé les yeux, mais ses lèvres crispées et son menton froissé trahissaient son émotion.

— Qu'est-ce que c'est que tout ça ?

Il a alors planté son regard dans le mien :

— Ça, c'est mon enquête…

J'ai avancé, sans savoir vraiment par où commencer. Je n'osais toucher au moindre classeur, de peur de commettre un sacrilège, une profanation.

— C'est ce que tu as accumulé depuis quinze ans ?

— Oui… Tous mes travaux, toutes mes recherches.

Quel mot employer ? Quel était le terme exact et suffisamment délicat pour qualifier le sujet de ses fouilles ? Je n'ai pas eu le temps de le trouver, il m'a imposé sa propre appellation :

— La preuve des mensonges officiels.

D'un coup d'œil rapide, dans ces amoncellements de ratures et de notes, je devinais des noms de villes, de pays, des prénoms, des dates.

— Quelles preuves ?

— D'une communication entre deux mondes. D'une invasion invisible. Toutes ces choses qu'ils ne te diront jamais…

Une angoisse vertigineuse dominait ma fascination devant un tel spectacle. La voix de mon père n'était pas celle que je connaissais depuis vingt ans. L'exaltation la rendait plus aiguë, plus tremblante.

— C'est qui, « ils » ?

— Tu le sais très bien.

Un instant, j'ai essayé de mesurer la profondeur du gouffre : le foyer, mon foyer avait-il à ce point changé pour que mon père ait basculé en quelques années ? Ou bien sa maladie existait-elle dans de telles proportions bien avant ? Et sans doute l'avais-je ignorée ou sous-estimée. J'imaginais à présent cette toile d'araignée sortie de son cerveau malade se tisser jour après jour, coloniser cette pièce, restée trop longtemps close, pendant qu'avec ma mère on vivait comme si de rien n'était, juste à côté. Mon père avait perdu pied sans rien laisser paraître. Et on n'avait rien vu. On l'avait laissé sombrer sans s'en rendre compte.

Sûr que Robin en aurait fait un super scénario de film. Mais j'avais choisi le journalisme et je devais quitter la fiction, la laisser derrière moi. Adolescent, il me fallait être le plus créatif possible pour noircir les pages blanches. Aujourd'hui, c'était l'inverse : ne rien inventer, ne rien déformer, demeurer le plus fidèle à la réalité. S'en écarter pouvait au contraire ruiner mes ambitions naissantes. Ce n'était pas pour rien que Mernot m'avait raconté l'histoire de la petite Gitane et de sa faute professionnelle. Vincent n'avait probablement pas été mangé par des cannibales ni par des extraterrestres. L'imaginaire appartenait désormais au passé. Je devais le laisser à mon père et quitter cette chambre. Lorsque je l'ai fait, des mots, des mots horribles, sont sortis de ma bouche. Peut-être avais-je voulu susciter un électrochoc. Je les ai regrettés aussitôt.

— Tu es devenu fou…

Mon père est resté désarçonné, le regard humide. Il n'a pas tenté de me retenir. Il a fermé la porte définitivement.

16

Mauvaise rencontre

Cette journée de mai a longtemps été une énigme pour moi. Non seulement parce qu'elle m'a laissé avec une amnésie partielle, mais aussi parce qu'elle recelait dès le départ un parfum d'étrangeté. Dès que j'ai glissé le nez dehors, c'est-à-dire sur les coups de 18 heures, les signaux se sont multipliés. Lesquels ? Difficile à dire : ce ciel trop gris, trop bas, ces rues désertées, comme un jour férié, l'impression que tout le monde s'était fait la malle, que la lumière avait définitivement abandonné chaque fenêtre sur mon chemin.

Après plusieurs heures passées à m'abrutir de télé, de séries pour adolescents et de jeux pour retraités, j'ai décidé d'aller voir mon copain Robin. Quinze jours auparavant, j'avais réussi à le traîner jusqu'à la cafète de la fac. Comme d'habitude, Robin et moi avions pris place à l'écart, parlant vaguement de films et déblatérant quelques méchancetés cathartiques sur tel ou tel mec qu'on prenait pour un snob ou un imposteur dès qu'il étalait sa cinéphilie. Sauf que, cette fois, Robin avait le verbe mou et l'œil ailleurs. Une barbe miteuse lui bouffait le visage. Ses cheveux qu'il avait rasés un beau matin (« Ça m'a pris comme ça ») avaient repoussé en touffes complètement anarchiques. Son sweatshirt beige, trop large, arborait un logo de marque effrité et quelques taches non identifiées, sans doute de la mayonnaise échappée d'un cornet de frites ou du soda. Depuis, je n'avais pas revu mon pote, et c'était la dernière image que je gardais de lui. Ça et la coupure bizarre au niveau de son poignet. Je dis bizarre, je devrais dire triste.

En cette fin d'après-midi-là, j'ai donc pris mon courage à deux mains pour lui rendre visite dans sa cité U, en espérant ne pas le retrouver flottant dans une mare de vomi. Mais lorsque j'ai frappé à sa porte, je n'ai pas entendu un bruit de l'autre côté de la cloison. Pas un mouvement, pas un grésillement de radio, le silence absolu.

— Robin ? T'es là ?

Aucune réponse. Je m'apprêtais à tourner les talons, avec cette inquiétude diffuse qui me collait aux basques, quand la porte du studio d'à côté s'est ouverte. Un étudiant est sorti avec un pack de bières à la main. Avant d'aller retrouver, imaginais-je, sa bande de potes, il m'a lancé :

— Salut… Je pense qu'il est pas là.

— Tu l'as vu récemment ?

— Je l'ai aperçu hier, il avait un sac bourré d'affaires sous le bras. J'ai l'impression qu'il partait en voyage ou quelque chose comme ça.

Le voisin s'est éloigné, je l'ai interpellé :

— Excuse-moi… Tu le connais ? Vous vous êtes déjà parlé ?

— Ah non, juste bonjour bonsoir…
— Merci.
Il a hésité puis a lâché :
— Il n'avait pas l'air au top de sa forme.
La formule signifiait plutôt : « Il avait l'air complètement à la ramasse. »
En voyage vers où ? Perdu dans mes questions, j'ai eu brusquement un pressentiment. J'ai tourné la poignée de la porte. Elle s'est ouverte. J'ai commencé à flipper, craignant de découvrir mon pote allongé par terre dans une flaque de sang. Mais ce n'est pas une vision qui m'a heurté, plutôt une odeur : épouvantable, comme si on avait amassé des pommes de terre pourries dans ces neuf mètres carrés. Puis un bruit : celui de bourdonnements de mouches. Une petite colonie virevoltait au-dessus du bocal du gecko. Je me suis avancé, redoutant et devinant ce qui m'attendait : « Gilliam » était mort et desséché. Les insectes bleus s'activaient comme des rapaces autour de sa carcasse putride. D'autres puanteurs se mélangeaient. Une poubelle pleine à craquer, une pièce pas aérée depuis longtemps et peut-être du vomi sur le matelas. En tout cas, Robin s'était évaporé. Il n'avait laissé aucune fringue. Aucun mot.

Cinq minutes plus tard, groggy, je quittais ce paquebot bleu et orange. Machinalement, j'ai pris le bus, ce qui m'arrivait rarement. Comme il y avait très peu de voyageurs, mon agoraphobie m'a fichu la paix. Debout, accroché à une barre verticale, j'ai cogité à en faire fumer ma cervelle, essayant d'imaginer où Robin avait bien pu s'échapper avec son sac plein à craquer. Une réponse floue quoique de plus en plus insistante tournait dans ma tête : il était parti pour de bon.

Dans son sac, il n'y avait pas seulement quelques vêtements mais probablement tous ses vêtements, toute sa vie, sa petite vie, sa vie asociale réduite en quelques années à un duel entre lui et lui-même, duquel je m'étais tenu volontairement éloigné. Comme je me serais éloigné d'un balcon d'où j'aurais eu peur de tomber. Le Robin dépressif, cassé, hors circuit, c'était le reflet auquel j'avais si peur de ressembler.

Tel un automate, je suis descendu à la place d'Armes devant laquelle se dressait l'hôtel de ville. C'était une place bordée de cafés mais qu'on ne traversait pas, parce qu'elle était incurvée, enfoncée entre les arbres et sans charme. Une mauvaise idée d'architecte urbain et qui, cette après-midi-là, confortait mon impression de décor fantomatique. J'ai longuement erré dans les rues du centre-ville. Avec le recul, je pense que je fus aimanté malgré moi vers le point de départ du mystère : un pub, le Ness, niché dans la ville médiévale, plus charmante, plus typique, mais tout aussi dévitalisée. C'est ici, dans cet établissement aux allures d'auberge avec sa brique écrue et ses hautes fenêtres, que Vincent avait disparu. Ici que ses potes de beuverie l'avaient aperçu pour la dernière fois, un soir à 23 h 15. Il s'était échappé, disaient-ils, après avoir trouvé l'ambiance de la fête « pourrie ».

Les portes du bar étaient closes, ses gérants n'ouvraient qu'en début de soirée pour se focaliser sur leur clientèle étudiante. Devant le Ness s'étendait une placette couleur sable, avec la statue de la Liberté en point névralgique, toute petite réplique de son homonyme américaine. Une plaque fixée devant indiquait qu'elle avait été posée là en hommage à un général guillotiné pour s'être opposé à la Restauration. Devant la façade du pub, la sourde angoisse qui m'avait enveloppé en quittant mon studio s'est volatilisée pour laisser place à une curiosité avide. Il y avait un sens derrière mon errance, voilà pourquoi le bus m'avait mené jusque-là : retracer les dernières minutes d'un autre condamné à mort, Vincent Levin.

Il fallait fournir un travail d'imagination. Entendre les rires, les verres entrechoqués, le brouhaha alcoolisé bourdonnant derrière ces murs. Puis, d'un coup, se figurer Vincent poussant la porte et surgissant sur la place, la mine fermée, coléreuse, et l'œil vrillé par le whisky. En bras de chemise malgré le froid mordant de début avril. Il y avait peut-être d'autres personnes sur cette placette, des étudiants sortant du pub pour aller vers un autre, et d'autres arrivant d'un appartement pour se joindre à l'euphorie. Mais avec ces températures, ils ne pouvaient qu'être de passage. Et Vincent, dans son énervement, ne pouvait pas faire les cent pas. Il avait dû filer immédiatement. Vers la gare, sans doute. Parce qu'elle était en pente, la rue nous entraînait logiquement vers la gare, elle nous faisait presque rouler dans sa direction. J'ai suivi le mouvement.

J'ai emprunté des venelles qui se ressemblaient toutes, avec ces lampadaires suspendus par un fil et ces façades à pans de bois formant des croix, comme si on avait condamné les foyers. Des volets antiques restaient ouverts sur des lucarnes plongées dans l'obscurité insalubre depuis un bail. Des roucoulements de pigeons invisibles m'accompagnaient en permanence.

Des affichettes et des tags anarchistes, contre la prison, la police, la psychiatrie, rappelaient que la fac d'histoire et ses étudiants se trouvaient juste à côté. L'hôtel Fumé, jadis fréquenté par Rabelais, marquait en effet le troisième point universitaire de la ville, moins excentré que le campus ou le Futuroscope. La nuit, si on tombait sur un type louche, ces murs interminables et étouffants devenaient un véritable coupe-gorge.

Je suis arrivé au boulevard, beaucoup plus large mais pas mieux fréquenté, qui longeait la gare, où les voitures passaient sans s'arrêter. Une fois parvenu ici, qu'avait l'intention de faire Vincent ? Rentrer chez lui, peut-être. Cinquante mètres à ma droite, un bus marquait l'arrêt avant de mener jusqu'au Futuroscope, où sa piaule l'attendait. À moins qu'il n'ait voulu rentrer vraiment chez lui ? Pas au Futuroscope, cette zone morne et sans identité qui ne rimait qu'avec déracinement et où l'on ne pouvait pas se sentir chez soi, mais en Auvergne. Aucun train ne partait à minuit et des brouettes, mais avec autant d'alcool dans les veines, peut-être Vincent avait-il envisagé cet improbable scénario. Peut-être même avait-il songé à dormir sur un quai, allongé sur un banc, en attendant le premier train du lendemain.

En toute logique, je me suis aventuré dans la gare. Il était à présent presque 20 heures, la nuit était tombée sur Poitiers. Plus personne n'officiait au guichet dans le hall d'entrée. Accroché tout en haut du grand mur central, un tableau affichait les prochains départs. Aucun à destination de l'Auvergne. Les boutiques de la galerie étaient éteintes et les voies vides, pas un train ni un voyageur égaré. J'ai essayé de calculer le nombre de minutes que Vincent aurait perdues en traînant ici. Vingt de plus ? Le compte n'était pas encore bon : j'avais mis quinze minutes max entre le pub et la gare, même si j'en ajoutais vingt, il manquait dix minutes. Pas de quoi fouetter un chat, mais pas anodin non plus.

Je suis ressorti pour refaire le chemin en sens inverse. Avant l'abribus, un petit parking se nichait en retrait de l'axe routier. Là, une prostituée court-vêtue, sac à main accroché au bras, attendait, le dos bien droit, qu'une voiture veuille s'arrêter. Une nouvelle hypothèse convaincante. Drôlement convaincante. Que faire dans le quartier de la gare d'une ville moyenne à la nuit tombée ? Après tout, Vincent, l'haltérophile cocaïné, le dragueur en quête de popularité, avait dû ruminer à l'excès ses déconvenues de la journée, en titubant depuis le pub. Et notamment les commentaires très vexants de son ex sur ses performances sexuelles. « Toutes des putes ! » s'était-il sûrement répété, haleine chargée et poings serrés. Alors pourquoi ne pas y aller directement – aux putes ?

Les pièces du puzzle s'imbriquaient avec de plus en plus de justesse.

La prostituée m'a regardé approcher sans réagir. Elle ne tarifait probablement ses services qu'à des conducteurs qui l'emmenaient plus loin, pas sur la voie publique, où elle risquait une amende. Du reste, elle devait être habituée à ce que des jeunes solitaires dans mon style l'abordent juste pour sentir le souffle de l'excitation, sans jamais aller plus loin.

— Bonsoir, ai-je souri.

« Souviens-toi que ta tronche est un miroir pour les gens à qui tu parles, m'avait dit Mernot lors d'une de ses leçons de journalisme improvisées au bureau. Tu fais la gueule, les gens feront la gueule. Tu souris, tu as une chance qu'ils te sourient aussi. »

Le miroir était fendu : la prostituée n'a répondu que par un mouvement de menton minimal.

— Excusez-moi, je ne veux pas vous déranger…

La maigreur de ses jambes détonnait avec sa poitrine, énorme. Son visage anguleux, pâle sous les mèches blondes, avait un aspect maladif.

— Je suis journaliste et j'enquête sur la mort de Vincent Levin, un étudiant qui a disparu dans ce quartier en avril…

Elle a de nouveau opiné pour me faire comprendre qu'elle pigeait de quoi je parlais, mais je n'entendais toujours pas le son de sa voix.

— Je voulais simplement savoir si vous aviez aperçu quelque chose ce soir-là.

Cette fois, elle a froncé les sourcils, agacée. Un accent de l'Est a tinté sous ses consonnes :

— Laisse-moi bosser, je parle pas aux flics.

— Je suis pas flic, je travaille juste pour le journal local.

— Ouais, c'est bon, c'est bon…

— C'est juste pour m'aider que je vous demande ça… Vous avez vu un jeune homme ivre ce soir-là ?

— Des mecs ivres, j'en vois plein, hein…

— Et un mec ivre à pied ?

— Écoute, laisse-moi travailler… L'étudiant, c'est pas à moi qu'il a parlé.

— Ah bon… Il a parlé à une autre, alors ?

— Ouais, une autre, une rouquine, mais je la connais pas, OK ? D'ailleurs, je l'avais jamais vue avant et je l'ai jamais revue après.

— Ah… Et elle était où ?

Elle a eu un geste du menton.

— Plus loin, là-bas, devant le garage. Allez, maintenant, laisse-moi travailler, sois gentil.

Je me suis exécuté. Une piste, je tenais une bribe de piste. Mernot allait vraiment être fier de moi. Déposer mon CV au journal se révélait la meilleure idée qui me soit venue depuis le début de mes années fac. Je me sentais à ma place, enfin.

J'ai marché vers le garage endormi, à la façade en tôle bleu et blanc, que la prostituée avait indiqué. Malgré mon envolée d'enthousiasme, je n'imaginais pas déceler d'évidence cachée sur un bout de trottoir, mais que pouvais-je faire sinon battre ces quelques mètres et imaginer encore Vincent marcher, quémander une petite gâterie avec l'argent qui restait au fond de sa poche de jean ?

Un grincement a attiré mon attention à ma droite. Il venait d'un immeuble voisin, façade couleur pollution et fenêtres murées. S'il y avait encore des habitants ici, ils devaient être immigrés clandestins ou toxicomanes squatteurs. La porte, dont la peinture écaillée témoignait de multiples chocs et impacts, était entrouverte. Un interphone hors service ne présentait plus que des cases vides où les noms d'habitants avaient disparu. J'ai poussé la porte : un hall minuscule et lugubre semblait conduire droit vers l'enfer, dans une odeur de pisse et de brûlé. Dégoûté, pas rassuré, j'ai déclaré forfait et me suis tourné vers l'autre côté de la rue, où l'enseigne verte lumineuse d'une station-service colorait le quartier. Il fallait tenter sa chance : le gérant pouvait être un bon témoin. Je m'apprêtais à traverser lorsqu'un bruit de pas précipités a résonné derrière moi. En un éclair, une main d'une force indomptable m'a empoigné et attiré dans l'immeuble abandonné.

La suite n'est aujourd'hui encore qu'un vague souvenir. On m'a frappé. Je suis tombé en poussant un cri étouffé par la terreur. Mon épaule s'est fracassée contre un mur et ma tête a heurté le sol. Une voix masculine et rauque a grondé :

— Qu'est-ce que t'as sur toi, fils de pute ?

Du sang coulait sur mon œil gauche et brouillait ma vue. Une silhouette qui m'a paru immense s'est penchée au-dessus de moi. J'ai senti son haleine atroce : un mélange d'alcool et de putréfaction qui m'a fichu la nausée. Des doigts rugueux et épais m'ont palpé. J'ai abandonné toute dignité en laissant s'échapper un filet d'urine le long de ma cuisse. J'étais trop mortifié pour pleurer. J'ai pensé à ma mère. L'inconnu a pris mon portefeuille. Sa main est revenue dans ma poche, et j'ai prié un dieu dont j'avais oublié l'existence pour que l'agresseur ne veuille « que » me voler. Il a trouvé ma boîte de Tic Tac. L'aspect de ces bonbons ne devait pas lui être inconnu.

— Pas mal, ça…, a-t-il grogné.

Au moins, nous aimions la même drogue.

L'image qui s'est ensuite gravée dans ma mémoire fut beaucoup mise en doute par mon entourage au cours des années suivantes. J'ai fini par penser l'avoir inventée. Celle d'un poing venant s'écraser contre mon nez. Mais avant de perdre connaissance, la bague que portait la brute fut si proche de mes yeux que j'ai discerné les deux initiales qu'elle arborait : VL.

Comme Vincent Levin.

DEUXIÈME PARTIE

Onze ans plus tard

Quelques heures plus tôt, j'avais signé cette feuille sur un coin de bureau au service des ressources humaines. Une gribouille, des pattes de mouche, presque une rature, mais qui changeait tout. Puis je m'étais assis au volant de ma voiture et j'avais roulé sans trop savoir où m'échouer.

En apercevant l'enseigne lumineuse d'une brasserie, j'ai mis mon clignotant et me suis garé sur le parking à moitié rempli tandis que sonnaient 19 heures. Peu m'importait de passer du temps dans un rade d'une chaîne sans âme, où tout sentait le faux. Je voulais juste siroter une bière, peut-être deux. Recouvrir de mousse cette foutue gribouille sur un coin de papier. En général, à jeun, il suffisait de deux verres pour que la tête me tourne. Je savais déjà ce qui m'attendait en rentrant chez moi : je prendrais, comme chaque soir, un somnifère pour m'aider à m'endormir, et le comprimé mélangé aux demis me ferait encore plus tourner la tête, jusqu'à ce que je tombe dans le sommeil comme on tombe dans le coma. Un jour, un pharmacien m'avait dit qu'il ne fallait pas s'habituer à ces substances, qu'à la longue le cacheton me ferait perdre la mémoire, sans blague, il y avait des études prouvant qu'au bout de quelques années les trous de mémoire finissaient par devenir des gouffres. Alors de temps en temps, je faisais l'effort de couper en deux le bonbon sécable pour n'en avaler qu'une moitié. Mais ce soir, j'avais envie d'engloutir la boîte entière, carton compris.

Qu'est-ce que j'allais bien pouvoir faire de ma vie ? J'allais avoir trente-deux ans. En presque dix ans, j'avais pondu un paquet d'articles pour ce journal régional qui m'avait embauché, quelque part dans l'est de la France. J'avais couvert une multitude de sujets : des spectacles, des élections, des manifs, des obsèques, des fermetures de commerce, des ouvertures de chasse, des rentrées des classes, des départs en vacances, des chassés-croisés, des accidents de la route, des petites vies, des petites morts. Tout ce qui constitue le train-train d'un coin du pays. J'avais vu des collègues partir à la retraite, d'autres casser leur pipe avant de l'atteindre, j'avais suivi des formations pour écrire sur le Web, des formations pour écrire sur les tablettes, sur les téléphones portables, j'avais vu la chasse au scoop devenir la chasse au clic – mon article le plus lu faisait partie de la rubrique « insolite », l'histoire d'un chat qui avait retrouvé le chemin de sa maison cinq ans après avoir disparu. Si ça se trouve, le petit couple qui m'avait raconté cette histoire et qui habitait dans un pavillon à dix bornes de la ville m'avait complètement embobiné. Pas grave, j'avais fait un tabac sur les réseaux sociaux. Un chat qui rentre à la maison, c'est beau. Moi, je quittais la mienne.

Au premier plan social qui avait été décidé au journal, il n'y avait eu que des départs volontaires. Au second, ils avaient éliminé. Je faisais partie de la cargaison : on licencie en priorité les célibataires sans enfant. Comme moi.

À cette heure-ci, plusieurs couples s'étaient donné rendez-vous dans cette brasserie. À voir les sourires anxieux et les mains se crisper, j'ai deviné qu'il s'agissait de premiers rencards pour certains, peut-être des rencontres par Internet. Ça m'a fait penser à Zoé. Elle s'était fait la malle deux ans plus tôt, elle avait rencontré un type au collège où elle était prof de français, le nouveau prof d'anglais, elle l'avait trouvé tellement drôle lorsqu'il la raccompagnait le soir et lui parlait de ses journées et de ses techniques pour avoir la paix en classe. Si drôle et moi si triste avec mes histoires d'accidents de bagnole ou d'incestes jugés au tribunal et mes somnifères que je gobais le soir pendant qu'elle bouquinait.

Le mieux serait de quitter ce patelin, j'étouffais ici et plus rien ni personne ne me retenait. Oui, c'était peut-être le moment de vivre d'autres aventures et de tout reconstruire. Il n'était pas trop tard. La solution ne pouvait pas venir du fond de la bière blonde que je liquidais.

— Une deuxième, s'il vous plaît.

Tandis que le serveur empoignait un autre verre pour le remplir de Leffe, les images de l'actualité du jour défilaient sur l'écran de télévision. Le couple-tronc, que mes parents surnommaient « Ken et Barbie », lançait un nouveau reportage sur la fusillade survenue dans les locaux de *Charlie Hebdo*. J'adorais ce journal quand j'étais étudiant. Voir les visages des dessinateurs abattus me flanquait le bourdon en plus du cafard que la gribouille au pied d'une page m'avait déjà collé au cœur. Un écroulement est si vite arrivé.

1

Souvenirs

Janvier 2015

« Salut Simon. Je suis navrée que tu fasses partie de la "charrette". C'est vraiment une sale période, à plus d'un titre… Serais-tu prêt à revenir à Poitiers ? Je ne veux rien te promettre mais il y a un poste vacant. Fais signe si tu es intéressé. Je t'embrasse bien fort. »

Dans le petit monde des journalistes de province, l'annonce du plan social avait circulé en quelques heures. J'avais reçu une dizaine de messages, surtout des mails, me demandant si mon nom avait été inscrit sur la liste des débarqués. Celui de Suzy m'avait réconforté : malgré le temps passé, je reconnaissais ses mots justes et sa bienveillance intacte. Elle m'avait envoyé un premier mail pour prendre de mes nouvelles puis ce deuxième, environ vingt-quatre heures après. Jusque-là, je n'avais pas imaginé revenir à Poitiers. Il y avait plus de dix ans que j'avais quitté la ville. J'avais ensuite connu une première période de chômage et de contrats courts, rédacteur pour un magazine publicitaire par exemple. Avant de trouver un poste dans un canard régional dans l'est de la France qui m'avait embauché sans exiger de diplôme de journaliste.

Les heures qui suivirent le deuxième message de Suzy m'ont plongé dans une réflexion intense. Revenir à Poitiers ne semblait pas rimer avec un nouveau départ, plutôt une sorte de régression – moi, planté dans le décor de mes années d'études, avec une décennie en plus dans la tronche, des petites rides et des golfes creusés. Mais, signe que l'idée s'installait et tapotait de plus en plus fort dans mon crâne, ce soir-là j'ai été incapable de me concentrer plus de trois minutes. Ni la télé, ni les recherches de boulot sur Internet, ni le ménage de mon appartement, trop grand pour une seule personne depuis que Zoé m'avait largué, ne parvenaient à capter mon attention. Revenir à Poitiers était d'une part un moyen de manger, même si le licenciement me laissait des indemnités pas négligeables, et d'autre part de ne pas abandonner le journalisme. Le risque était grand tant les places étaient chères. Progressivement, les images de la ville me revenaient à l'esprit. Comme des flashs. L'amphi. Le studio. Le resto U. Robin. Max. Mernot. *L'Écho*. Et tout le reste.

Les somnifères que j'ingurgitais quotidiennement me permettaient de m'endormir sans difficulté, mais, comme me l'avait indiqué mon médecin généraliste, ils s'avéraient moins performants lorsqu'il s'agissait de lutter contre les réveils nocturnes. Ce fut le cas la nuit suivante : je parvenais à m'endormir une demi-heure puis me réveillais, hagard, la tête en vrac, avec la sensation que mes yeux avaient été enfoncés dans leurs orbites à coups de masse. Je m'agitais dans mon lit, puis me rendormais pour quelques instants avant que le même scénario ne se répète. À tel point que la différence entre le rêve et la réalité se brouillait au fil des heures. Vers les 3 heures du matin, un cauchemar a hanté une courte plage de sommeil. J'allais rejoindre Zoé dans le cœur d'une ville inconnue. Comme souvent dans les songes, les décors et les temporalités se mélangeaient. Le rêve était-il censé se passer avant notre rupture ? Après ? Ou dans une dimension parallèle ? Toujours est-il que je me hâtais en arpentant de longues rues animées de commerces et de terrasses quand soudain une voiture blanche s'arrêtait à ma hauteur. Tout à coup le cadre devenait désertique et je me retrouvais obligé de monter à bord du véhicule. Assis sur une banquette arrière aussi profonde que des sables mouvants, je ne parvenais pas à voir le visage du conducteur. Seulement ses épaules, ses bras et ses mains sur le volant. Des bras très larges, très longs, interminables, démesurés, comme ceux d'un bibendum. Et ses mains épaisses et rugueuses. On aurait dit ceux d'une momie dont les bandelettes se seraient détachées pour laisser apparaître de la chair putréfiée, s'effilochant en lambeaux de peau à travers lesquels je pouvais discerner des asticots qui gigotaient.

Les images ont été interrompues par un nouveau réveil nocturne. Cette fois, je n'étais pas simplement ahuri, j'étais effrayé, le souffle court. Je me suis relevé au milieu de mes draps, ma poitrine cherchant l'air, mes yeux guettant un rai de lumière rassurant dans l'obscurité de la chambre. Mais ce que mon regard a fini par percevoir était glaçant : une silhouette massive dans un coin de la pièce, comme un ogre attendant mon réveil. J'ai poussé un cri. Ma main tremblante a couru sur le mur en quête de l'interrupteur. J'ai allumé. La masse pareille à celle d'une armoire à glace avait la tronche d'un amas de vêtements empilés sur un valet qui auraient déjà dû tourner dans la machine à laver si j'avais pris le temps de mettre en ordre mon appartement.

Plus question de se rendormir, cette fois : je me suis extirpé du lit pour me traîner jusqu'à la salle de bains, toutes lumières allumées pour dissiper les réminiscences du cauchemar. Ma face fripée est apparue dans le miroir. Quelle gueule j'avais… Yeux cernés, cheveux en bataille qui méritaient un bon coup de ciseaux et ce nez cassé, aplati, nez de boxeur qui n'avait jamais donné un seul coup de sa vie. Un souvenir de Poitiers.

Assombri par ce face-à-face avec moi-même, j'ai pris une décision radicale. J'ai filé dans le séjour et ouvert le tiroir le plus bas de mon bureau, où je conservais mes dernières photos de Zoé. Celles prises autour du petit sapin de Noël qu'on avait décoré ensemble. Pour plaisanter, on avait évoqué l'idée de faire des enfants, juste pour le plaisir de les voir déballer leurs cadeaux. Pour plaisanter, seulement, disait-on, afin de désamorcer tout projet d'avenir un peu trop impressionnant. N'empêche qu'on avait déjà réfléchi aux prénoms. Face à l'objectif d'un Polaroid, on prenait la pose dans nos chauds pulls d'hiver, sourire débordant de la joie d'aimer. Si j'avais voulu jouer les esseulés maudits, je les aurais brûlées. Les jeter à la poubelle me suffisait.

2

Replonger

Tout me paraissait plus grand dans mon souvenir. La longue route, plate et morne, bordée de champs de blé, traversant des villages morts depuis des années, qui menait à Poitiers. Le rond-point qui desservait l'entrée de la ville. La zone commerciale, en revanche, s'était encore étalée. Les enseignes et les parkings avaient colonisé l'espace. Je me suis pointé avec une heure d'avance, au volant de ma Clio : d'abord parce que j'avais toujours peur d'être en retard, ensuite parce que j'avais envie de revenir où j'avais vécu. Avant de prendre la direction du centre-ville, j'ai bifurqué vers le quartier étudiant. En ce mois de janvier inclément, un vent malicieux prenait à la gorge et les nuages gris dévoraient les artères. Les silhouettes de filles et de garçons à peine sortis de l'adolescence se faisaient rares. J'ai retrouvé sans hésitation le chemin vers mon ancienne rue, mais avec une émotion grandissante. Un mélange de nostalgie et de fascination, comme si on m'avait offert une place à bord d'une machine à remonter le temps.

C'était bien la même résidence, construite dans les années 1990, murs blancs tels ceux des chambres d'hôpital et petites fenêtres mauves, impersonnelles et froides. En revanche un étrange lichen s'était propagé sur la façade, comme un champignon de moisissure invasif ou des veines proéminentes sur les mains d'une vieille dame. On aurait dit que l'immeuble était à l'abandon et le quartier fantôme. La supérette où j'avais l'habitude de faire mes courses avait changé d'enseigne mais c'était probablement les mêmes stocks. Avec ce recul de dix ans, je comprenais mieux pourquoi j'avais tant déprimé dans le secteur : il était déprimant. Sans âme, sans animation, monotone, éloigné du cœur de ville. Tout de plain-pied, bas, plat, raplapla.

Je suis passé à proximité de la cité U où Robin créchait. On avait repeint le paquebot. Le bleu et l'orange, qui fleuraient bon les années 1980, avaient été recouverts de blanc. Une fois de plus, les lieux m'évoquaient davantage une clinique qu'un repaire d'étudiants. J'ai poursuivi mon chemin vers Suzy. La cité reprenait son visage. Le stade avec le McDo en face. Le trafic qui s'intensifiait. Les panneaux au carrefour qui indiquaient des directions vers l'ouest, vers l'océan. Les maisons de ville un peu délabrées. La prison derrière sa muraille de brique. Les abribus. Les petites pizzerias – désormais entourées de franchises de tacos et de burgers.

Le Pont-Neuf, passerelle qui menait vers le centre-ville, tenait toujours son rôle de frontière : la street food laissait place aux enseignes bio et aux magasins d'antiquités mais aussi à quelques boutiques de vapotage. Les voies embouteillées étaient devenues piétonnes. J'ai cherché l'itinéraire en me fiant à ma mémoire mais j'ai débouché sur des impasses ou des plots réservant l'accès aux cartes d'abonnés. J'ai mis longtemps à trouver une place et, craignant que mon avance ne se transforme en retard, me suis finalement engouffré dans un parking souterrain dont les tarifs s'apparentaient à du racket.

Le quartier de *L'Écho* avait lui aussi rétréci au lavage. Il n'était pas dénué de charme mais la ville avait retrouvé sa taille réelle, une fois débarrassée de mes souvenirs d'étudiant débarqué de son village et pour qui le monde n'était plus qu'une oppression permanente. En entrant dans les locaux, j'ai ressenti les piques électrisantes de l'appréhension. L'inquiétude de revoir des visages du passé. Et cette petite honte de quémander un boulot après avoir été viré. Ce n'était pas le retour du fils prodigue, loin de là.

Nul besoin d'avoir le trac : il n'y avait pas grand monde au bureau. Une fille d'une trentaine d'années vaquait sur un ordinateur et n'a eu pour moi qu'un regard de politesse pour me saluer. Elle était plutôt jolie, un visage délicat dessiné à l'aquarelle, des yeux verts, de longs cheveux bruns au milieu desquels coulait une mèche colorée en mauve.

— Bonjour, lui ai-je dit en cherchant Suzy des yeux.

Celle-ci, occupée à se servir un café dans une pièce voisine, a surgi en entendant ma voix et est venue à ma rencontre. Dix ans plus tôt, ses cheveux blonds laissaient déjà apercevoir quelques offensives grises. C'était l'inverse à présent. Elle avait peut-être aussi un peu forci et ses rides s'étaient creusées. Mais son sourire et son regard avaient conservé l'entière bienveillance dont elle m'avait toujours entouré. Et c'était à peu près la seule chose qui m'importait aujourd'hui. Me trouvait-elle endommagé par les années passées ? Ou au contraire amélioré, l'acné évanouie ? Elle a eu l'élégance de ne rien laisser transparaître et m'a embrassé. Une seule bise, pas deux, comme c'est l'usage à Poitiers.

— Bonjour, Simon… Comme ça fait plaisir de te revoir !

Ses mains s'attardaient sur mes bras, ses yeux ne me quittaient pas.

— Ça fait combien de temps ? Dix ans ?

— Eh oui… Ça passe vite…

Suzy m'a rapidement présenté à la fille, prénommée Clara, puis m'a proposé de partager un café avec elle dans son bureau. Celui que le chef de la locale, Salzer, occupait à l'époque.

— Alors, c'est toi la patronne maintenant…

— Tu parles… Je ne suis patronne que par le titre. Déjà, ça roule plutôt tout seul. Ensuite, il y a moins de journalistes qu'avant. On ne remplace plus qu'un départ à la retraite sur deux.

Notre conversation détendue et amicale ne ressemblait pas à un entretien d'embauche, mais je ne perdais jamais de vue que c'en était bien un. La rigueur intellectuelle de la gentille Suzy était légendaire et son but était clair : que la machine tourne le mieux possible. Avant d'en venir au cœur du sujet, elle m'a questionné sur mon parcours. Prendre des nouvelles était aussi une façon de passer en revue mon expérience. Je brûlais d'envie de demander ce que les autres étaient devenus mais je ne voulais pas paraître déconcentré.

— Tu diriges la locale depuis combien de temps ?

— Depuis deux ans, officiellement. Quatre ans, officieusement. Mon prédécesseur, Salzer, celui qui t'avait recruté, est parti en arrêt maladie deux ans avant d'être déclaré inapte par la médecine du travail.

— Merde… Je pensais qu'il était juste parti pour d'autres aventures professionnelles.

— Non. Il n'a pas supporté la pression. C'est sous sa direction que les postes ont été réduits, il a eu affaire aux syndicats et il avait du mal à assumer son rôle. Je ne veux pas être indiscrète mais je crois que sa vie perso n'était pas au mieux non plus.

— Ah bon… Il m'avait laissé le souvenir d'un chef assez humain.

— Trop tendre. La fin a été très difficile. Ça reste entre nous, mais le matin, quand il arrivait au boulot, il sentait l'alcool. Aux réunions, il tremblait quand il prenait la parole, comme s'il avait perdu confiance. Même aux simples réunions du matin pour parler du programme de la journée.

— C'est dingue…

— Un jour, il a vraiment pété les plombs. Aux vœux du conseil général, il s'est mis à discuter avec un élu qui lui reprochait un article défavorable. C'était pas grand-chose, pourtant, juste des commerçants du centre-ville qui regrettaient l'extension de la zone commerciale nord. Tu sais comment sont les élus…

— Oui, c'était pareil là où je bossais.

— Voilà, je t'apprends rien. Bref, Salzer a fondu un plomb pendant la conversation, il en a eu marre. Il a giflé l'élu puis il s'est mis à pleurer. Je peux te dire que ça a jeté un froid au milieu des petits-fours.

Au journal où j'œuvrais encore quinze jours plus tôt, un type avait aussi vrillé en attrapant des tocs.

Pour compenser une dépression très violente qu'il s'acharnait à dissimuler, il s'était mis à découper aux ciseaux des feuilles de papier à un rythme industriel. Après les feuilles, il s'était attaqué aux vêtements, le soir dans sa chambre. De temps en temps, lorsqu'il nous tournait le dos, on s'apercevait que son blazer était scindé en deux pans qui virevoltaient au rythme de ses pas.

Suzy a enchaîné :

— Bon, c'est pas très joyeux mais il ne faut pas voir tout en noir… J'ai besoin d'un type pour les faits divers. Notre ami Mernot a pris sa retraite il y a maintenant cinq ans. Il y a eu deux remplaçants par la suite. L'un est parti dans un autre journal pour rejoindre sa copine. L'autre n'a pas vraiment fait l'affaire. Alors j'ai pensé à toi.

D'un coup, Suzy a croisé les jambes, esquissé un léger mouvement de recul derrière son bureau et remonté le menton. Je ne voyais plus la figure protectrice mais la cheffe. La chronique criminelle m'avait toujours passionné. Et le parrainage de Mernot n'y était pas étranger. J'avais cependant une angoisse profonde mais impossible à avouer lors d'un entretien d'embauche : depuis que je m'étais converti aux somnifères, mes nuits ne pouvaient pas être celles d'un fait-diversier. En presse régionale, ce job signifiait assurer régulièrement des permanences la nuit. Être joignable à tout moment par les flics, les pompiers ou le proc'. Se relever à 3 heures du matin pour aller sur les lieux d'un accident de bagnole, d'un incendie ou carrément d'un crime. Pas toujours simple pour un dormeur normal, beaucoup plus compliqué pour un accro aux somnifères. Si je n'en prenais plus, j'étais incapable de m'endormir. Si j'en gobais un, je parvenais à entendre la sonnerie de mon téléphone mais je risquais l'endormissement au volant.

— Ça me tente énormément, ai-je pourtant répondu à Suzy.

Dans l'euphorie du moment, j'estimais être capable de trouver une solution. Bien sûr, le tableau général n'invitait pas à l'optimisme. Je n'aurais pas parié un centime sur la survie du journal à long terme. Mais « à chaque jour suffit sa peine », m'aurait dit ma mère à cet instant.

Je l'ai d'ailleurs tout de suite appelée pour lui annoncer la bonne nouvelle. Je n'avais rien signé, mais j'avais l'engagement oral de Suzy et je lui faisais confiance. L'étape suivante consistait donc à chercher un logement. J'étais bel et bien de retour à Poitiers.

Dans l'heure, je me suis rendu dans l'une des agences immobilières du centre-ville. Plus question d'aller s'enterrer en périphérie au milieu des résidences vérolées. J'espérais un deux-pièces confortable et si possible pas trop bruyant, à proximité du journal et d'un cinéma pour occuper mes futures soirées de célibataire. Les étoiles semblaient s'aligner. La fille de l'agence immobilière – une grande blonde de mon âge à l'air strict et au sourire commercial épisodique – a passé quelques minutes à trouver des locations à portée de mes prétentions financières.

— Vous savez, Paris n'est plus qu'à une heure vingt en TGV, maintenant. On devient presque une banlieue et du coup les loyers augmentent…

Elle a fini par dénicher une offre acceptable et m'a laissé les clés pour visiter un cinquante mètres carrés proche de la place de la Liberté, dans une ruelle légèrement à l'écart. L'immeuble était correct et l'intérieur bien agencé. J'imaginais déjà où positionner mon canapé, ma télé et mon ordi. J'ai tendu l'oreille pour évaluer le silence des lieux ; l'appartement était au dernier étage, ce qui limitait les risques. Même si l'ensemble paraissait positif, en déambulant dans ces pièces vides j'ai ressenti un mélange doux-amer de satisfaction et d'angoisse. Un peu d'espoir et un peu de nostalgie, comme un ascenseur bloqué entre deux paliers.

Avant d'aller rendre le trousseau à l'agence, j'ai improvisé un petit tour en ville. Ici et là, des commerces s'étaient métamorphosés. Un salon de thé, une épicerie bio, un marchand de jouets en bois. Il n'y avait pas que les clodos qui s'étaient multipliés, il y avait aussi les bobos. En atteignant la mairie, j'ai découvert un paysage plus végétal et plus piéton qu'auparavant. Poitiers avait été déminéralisée, fleurie, colorée. Le cadre n'était pas si mal pour redémarrer, même s'il comptait aussi ses âmes vagabondes et ses fantômes. À l'angle, en direction de la place de la Liberté, un SDF se roulait une cigarette assis sur le seuil d'une porte, veillant sur une salade en barquette sûrement tirée d'une épicerie voisine.

— Bonjour m'sieur, vous n'auriez pas une pièce ou un sourire ?

J'ai détourné le regard en murmurant un « non » furtif.

3

Fait divers

Combien de temps s'est écoulé avant que la mémoire ne me revienne ? À peu près quatre mois. J'avais pris mon poste sans trop de difficulté en cochant toutes les cases : se présenter au proc', aux flics, aux gendarmes, aux pompiers. Devenir un visage connu pour mieux obtenir l'information. Effectuer la tournée quotidienne de 17 heures auprès de ces mêmes interlocuteurs pour poser la question essentielle : quoi de neuf aujourd'hui ? En quatre mois, j'avais compté huit accidents de voiture, dont deux mortels. Un vol à main armée dans le quartier de la gare. Et une affaire un peu originale : un prof en garde à vue pour s'être réjoui de la tuerie de *Charlie Hebdo* devant ses élèves.

Mon problème majeur tenait en un mot : insomnie. Deux week-ends par mois, j'assurais la permanence. Avaler un somnifère alors que je risquais d'être appelé une heure plus tard par la police, c'était pas une bonne idée. À quatre reprises, j'avais évité d'en prendre, et j'avais eu du nez. Le téléphone avait effectivement sonné et j'avais dû me rendre sur les lieux d'un accident de voiture. Évidemment, le lendemain, j'avais la mine d'un zombie tout juste déterré du cimetière.

Cette nuit de mai, où la chaleur accablante avait déjà retardé mon endormissement, mon ange gardien a choisi de prendre un RTT. J'avais avalé un demi-comprimé et venais à peine de m'endormir quand la sonnerie de mon mobile a braillé à mes oreilles. Le numéro de permanence des flics est apparu à l'écran.

— Allô ?

— Salut, Simon, a répondu Jabeau, le flic préposé à ce genre de coup de fil. Je voulais te prévenir qu'on a trouvé un corps. Des gars sont en train d'arriver sur place.

— Un corps ? Où ça ?

— Dans un immeuble désaffecté, à côté de la gare.

— C'est un homicide ?

— Je ne sais pas pour l'instant.

Il y avait peu de meurtres à Poitiers. Pour un fait-diversier, le meurtre s'apparente à la queue de Mickey dans un manège. Le scoop qu'on espère décrocher à chaque tour. Autant dire que je ne pouvais pas faire l'autruche au fond de mon pieu en espérant que l'histoire se dégonfle. Même dans l'hypothèse d'un suicide, on devait en faire état dans nos colonnes à partir du moment où il avait troublé l'ordre public – et la trouille bleue des « noctambules » en découvrant une dépouille constituait un vrai trouble, surtout pour eux.

L'adresse indiquée me disait quelque chose, mais j'attendais d'être sur place pour en être certain. Ce n'était pas loin de chez moi et il fallait faire vite, grimper dans ma voiture, conduire dans la nuit en espérant atteindre ce maudit macchabée sans percuter personne.

J'avançais dans le gaz mais l'excitation du moment diminuait les effets du somnifère. J'ai roulé presque au pas, dans les rues désertes et assommées par la canicule. Les artères du centre, dont l'asphalte paraissait alourdi par la chaleur, se succédaient jusqu'au boulevard Jeanne-d'Arc, prolongement du boulevard du Grand-Cerf.

Cinq minutes plus tard, j'ai aperçu la vieille station-service de la gare, réduite à l'obscurité à cette heure tardive. Sur le trottoir d'en face, à ma droite, l'immeuble abandonné se dressait toujours, telle la maison fantôme d'un parc d'attractions qui aurait fait faillite au siècle précédent. La présence de véhicules de police m'indiquait le point de la découverte macabre (« Celui qui écrit cette formule clichée doit payer sa tournée dans l'heure qui suit », aurait rigolé Mernot). Mon pressentiment se vérifiait. C'était bien dans le vieil immeuble que le corps avait été retrouvé. J'ai senti ma poitrine se serrer.

Un flic chargé de filtrer la circulation a braqué une lampe torche droit sur moi alors que j'approchais. J'ai brandi ma carte de presse à travers la vitre baissée. Il m'a scanné et m'a ordonné :

— Garez-vous sur le trottoir.

« *Qu'est-ce que t'as sur toi, fils de pute ?* »

Oui, c'était là, pile là que j'avais fait cette « mauvaise rencontre » (et de deux tournées pour Mernot).

Vu la ruine, et vu le mauvais souvenir qui hantait la brique, j'aurais préféré que la mairie rase tout pour y construire un parking.

Un groupe de quelques personnes discutait sur le seuil du bâtiment, tandis que des officiers de police scientifique, combinaison blanche de la tête aux pieds, entraient et sortaient à un rythme régulier. Les lueurs de plusieurs spots installés à l'intérieur pour faciliter leurs investigations irradiaient à l'extérieur. J'ai repéré des visages connus parmi les quelques hommes, à la mine aussi ensommeillée que la mienne, notamment le procureur, un grand bonhomme aux cheveux bruns, courts, visage méditerranéen et plutôt beau gosse. Je me suis avancé vers lui, craignant d'apercevoir à tout moment un cadavre que l'on sortirait sous une bâche. Le seul corps que j'avais vu en dix ans de métier était celui d'un type dans un accident de voiture. Après une rupture sentimentale, il s'était enfilé une bouteille de whisky et n'avait rien trouvé de plus intelligent que de foncer sur une route nationale. Le choc contre un platane avait été si violent que le moteur avait explosé. Le type était carbonisé.

— Alors, on fait nuit blanche…

Une silhouette s'est détachée du groupe pour venir à ma rencontre. La voix ne m'était pas inconnue. Et lui n'avait pas tant changé : c'était Delmans, le grand copain flic de Mernot. J'avais encore en mémoire mon entrevue dans son bureau et ses leçons de professionnalisme. Il avait conservé cette allure de vigile de supermarché dissimulée sous son air de notable. Depuis mon retour, je n'avais eu affaire qu'à ses sous-fifres mais je savais qu'il avait pris du galon, après avoir bourlingué ailleurs.

— Tu te souviens de moi ?

— Bien sûr, ai-je répondu.

— Mernot m'a dit que t'étais revenu aux affaires… Il est d'ailleurs très déçu que tu ne lui aies pas encore rendu visite.

— Oui, j'ai honte, j'aurais dû…

— Tu es monté en grade, félicitations.

— Merci.

— Moi aussi.

— Je sais. Vous êtes commissaire. Félicitations.

Il a persisté à sourire quoique déçu, apparemment, que mes congratulations n'aient pas laissé transpirer davantage d'admiration. Ses cheveux avaient blanchi et sa bedaine s'arrondissait sous la toile de sa chemise trop épaisse pour une nuit caniculaire.

— Bon… On t'a fait le topo ?

— Non, pas encore.

— C'est un couple d'amoureux adepte d'urbsex qui a fait la découverte.

— Adepte de quoi ?

— Je viens d'apprendre la définition, figure-toi. Urb-sex. Urban : urbain. Ex : explorer. Sexe : bon tu vois, quoi. Bref, des gens qui aiment faire l'amour dans des endroits de la ville abandonnés.

— Original.

— N'est-ce pas. Sauf qu'au moment de passer à l'action, les deux aventuriers sont tombés nez à nez avec un squelette.

— Un squelette… récent ?

— Ça dépend de ce qu'on entend par récent. Ça n'a pas l'air d'un vestige médiéval. Un des mecs de l'identité judiciaire estime que ça pourrait remonter à dix ans. Mais c'est à la louche, il faudra faire des expertises.

— Le corps était exposé dans une pièce ?

— Il était caché dans une espèce de frigo qui n'a pas dû servir depuis très très très longtemps.

— Ils sont allés faire leur truc dans le frigo ?

— Y en a qui ont des fantasmes bizarres, pas vrai ? Non, bien sûr. C'est juste qu'après leur petite affaire, ils se sont amusés à fouiller les lieux.

— D'accord. Et le cadavre tenait dans le frigo ?

— C'est un frigo comme chez un glacier, si tu préfères. Un truc horizontal, genre 1,80 mètre de long, moins d'un mètre de haut.

— Je vois. À quel étage ?

— Au premier. Il restait quelques vieilles ferrailles qui doivent dater de Mathusalem.

— C'est trop tôt pour connaître les causes de la mort ?

— Oui, bien trop tôt.

— Il y a beaucoup de personnes portées disparues à Poitiers depuis dix ans ?

— Pas tant que ça. On peut toujours avoir des surprises, y a des gens qui arrivent à se suicider en se pendant au rebord de leur lit, mais celui-ci ressemble quand même à un crime, si tu veux mon avis…

J'ai griffonné ces bribes d'info sur mon calepin. Il a jeté un coup d'œil distrait vers mes notes.

— Tu vas pouvoir en tirer quelque chose ?

— Oui… Que je ne me sois pas levé pour rien…

En relevant la tête, j'ai été pris d'un vertige. J'ai tangué une seconde, sous l'effet persistant du somnifère. Delmans l'a remarqué aussitôt.

— Ça va ? T'as l'air crevé.

— Oui… Je vais aller me recoucher, je crois.

Un peu perdu, j'ai pris la direction de ma voiture sans attendre. Au bout de trois pas, j'ai entendu sa voix :

— Il ne t'a pas loupé, hein…

Je me suis immobilisé, pas certain de comprendre.

— Qui ça ?

— Le type qui t'a mis son poing dans la gueule, y a dix ans, ici…

Il a ajouté en désignant mon nez :

— T'en as gardé un souvenir.

— Oui… Vous, par contre, vous l'avez loupé.

Il a pris un air désolé mais n'a pas dit un mot de plus. J'aurais pu poursuivre l'échange si je n'avais pas eu peur de perdre l'équilibre. Je me suis réfugié dans ma voiture, j'ai mis le contact, et j'ai puisé dans mes dernières forces pour parcourir quelques centaines de mètres. Arrivé aux abords du centre-ville, je me suis arrêté sur une place et endormi sur le siège.

4

Un vieil ami

Mernot n'était pas du genre à donner des nouvelles. Après mon départ de Poitiers, j'avais pris la peine de l'appeler une fois. La conversation avait été chaleureuse quoique laborieuse : il manquait de repartie au téléphone. À tel point que je n'avais jamais renouvelé la tentative. Quand Suzy m'avait annoncé, lors de mon simili-entretien d'embauche, que Mernot était parti à la retraite, je n'avais pas moufté, honteux à l'idée d'avouer que, malgré tout ce qu'il m'avait apporté, je n'avais pas gardé le lien.

Au lendemain de la découverte du squelette, j'ai pris mon courage à deux mains. Sans doute m'en serais-je dispensé, si le commissaire n'avait pas fait allusion à mon vieux prof. Peut-être avait-il déménagé. Peut-être s'était-il retiré à la campagne pour relire des classiques et regarder des westerns. À moins qu'il n'ait fini par trouver une madame Mernot. Je me souvenais de son adresse et me suis présenté sur les coups de 19 heures au pied de l'immeuble donnant sur la place d'Armes, face à l'hôtel de ville. Son nom demeurait sur la deuxième rangée droite du digicode. J'avais le trac. J'ai hésité dix secondes avant de presser le bouton. Le silence qui a suivi m'a paru suffisamment long pour que j'esquisse un pas de retrait. Mais un *cric* crachoté a alors résonné.

— Allô ?

C'était son timbre, un peu vieilli, un peu fatigué, mais c'était bien le sien.

— Bonjour, c'est Simon, ai-je bredouillé.

Il a marqué un temps.

— Simon ?

— Simon Magny… Je suis de retour à Poitiers ! Je te dérange ?

— Heu… Ben, c'est-à-dire… Bon ben, monte.

On a connu des accueils plus chaleureux. J'ai grimpé jusqu'au dernier étage, le cinquième, le cœur battant un peu plus fort à chaque marche.

Un petit vieux au visage cireux et affaissé, les joues creusées, m'a ouvert. Il m'a fallu une ou deux secondes, deux secondes de trop, pour surmonter le choc et présenter un sourire convenable. Dans son regard, j'ai vu qu'il avait senti mon trouble. Mais comment aurais-je pu le masquer totalement ? Mernot n'avait pas vieilli de dix ans mais de vingt. Et il avait fondu d'autant de kilos. Mon collègue, mon complice n'était plus que l'ombre de lui-même. Lui qui gardait toujours son flegme ressemblait à un chien percuté par une voiture qui rampait, effrayé, vers un champ pour y mourir.

— Salut Simon, a-t-il dit avec une étrange intonation, entre la surprise et la joie surjouée.

— Salut ! Ça… Ça fait longtemps !

— Ah oui… Combien ?

— Dix ans.

— Ah là là, a-t-il poursuivi en regardant les mules en cuir noir enfilées à ses pieds. Ben… Entre.

L'appartement, lui, n'avait pas changé. C'était encore le terrier d'un vieux célibataire où chaque chose paraissait assignée pour toujours à sa place, des fauteuils d'antiquaire aux rangées de livres dans la bibliothèque, jusqu'au magazine *L'Équipe* sur le coin inférieur gauche de la table basse.

— Je te dérange, non ?

— Non, pas du tout, a-t-il répondu en me guidant vers le canapé.

Il marchait avec difficulté, flottant dans un jogging noir et un gilet marron trop épais pour la saison. En m'asseyant, j'ai calculé son âge : une soixantaine d'années, peut-être soixante-cinq. En tout cas bien moins que son apparence ne le laissait penser.

— Alors, alors… Tu es de retour dans cette bonne vieille ville ?

— Eh oui, tu vois. J'ai entendu l'appel de la maison. Et comme j'avais plus de boulot, c'est bien tombé.

— Ah oui, ah oui…, a-t-il commenté, comme s'il n'avait entendu que la moitié de mon propos mais qu'il faisait semblant d'avoir tout compris.

Il s'est écroulé dans son fauteuil, en biais, face à moi. Puis a fait mine de se relever aussitôt :

— Oh, tu veux boire quelque chose ?

— T'emmerde pas, je passe juste te saluer. J'aurais dû venir le faire avant, je suis désolé, j'étais tellement sous l'eau.

— Ah bon, ah bon… Oh ben t'en fais pas, je comprends.

Je ne me sentais pas très bien. Je faisais de mon mieux pour conserver le sourire le plus large possible mais j'avais l'impression qu'un éléphant barrissait au milieu de la pièce et qu'on feignait de ne pas le voir ni l'entendre.

— Hier, j'ai croisé une vieille connaissance qui est maintenant commissaire.

— Ah oui, ah oui… Il a fait du chemin, oui.

Ses yeux étaient fixés sur la moquette. D'un doigt, il s'est mis à gratter le tissu de son fauteuil, comme un toc. Il évitait mon regard. J'ai brodé une minute de plus.

— Ils ont retrouvé un squelette dans l'immeuble abandonné du quartier de la gare… Des jeunes qui baisaient. Je me suis levé à 4 heures du mat' pour y faire un tour.

Enfin, je captais son attention, il a relevé la tête :

— Ah bon ? Un squelette de quelle époque ?

— Pas si vieux. Dix ans, environ, d'après ce que le commissaire m'a dit.

— Ah tiens…

— À croire que cet immeuble m'aimante.

Son ongle continuait de gratter le tissu, de plus en plus nerveusement. Je ne pouvais plus éviter la question.

— Et toi… Comment ça va ?

Il a réfléchi un fragment de temps. Puis a lâché :

— Ben… Des petits soucis de santé, quoi. Mais bon, c'est la vie.

— Des petits soucis ?

Le *scritch scritch* contre le tissu ne s'arrêtait pas.

— Ouais… Des soucis… Enfin…

— Je veux pas t'emmerder, hein.

— Non, non, tu m'emmerdes pas. De toute façon, j'aurais du mal à le cacher.

Il a poussé un soupir accablé.

— Y m'ont trouvé une saloperie…

— Ah merde ! Récemment ?

— Y a quelques mois. Six mois.

— Je suis désolé…

— Ouais, pas de bol. Enfin, bon, j'ai pas toujours eu une hygiène de vie irréprochable… Je paie la note, quoi. Et elle est plutôt salée.

— Tu… Tu as un traitement ?

— Ouais, ouais. Chimio et tout le tralala.

Une fois l'abcès crevé, la conversation est devenue un peu plus fluide, mais son ongle ne cessait de triturer son siège. On a parlé des dix dernières années, de moi bien davantage que de lui. Ma petite carrière dans l'est de la France. Mes faits divers. Puis le licenciement. La situation à *L'Écho*.

— Je suis en rechute, a-t-il fini par me préciser. J'ai eu une première alerte qui m'a fait partir à la retraite plus tôt.

— Je ne savais pas du tout. Suzy ne m'a rien dit.

— Je ne lui donne plus tellement de nouvelles. J'ai jamais été très bon en amitié. T'es content d'être de retour à *L'Écho* ?

— J'y terminerai sans doute pas ma carrière, vu le contexte économique… Mais je me plains pas.

Son grattement ralentissait un peu à mesure qu'il rassemblait ses souvenirs. Son regard vitreux s'est fait plus précis. J'ai remarqué qu'il avait perdu pas mal de cheveux et qu'une tache brune apparaissait au sommet de son front. Une tache de vieillesse.

— Tu aurais pu ne plus jamais vouloir revenir après ce qui t'est arrivé.

— C'est du passé.

— Je n'ai pas pris assez de nouvelles après ça… Tu es parti vite…

— J'étais sous le choc. J'avais trop la trouille.

— Je comprends.

Je ne mourais pas d'envie de reparler de l'agression. Trop de cauchemars avaient haché mes nuits. Les somnifères avaient succédé aux tranquillisants et mon nez écrasé portait encore la trace de cette soirée de cauchemar.

Quelques banalités plus loin, j'ai glissé :

— Bon, il se fait tard, je vais te laisser tranquille.

Il s'est relevé difficilement de son fauteuil.

— Ben ça m'a fait plaisir.

— Moi aussi…

Le temps de rejoindre la porte, je ne trouvais plus rien à dire et lui non plus. Au moment de le saluer, j'ai été pris d'une émotion aussi intense que soudaine. Voir mon vieil ami marcher le dos courbé me tordait le cœur. C'était surtout cette peur, cette peur animale, cette peur de la camarde que je devinais dans ses yeux qui me donnait envie de pleurer. Comme si un pote se faisait lyncher devant moi. Lui aussi avait l'air troublé, mais pas pour la même raison.

— Arthur Morello.

— Qui ça ?

Il a semblé se redresser, reprendre de la vigueur, comme si on lui avait administré une vitamine en intraveineuse.

— Arthur Morello… Je cherchais ce putain de nom.

— C'est qui ?

— Un noyé.

— Un noyé ?

— Ça me revient, maintenant. C'était un étudiant du côté de La Rochelle qui était tombé à la flotte.

— Ah bon ?

— Son père avait lu par hasard un article que j'avais écrit sur Vincent Levin… Bien des années après. Du coup, il m'avait contacté pour me dire que son fils avait vécu à peu près la même chose. Il était persuadé qu'il y avait un lien entre les deux affaires.

— Arthur Morello…

— Je voulais m'y intéresser, puis j'ai commencé à me réveiller en pleine nuit trempé de sueur, sans comprendre pourquoi… J'ai pas pu aller plus loin.

Submergé d'informations, je me contentais de le dévisager d'un air ahuri.

— Tu devrais gratter là-dessus… Et aussi sur cette histoire de squelette… Bonne chance, petit.

J'avais l'impression d'entendre à nouveau la voix stimulante de mon maître ès affaires criminelles. L'instant d'après, j'étais sur son palier, la porte déjà refermée.

5

La mémoire retrouvée

Les archives de *L'Écho* s'entassaient dans une arrière-salle plongée dans la poussière et l'amiante. Pour y accéder, il fallait traverser la rédaction, emprunter le petit couloir qui menait vers la « cafète », c'est-à-dire la machine à café, puis prendre la direction opposée, à droite. Là, tout au fond, une porte métallique coulissante, plus lourde que toutes les autres et verrouillée la plupart du temps, menait à la mémoire du journal. Suzy m'avait donné le trousseau de clés sans poser la moindre question.

Le grondement du coulissement a été le premier mot de cette caverne d'Ali Baba. Une fois la lumière allumée, des nuages de poussière ont volé dans les halos des néons accrochés au plafond. J'ai entrepris une visite, des étoiles dans les yeux. Une succession d'étagères formaient une vingtaine d'allées entre la porte et le mur en face. De grands cahiers à reliure, hauts de soixante centimètres, larges de quarante, y étaient alignés par ordre chronologique. Sur chacun figurait un mois et une année, écrits au feutre noir en jolis caractères arrondis. L'étagère la plus à gauche comportait les premiers numéros de *L'Écho* et débutait en janvier 1919. L'étagère la plus à droite présentait les exemplaires les plus récents et s'achevait en avril 2015. Presque un siècle de faits divers, d'élections et de réformes de société grouillaient dans cette salle. Une femme employée à mi-temps était chargée de relier chaque mois un nouveau cahier pour tenir à jour ces archives. Aux murs, elle avait aussi fixé des vieilles affiches promotionnelles de *L'Écho*. Fin des années 1930, on dessinait des vacanciers lisant *L'Écho* sur une plage. Fin des années 1940, plutôt des paysans ou des types en bleu de travail sortant de l'usine. Dans les années 1980, des familles au sourire éclatant lisant *L'Écho* comme si elles venaient de s'envoyer un petit déjeuner de l'ami Ricoré. Années 1990, des jeunes blacks blancs beurs, casquette en jean sur la tête.

Tout au fond de la salle, un ordinateur désuet reposait sur un minuscule bureau en bois. Équipé d'un simple navigateur Internet, la machine ne permettait pas une recherche par cotes ou par mots-clés. Notre service d'archives se limitait à un stockage, pas à une quelconque numérisation des données. Je n'avais aucune date précise à consulter, simplement un nom, comme un fil à tirer.

Il était 19 heures et les locaux s'étaient vidés. J'avais les clés de l'agence et tout mon temps pour chercher. Je me suis installé à l'ordinateur, j'ai pressé le bouton « Power » et lancé la connexion Internet. J'ai saisi le nom : « Arthur Morello ».

Immédiatement, le moteur de recherche m'a dirigé vers un blog : *La vérité pour Arthur*. Un blog créé il y a plusieurs années et dont la page d'accueil vieillotte, noir et rouge, proposait d'abord la photo en gros plan d'un jeune homme brun, yeux rieurs et mèche en bataille. Je lui donnais à peine vingt ans. Derrière lui, on devinait un jardin, peut-être une table, un déjeuner familial l'été. Sur une colonne voisinant la photo, un texte présentait l'auteur du blog : Georges Morello. Le père. *Ce blog a pour but de rassembler et de partager les informations sur la mort suspecte de mon fils, Arthur, retrouvé mort « noyé » le 20 mars 2005, à La Rochelle, dans le port.*

Georges Morello laissait ses coordonnées pour recueillir toute information susceptible de mener à la vérité. Plusieurs articles de presse copiés/collés évoquaient la mort d'Arthur. Il avait d'abord disparu le 17 mars 2005. Étudiant en génie maritime, il avait passé la soirée avec des amis, un jeudi, pour l'anniversaire de l'un d'entre eux. Aux alentours de 1 heure du matin, le groupe avait quitté un bar de la ville pour aller en boîte. Leur trajet les avait fait longer le port de La Rochelle. Arrivés à la discothèque, ses copains s'étaient aperçus qu'Arthur manquait à l'appel. Personne n'avait rien remarqué de suspect ou d'inquiétant, mais cette soirée de mars était exceptionnellement douce et les noctambules étaient nombreux. Par ailleurs, les étudiants reconnaissaient avoir picolé à l'excès. Un premier article sur sa disparition avait paru deux jours après. Dès le lendemain, un autre article dévoilait le fin mot de l'histoire : un plaisancier avait découvert le corps d'Arthur Morello. Une enquête était ouverte. Quatre jours plus tard, nouvelle publication : l'enquête concluait à une chute accidentelle, Arthur ayant été fortement alcoolisé au moment de son décès.

Au-delà de ces trois articles, le blog compilait d'autres publications, en l'occurrence des observations du père, persuadé que la mort de son fils n'était pas un accident mais un crime. Ses arguments étaient multiples : Arthur buvait très peu, il menait une vie saine, il était sportif. Ensuite, personne ne l'avait vu ni entendu tomber à l'eau. Enfin, la gourmette gravée à son prénom avait disparu.

Une fois arrivé au terme de ma lecture, je suis resté dubitatif. Les deux premiers éléments ne me bousculaient pas mais l'histoire de la gourmette me rappelait la chevalière – et la chaussette manquante – de Vincent Levin. La mort d'Arthur Morello pouvait ressembler à un triste et banal accident de beuverie. Et ce blog à l'impossible deuil d'un père qui préférait chercher un crime, voire un complot, plutôt qu'accepter l'idée d'une mort aussi bête.

J'allais refermer la page lorsque je suis tombé sur un commentaire d'internaute, posté au pied d'un des articles du blog. Il était signé d'un « anonyme » et indiquait : *Adrien Mauly, retrouvé noyé le 15 octobre 2005 à La Rochelle, autre victime.*

J'ai mené une première recherche sur Internet avec ce nom ; sans succès. Muni d'une date précise, j'ai étendu ma recherche aux vieux cahiers d'archives. Parvenu dans la bonne allée, j'ai saisi le recueil d'octobre 2005. Le 16 du mois, un article racontait la découverte du corps dans le port de plaisance de La Rochelle, sous un bateau. On établissait un lien avec une soirée étudiante trois jours plus tôt où les copains du gus avaient perdu sa trace. Le nom n'était pas cité, c'était la règle : on ne donnait les identités que lorsqu'il y avait avis de recherche ou bien information judiciaire. Manifestement, c'est l'accident de boisson qui était privilégié. J'ai tourné les pages des jours suivants : plus rien. Puis j'ai eu le réflexe de regarder les avis d'obsèques, plutôt que les actualités. La photo de Mauly apparaissait : blondinet, queue-de-cheval. Ses parents avaient dû raquer plus que la moyenne, la plupart des annonces ne comportaient que du texte, il fallait débourser davantage pour que le journal passe la photo d'un mort. « Didier et Christiane Mauly, ses parents, Nicolas, son frère, ont la douleur de vous faire part du décès brutal d'Adrien Mauly à l'âge de 20 ans. » Il en paraissait seize sur la photo, sans doute datait-elle d'une époque bénie où Adrien ne se collait pas des murges.

Bon. Deuxième cas rochelais, troisième régional. Qu'est-ce que ça prouvait ? Rien du tout. J'ai rangé le cahier et me suis rassis devant l'ordinateur. J'ai réfléchi une seconde puis j'ai tapé « étudiant noyé La Rochelle ». Rien de pertinent. Nouvel essai : « étudiant noyé Poitiers ». Bingo. C'était l'interview d'un médecin du côté de Tours qui alertait sur les risques de *binge drinking* chez les jeunes, des soirées picole sans limite qui finissaient par des accidents. Le toubib citait plusieurs cas de figure, du coma éthylique à l'accident de la route en passant par la chute accidentelle. Son panorama des cuites tragiques citait Poitiers, pour une affaire de septembre 2004.

Je venais juste de quitter Poitiers à l'époque. Je me suis levé d'un bond et j'ai foncé vers le cahier correspondant à ce mois-là. Le doc n'étant pas assez précis, j'ai entrepris de partir du premier jour du mois.

Je commençais à désespérer lorsque, à la date du 26, j'ai repéré un écho rapportant le repêchage d'un cadavre dans le Clain. Au-dessus du Pont-Neuf. J'en ai frissonné. On était quasiment au même spot que Vincent Levin. C'est un joggeur qui avait aperçu une forme angoissante dans les eaux de la rivière. Le dernier jour du mois, un autre article présentait le résultat de l'autopsie. Conclusion : chute accidentelle. La tête avait heurté un rocher en tombant. Comme pour Vincent Levin.

Le même jour, l'avis d'obsèques, sans photo, révélait le nom du disparu : Éric Angon. La déduction était simple : aucun autre inscrit dans ces colonnes n'était aussi jeune – vingt et un ans.

La liste s'allongeait. Quatre morts.

J'ai rangé le cahier puis suis resté immobile, bras ballants. Explorer tous les numéros de *L'Écho* des années 2000 n'était pas réaliste. Tentant mais pas réaliste. Je suis retourné m'asseoir, par défaut. Mes doigts se sont repositionnés sur le clavier, mais sans inspiration. Et soudain, j'ai écrit : « étudiant noyé ou assassiné ? ».

Une autre porte s'est alors ouverte. L'article datait de 2006 et à cette époque *L'Écho* avait commencé à mettre quelques contenus sur Internet. Préhistorique mais ça avait le mérite d'exister. « Suicide ou meurtre ? Une étudiante de 23 ans a été retrouvée morte dans le Clain le 9 mars 2006. […] Le corps reposait au fond de l'eau, pieds et poings liés. […] La thèse du suicide est privilégiée. »

Un suicide ? C'était à se demander si on n'était pas prêts à raconter n'importe quoi pour ne pas affoler la population.

Retour aux cahiers, pages obsèques, et l'étudiante reprenait son nom : Lisa Fournier.

J'ai pris mon calepin et l'ai ajoutée à ma liste.

Arthur Morello

Adrien Mauly

Éric Angon

Lisa Fournier

J'avais là une collection de noyés qui présentaient des points communs avec Vincent Levin. Même tranche d'âge, même région, même découverte des corps à la flotte. Pour les autorités, le seul meurtre était celui de Vincent. Les autres devaient donc être accident de beuverie ou suicide. Soit la coïncidence était spectaculaire, soit les flics manquaient de curiosité.

6

Monsieur Fournier

On trouvait la maison de monsieur Fournier à la sortie ouest de Poitiers en prenant la direction de l'océan. Le paysage dans lequel avait poussé son petit pavillon au milieu d'autres bâtisses identiques n'avait cependant rien d'une plage ensoleillée : l'homme d'une soixantaine d'années vivait au bord de la voie ferrée. Derrière une grille verdâtre, aux pointes de lance menaçantes et attaquée par la rouille, se nichait cette bâtisse à la façade grise et fatiguée. Des gravats encombraient une cour mal entretenue depuis trop longtemps. J'avais pris soin de téléphoner la veille pour prendre contact, en trouvant son numéro dans les Pages blanches. Je n'étais pas habitué à parler aux parents de victimes et je craignais sa réaction. De quel droit déranger un homme pour lui rappeler le drame de sa vie, et pour quels motifs ? Il me fallait pourtant débuter cette enquête par une piste. Or, de tous les noyés du Clain ou de La Rochelle, seule sa fille, Lisa, avait été retrouvée pieds et poings liés. Même si l'hypothèse du suicide avait été retenue par les flics, c'était le seul cas ressemblant autant à un crime. À ma connaissance, son père n'avait pas ouvert de blog ni nourri publiquement de théorie du complot.

Cheveux blancs frisottants et lunettes aux verres larges, le père, que j'aurais bien surnommé le pépère tant il fleurait bon les pantoufles au coin du feu, est descendu du perron.

— Vous êtes le journaliste ?

— Bonjour, monsieur Fournier, c'est bien moi. Je ne vous dérange pas ?

— Ben non, je vous attendais.

De plus près, les traits de son visage et la tristesse du regard indiquaient que la vieillesse ne venait pas seule : le deuil impossible l'avait précédée. Le temps qu'il me guide jusqu'à son salon, on n'a échangé aucun mot. À l'intérieur, le pavillon ressemblait à son extérieur, avec ce côté vieillot, meubles datés sans le charme de l'ancien, crépi jauni au mur, tableaux au trait enfantin représentant des paysages maritimes signés de son propre nom. Une télévision mangeait l'espace devant un canapé poussiéreux. J'ai deviné que monsieur Fournier vivait seul. Sur une étagère, une photo le montrait avec sa fille alors qu'elle devait avoir sept ans. Elle roulait sur un petit vélo tandis que, souriant, il l'encourageait d'une main en pleine poussée. La mère, en revanche, n'apparaissait nulle part.

— Vous voulez un café ?

— Seulement si vous en prenez un.

— Pourquoi pas.

Il m'a laissé m'asseoir à la table rectangulaire du salon puis m'a abandonné aussitôt pour aller le préparer. Depuis la cuisine, il a poursuivi l'échange :

— Vous êtes le premier journaliste qui vient me voir depuis la mort de ma fille.

— Ah oui ? Aucun confrère n'est venu vous poser des questions, à l'époque ?

— Ben non puisque, officiellement, c'est un suicide. Ça ne les intéresse pas.

Il est revenu et a posé les deux tasses en porcelaine sur la table.

— Et alors vous, qu'est-ce qui vous amène ici ?

— Je ne connaissais pas l'histoire de votre fille. C'est en faisant des recherches sur d'autres personnes retrouvées noyées dans le Clain que je suis arrivé à elle.

— Ah, vous aussi, vous avez du mal à croire à la version officielle ?

Ses yeux se sont plantés dans les miens.

— Pour l'instant je ne sais pas. Je voulais surtout en apprendre un peu plus sur les circonstances et sur son parcours, c'est pour ça que je suis venu vous voir.

— Ah, son parcours ! Si je savais…

— Vous ne croyez pas au suicide ?

— Bien sûr que non ! Retrouvée pieds et poings liés… Quel abruti peut croire à ça ?

La colère alluma une flamme noire dans ses yeux.

— Comment les enquêteurs en sont arrivés à penser ça ?

— Pff… Ils ont dit que c'était une technique pour être sûr de se noyer, surtout dans les eaux du Clain, qui sont pas hautes. Mais pourquoi cette mise en scène ? Hélas, y a pas mal d'autres moyens plus simples de se flinguer… Et puis ils ont dit aussi que Lisa était quelqu'un de fragile, donc ça s'expliquait comme ça.

— C'est-à-dire ?

Il s'est tourné vers la photo de sa fille.

— Lisa était une gosse facile et toujours joyeuse dans sa petite enfance. Mais quand sa mère est morte, elle avait huit ans, et à partir de là, elle est devenue triste comme une pierre.

— Ah, pardon, je ne savais pas que sa mère était morte.

— Regardez la photo. C'est sa mère qui tient l'objectif. À ce moment-là, elle ne sait pas encore qu'une tumeur est en train de lui bousiller le sein droit et qu'elle n'a plus qu'un an à vivre.

Je m'étonnais de ne voir aucun souvenir de sa femme, mais chacun fait son deuil comme il le peut. Il est retourné dans la cuisine pour revenir avec la cafetière, dont il a versé le contenu dans les deux tasses.

— Après avoir été une gosse triste, c'est devenu une ado difficile… Moi je bossais à la SNCF, j'étais contrôleur, j'étais souvent parti. Sa grand-mère a beaucoup veillé sur elle. J'étais sûrement pas un bon père, ça, je dis pas le contraire.

Il s'est assis face à moi.

— Elle n'avait ni frère ni sœur ? ai-je demandé en avalant une première gorgée d'un café plutôt serré et trop chaud.

— Nan, fille unique. Elle a commencé à s'éloigner, je dirais à l'adolescence. Elle s'est mise à traîner avec des gars pas recommandables. Elle avait les avant-bras tout hachurés, quelle pitié… Ensuite, elle est partie faire des études. Oh, pas loin, ici, à Poitiers, aux Beaux-Arts.

Il a désigné un tableau au mur qui m'avait échappé : un navire se frayant un cap à travers la houle.

— Elle voulait devenir peintre, et elle avait plutôt un bon coup d'pinceau.

Le trait était beaucoup plus fin et les couleurs pastel plus douces que sur les autres toiles. Une discrète signature ornait son côté droit inférieur : LF.

— Oui, je vois ça.

— C'est le seul qu'elle m'a laissé. Les autres, c'est des croûtes, c'est moi qui les ai barbouillées. J'm'y suis mis après sa disparition. Comme qui dirait… pour lui rendre hommage.

Monsieur Fournier me rappelait un peu mon père, par certaines expressions. Je le trouvais déchirant, aussi, avachi comme ça sur sa chaise, mais je ne voulais pas le lui montrer.

— Elle aimait la peinture, donc. Elle avait d'autres passions ?

— Pas que je sache, mais comme je vous le disais, on s'est pas mal éloignés. Elle aimait la musique aussi, elle allait à des festivals, des râves parties, vous savez.

— Ah, des *rave* parties ?

— Ouais, enfin, ça avait l'air de r'ssembler plus à des cauchemars qu'à des rêves… Pendant ses années fac, elle dormait je sais pas où. Elle créchait chez son papa pour pas payer de loyer et elle avait tendance à considérer la maison comme un hôtel. Moi, ça me plaisait pas. Alors je lui ai dit et un jour le ton est monté…

— C'était quand, ça ?

— Je dirais en mars 2003. C'était dur… Qu'est-ce que je regrette de m'être énervé ce jour-là…

Les larmes lui sont brusquement montées aux yeux. J'ai fixé mon café. Il s'est repris :

— Elle m'a traité de tous les noms et elle est partie en mettant toutes ses affaires dans un grand sac. *Pfuit*, envolée, la Lisa. Je l'ai jamais revue.

— Et… vous l'avez cherchée ? Vous l'avez signalé à la police ?

— Ben non, comme quoi je suis vraiment qu'un pauv' con. En fait, j'ai pensé qu'elle avait dû rencontrer un gus et qu'elle dormait chez lui. J'ai laissé passer du temps. Un mois, deux mois.

Derrière lui, la fenêtre donnait sur un petit coin de jardin envahi par les herbes folles. Dans la faune verte se promenait un gros chat noir qui lui appartenait peut-être.

— Un jour, je tenais plus, je suis allé devant sa fac et je l'ai cherchée. Comme j'ai pas trouvé, j'ai demandé à des gens qui étaient de sa classe, enfin de sa promotion. Ils m'ont dit qu'ils l'avaient pas vue depuis deux mois.

— Et la fac ne vous a pas averti ?

— Pensez-vous… Y a aucun suivi là-dedans, tout le monde s'en fout. Alors j'ai mené ma propre enquête. J'ai roulé dans Poitiers nuit et jour dans ma bagnole pour la chercher. Parfois je croyais la voir, je m'arrêtais. Mais non, c'était jamais elle.

— Vous avez trouvé des amis à elle ?

— Des gens qui la connaissaient, disons. On m'a raconté qu'elle avait de mauvaises fréquentations, c'est tout. Personne ne l'avait revue depuis le jour où elle avait quitté la maison. Là, j'ai décidé d'aller voir les flics.

À son tour, il a trempé les lèvres dans sa tasse de café. Le film de ces dernières années repassait dans ses yeux.

— Les flics n'en avaient absolument rien à foutre. Ils ont dit qu'elle était majeure, qu'elle faisait ce qu'elle voulait. Je les ai tellement harcelés qu'ils ont fini par noter sa disparition, rien de plus. Bande de merdes ! J'avais un mur face à moi !

— Je comprends…

— J'ai bricolé moi-même des avis de recherche. Je les imprimais ici en noir et blanc et j'allais les scotcher partout où je pouvais. À la fac, en ville, j'en ai mis aussi sur les portes du commissariat pour les faire chier.

Aussitôt, il a saisi une chemise cartonnée posée sur une chaise et l'a ouverte sur la table. Il en a tiré plusieurs feuilles A4 où figurait une photo de Lisa, accompagnée de quelques mots : *Avis de recherche – Lisa Fournier. Disparue en mai 2003 à Poitiers.* Au bas, le numéro de téléphone du père. Lisa, une jolie blonde au sourire déjà fané et aux yeux plissés. Elle avait du charme, pourtant on sentait immédiatement un truc étrange, une sorte de déséquilibre, de faille, qui mettait mal à l'aise.

— Et ça n'a rien donné ?

— Oh si… J'ai reçu pas mal de témoignages. Au début, j'essayais de les vérifier tous, puis au bout d'un moment, j'ai été submergé.

— Vous avez une idée du nombre de témoignages que vous avez reçus ?

— Franchement… Pas loin d'une cinquantaine.

Sous les avis de recherche photocopiés à une dizaine d'exemplaires s'amassait un important tas de feuilles noircies de notes, de numéros de téléphone, de noms, de mots écrits à la hâte.

—Tenez, y a tout ça ! Untel l'avait vue dans un festival. Une autre l'avait vue en boîte. Y a même des gens qui l'auraient vue dans un bordel en Espagne !

J'ai entendu de ces horreurs… Y compris des mauvaises blagues. Y a de ces salauds, je vous jure !

— Quel genre de blagues ?

— Comme j'avais mis mon numéro de téléphone, les gens pouvaient m'appeler à n'importe quelle heure. Une nuit, j'ai reçu un appel disant : « On a retrouvé ta fille, on veut une rançon. » J'avais du mal à y croire mais j'ai demandé combien, au cas où. Et là y a eu comme des rires de gosses au bout du fil.

— Quelle bande d'enflures, ai-je lâché.

J'ai repris une gorgée de café, il était un peu moins brûlant. Un instant, je l'ai imaginé seul dans sa baraque, hanté par d'affreuses sonneries téléphoniques nocturnes. J'en avais presque la chair de poule.

— Je peux prendre vos notes en photo ?

— Oui, si ça peut vous être utile… Vous voulez un petit chocolat ?

— Pourquoi pas, avec plaisir.

Il est retourné dans sa cuisine, me laissant tranquille pour mitrailler son amoncellement de feuilles froissées. Tout n'était pas lisible, mais j'étais déterminé à déchiffrer son écriture à tête reposée. D'un même élan, j'en ai profité pour immortaliser le tableau de Lisa accroché au mur. La voix de monsieur Fournier me parvenait de la cuisine :

— Et ces autres affaires de noyade, alors ? Qu'est-ce que c'est ?

— Des étudiants retrouvés à l'eau et qui seraient peut-être tombés lors de soirées…

Il est revenu avec une boîte de chocolats bon marché.

— Ben voyons… Moi, je ne sais pas qui a tué ma fille, mais je suis persuadé que c'est pas un suicide. Les flics nous mentent. La justice nous ment.

— Y a jamais eu de piste intéressante pour vous ?

Il a mis plus de temps à s'asseoir. Je pensais qu'il avait une douleur quelque part, le dos bloqué ou quelque chose dans le genre, avant de comprendre qu'il réfléchissait.

— Eh ben sur le moment, j'ai pensé que non… Puis quand j'ai su qu'ils l'avaient retrouvée dans la flotte… Si. J'ai peut-être eu la vérité sous le nez, à un moment donné.

Monsieur Fournier me regardait à présent avec une acuité retrouvée. J'avais pris des notes tout le temps et j'étais pendu à ses lèvres autant qu'agrippé à mon stylo.

— C'est-à-dire ?

— Une autre nuit, y a eu un appel… C'était vers 2005. J'ai un léger doute sur l'année, par contre pas sur le jour, et pour cause : c'était la nuit de Noël. J'étais tout seul comme un con chez moi, comme d'habitude. Je buvais une bouteille de pinard devant une émission de Sébastien.

— Patrick Sébastien ?

— Ouais, voilà. Ses histoires de magicien, là… Ça vole pas haut mais ça me détend. Il était justement minuit et le téléphone a sonné. Comme j'avais déjà reçu des appels fantaisistes, et vu l'heure, j'ai flairé un sale coup.

— Ça disait quoi ?

— J'ai entendu une voix… Une voix très masquée, très trafiquée. Sans doute que la personne au bout du fil avait mis un mouchoir sur le combiné et qu'elle forçait aussi sa voix. C'était bizarre.

— Bizarre comment ?

— Ben, je veux dire, un inconnu qui appelle pour faire une blague a pas besoin de modifier autant sa voix. Si je le connais pas, y a pas de raison que je l'identifie. Donc je pense que je devais le connaître…

— Et vous avez cherché à faire des… des recoupements ?

— Oui, mais j'avoue que j'ai séché. Je connaissais mal l'entourage de ma fille.

— C'était un homme, une femme ?

— Ben franchement, je serais bien incapable de vous le dire… Toujours est-il que cette voix m'a dit quelque chose qui ne me paraît plus si fantaisiste aujourd'hui.

J'ai laissé ma tasse suspendue, attendant la fin de son récit. Ses yeux se perdaient vers l'escalier menant à l'étage supérieur. Ils ne se perdaient pas, d'ailleurs, ils s'éloignaient, plutôt. Brusquement, je me suis demandé si on était seuls dans cette maison. On aurait cru qu'il regardait un fantôme planant derrière moi. Mes doigts se sont crispés sur la tasse. Enfin, il a articulé quelques mots :

— La voix a dit : « Ta fille va rejoindre les profondeurs. »

Je n'étais pas sûr d'avoir bien entendu.

— Les profondeurs ?

— Oui. Les profondeurs.

Monsieur Fournier me fixait à présent avec insistance. Comme s'il espérait un commentaire de ma part. D'une voix brisée par l'émotion, il m'a demandé :

— Vous croyez que c'est le tueur de ma fille ?

— Je ne sais pas…

J'ai frissonné. Et j'avais de plus en plus l'impression que quelqu'un se tenait derrière moi. N'y tenant plus, je me suis retourné. Il n'y avait personne à part nous deux. Je suis revenu à mon hôte. Son visage était devenu interrogatif. Avait-il compris l'étrange idée qui m'était passée par la tête ?

7

Un témoin

Le soir même, je suis allé prendre une pizza (merguez-œuf) au Domino's pour ne pas perdre de temps et me plonger dans les notes de monsieur Fournier. Plutôt que de m'esquinter les yeux à zoomer sur mes propres images, j'ai décidé de les imprimer, même si c'était au détriment de la qualité visuelle. Sur la plupart des feuilles, le père de Lisa avait griffonné simplement une date, celle de l'appel téléphonique reçu, un prénom, un numéro de téléphone et quelques informations en style télégraphique. C'était brouillon, pas très méthodique et ça laissait surtout transparaître la solitude du bonhomme, dans une recherche aussi épuisante que désespérée.

Beaucoup de témoins avaient préféré rester anonymes. On comptait aussi dans le lot des voyantes, des médiums, des « Elle est enterrée dans le jardin d'une maison aux volets bleus » ou « Elle se trouve dans un pays tropical ». Un certain Bernard avait vu Lisa dans un film porno. Et une Nadia l'avait reconnue dans un campement au milieu des Gitans. Chloé, elle, était persuadée que Lisa s'était reconvertie en caissière à Géant. À chaque fois monsieur Fournier avait noté *Vérifié* au feutre rouge.

Il m'a fallu une heure pour parcourir l'ensemble des notes et je pensais m'être lancé dans une aventure stérile – que faire de tout ça ? – lorsque quelques mots ont retenu toute mon attention. *Audrey. Vu Lisa. 2 mars 2006. Encore une camée !*

La date m'interpellait. C'était une semaine avant la découverte de son corps. Et en supposant que les liens avaient maintenu Lisa Fournier au fond de l'eau pendant plusieurs jours, cette Audrey pouvait être un témoin à ne pas négliger. Toute camée qu'elle était, Fournier avait pris soin de relever son numéro.

21 heures allaient sonner. C'est le genre d'horaire auquel on évite de déranger des inconnus mais l'impatience me titillait les doigts. Un vague pressentiment m'agitait. J'ai réfléchi une minute supplémentaire avant d'attraper mon téléphone. Le numéro n'était peut-être plus attribué, la fille était peut-être morte d'une overdose ou bien elle ne voudrait pas parler à un journaliste débarquant presque dix ans plus tard… Stressé, j'ai composé lentement le numéro, mon calepin et mon stylo à portée de main sur ma petite table basse. Tandis que l'adrénaline tourbillonnait dans mes veines, une femme a décroché.

— Oui, allô ?

Ce n'était pas du tout une voix droguée, ni endormie, ni ramollie.

— Bonsoir, excusez-moi de vous déranger. Je suis journaliste et je travaille sur la mort de Lisa Fournier.

Un temps.

— Oui ?

— Voilà, j'ai appris que vous aviez témoigné auprès de son père, il y a une dizaine d'années. Est-ce que vous seriez d'accord pour m'en parler ?

Il y a eu un nouveau silence.

— Depuis le temps que j'attendais qu'on me prenne au sérieux…

Les planètes étaient alignées. Transi par l'excitation, je l'ai encouragée :

— Et vous accepteriez de me parler de ce que vous avez vu ?

— Oui, je veux bien… Seulement, est-ce qu'on peut se voir ? Ça m'ennuie de vous parler au téléphone. On ne sait jamais à qui l'on a affaire.

Mon cerveau a buté sur la tournure vaguement littéraire : « l'on a affaire ».

— Bien sûr, on peut se rencontrer. Vous êtes libre quand ?

— Dans une heure.

— D'accord ! On se retrouve où ?

— Disons… sur le Pont-Neuf.

Au-dessus du Clain.

J'ai raccroché, survolté. Avant de partir, je me suis ausculté une dernière fois dans la glace, pour arranger mon allure. J'ai passé de l'eau sur mon visage, ordonné un peu mes cheveux, puis je suis sorti. Il était près de 22 heures, la circulation était fluide et il m'a fallu dix minutes à peine pour emprunter la route qui menait au Pont-Neuf. Une silhouette solitaire était penchée sur la balustrade. La jeune femme avait les cheveux roux, le teint diaphane et une large robe en dentelle tout aussi blanche que son visage. Elle faisait penser à un fantôme et, au moins, je n'aurais pas à rougir de ma propre lividité.

— Bonsoir, je suis Simon Magny.

— Bonsoir. Audrey, a-t-elle répondu de la même voix délicate, légèrement apprêtée, que celle perçue au téléphone.

— Vous donnez souvent des rendez-vous à des inconnus à 10 heures du soir ?

— Non, pas du tout.

— C'est pas commun comme lieu de rendez-vous…

— Je n'ai pas choisi au hasard et ce n'est pas pour un rendez-vous galant.

Taclage bien mérité… J'ai regretté ma petite blague foireuse.

— D'accord.

— Je suis heureuse de vous rencontrer, malgré tout. Mon témoignage avait été accueilli avec tant de scepticisme à l'époque que j'ai fini par croire que j'avais tout inventé…

Les mots et le ton avaient quelque chose de suranné. On l'aurait dite propulsée des années 1950 à nos jours. Aujourd'hui, elle semblait en bonne santé, mais peut-être était-elle camée à l'époque, comme l'affirmait monsieur Fournier. Sa couche de fond de teint dissimulait peut-être des cernes prononcés.

— Accueilli par qui ?

— Par le père de Lisa.

— Ah bon ? Il ne vous a pas crue ?

— Non, je ne sais pas pourquoi. Même si, par la suite, j'ai entendu des rumeurs à son sujet…

— Des rumeurs ?

— Peu importe. À l'époque, j'habitais de l'autre côté du pont. Je rentrais souvent à pied des Beaux-Arts. Vous savez que l'école est en centre-ville ?

— Oui. Vous étiez en cours avec Lisa Fournier ?

— Je crois que j'avais un an de plus qu'elle. J'étais dans la promo au-dessus. C'est pour ça que je ne la connaissais que de vue.

— Ah… Et donc vous l'avez aperçue ? Vous êtes certaine de l'avoir reconnue ?

Elle s'est tournée, dos à la rue, et s'est penchée vers le Clain. Elle m'incitait en quelque sorte à regarder les eaux de la rivière, abaissées par la chaleur et laissant surnager le tranchant des rochers.

— Presque sûre. Il y avait longtemps que je ne l'avais pas vue. Je crois que c'était au printemps 2006. Peut-être mars.

— Oui, c'est ce qu'a noté monsieur Fournier.

— Au moins il a noté quelque chose… Bref. On m'avait déjà parlé d'elle comme d'une fille tourmentée, fragile. Un peu mystique, même, à cause de la mort de sa mère. Au départ, personne n'a pensé à un crime. On s'est juste dit qu'elle était partie se droguer dans des festivals, on en a connu d'autres. Aux Beaux-Arts, il y a de l'ecstasy, de la cocaïne et quelques originaux. À mon avis, elle en faisait partie… Puis quand son père a commencé à mettre des avis de recherche, on s'est dit que quelque chose avait dû mal tourner. Le simple fait de voir son visage affiché, ça faisait… affaire criminelle. Et quand on a vingt ans, on se raconte tellement d'histoires…

— Oui, je vois ce que vous voulez dire. Qu'est-ce que vous entendez par « un peu mystique » ?

— Oh, elle avait cette grande croix autour du cou… Je ne sais plus si elle l'avait quand je l'ai aperçue… Mais je me souviens que c'était ici. C'est pour ça que je vous ai donné rendez-vous à cet endroit. Je me souviens qu'il était minuit et que je rentrais chez des amis. J'avais trop bu, j'espérais ne pas faire une mauvaise rencontre. Et c'est là que je l'ai croisée.

— Là, ici ?

— Oui, sur ce pont.

— Vous l'avez reconnue sur le coup ?

— Elle s'était un peu emmitouflée sous un sweat à capuche. Je l'ai reconnue assez rapidement parce que j'avais vu son visage sur les affichettes. C'était déjà deux ou trois ans après les affichettes.

— Et… vous lui avez parlé ?

— Oui, parce qu'elle pleurait. Elle semblait paniquée ou quelque chose comme ça… On aurait dit qu'elle venait de se faire agresser, elle avait du sang sur la tempe.

— Et qu'est-ce que vous lui avez dit ?

— Je ne l'ai pas appelée par son prénom, je lui ai juste demandé si elle avait besoin d'aide.

— Et elle vous a répondu quelque chose ?

— Elle a dit : « Quelqu'un me veut du mal, il faut que je m'en aille. »

— « Quelqu'un me veut du mal » ?

— Oui, c'est ça… J'ai proposé à nouveau mon aide mais elle a pressé le pas.

— Elle est partie dans quelle direction ?

Elle a tendu le bras vers le cœur de la ville.

— Vers le boulevard Anatole-France.

C'est par ce boulevard qu'on atteignait les rives du Clain. J'en ai frissonné. La date pouvait correspondre à sa mort, selon *L'Écho* de l'époque. Audrey avait-elle assisté aux dernières heures de Lisa ?

— Et vous n'avez rien remarqué d'autre ce soir-là ? Est-ce qu'il y avait quelqu'un autour ? Personne ne la suivait ?

— Non… Si quelqu'un l'avait suivie, je crois que j'aurais appelé la police… En même temps, je n'étais pas au sommet de ma forme.

— Et vous avez appelé monsieur Fournier ?

— Pas dans l'heure. Il a bien dû se passer quelques jours. Le temps que je remette la main sur un avis de recherche. Ils avaient disparu des murs de l'école, peut-être les avait-on arrachés. J'ai demandé autour de moi si quelqu'un en avait gardé un exemplaire. Et, effectivement, le concierge de l'école en avait encore un sous le coude. J'ai regardé la photo, j'ai douté un peu. La Lisa que j'avais vue n'avait plus du tout cette allure de poupée fragile, au contraire, elle avait l'air cabossée. Mais j'ai tout de même appelé son père.

— Et qu'est-ce qu'il vous a dit ?

— Il avait l'air de me prendre pour une mythomane. Ça m'a surprise.

— Vous m'avez dit qu'à l'époque, il y avait un peu de drogue qui circulait à l'école. Est-ce que, par hasard, monsieur Fournier a pu vous prendre pour… pour une toxicomane ?

— Je ne sais pas. Je ne l'étais pas, en tout cas.

— Vous n'étiez pas malade quand vous l'avez appelé, vous n'aviez pas une voix endormie qui pouvait laisser penser que…

— Non, pourquoi ?

— Je ne sais pas, je cherche.

— Moi, si vous voulez mon avis, je ne me l'explique pas vraiment, pourtant je pense qu'il s'en foutait. Qu'il n'y croyait pas.

— Et quand vous avez appris la mort de Lisa… vous y avez repensé ?

— Ils ont dit que c'était un suicide, dans votre journal. J'ai pensé qu'elle était barje.

Audrey m'a regardé d'un air implorant, comme si elle espérait que j'allais l'aider à résoudre le mystère. Mais je n'avais pas plus de réponses qu'elle. Et sans doute encore plus de questions.

8

Un frère

La nuit suivante, j'ai fait de nouveau ce rêve glaçant. Il a duré, hélas, plus longtemps que d'habitude. Je me trouvais assis sur la banquette arrière d'une voiture, profonde comme des sables mouvants. Le conducteur avait des bras larges comme des traversins et des doigts putréfiés. Des vers, de longs et gros vers visqueux, s'agitaient sous sa peau. Brusquement, il s'est tourné vers moi et enfin j'ai pu voir son visage. C'était un visage gonflé, couleur de porcelaine, comme celui d'un cadavre qui aurait séjourné dans l'eau. Des gros yeux, des globes énormes, vitreux, pareils à ceux d'une mouche mutante, me regardaient. La bouche du monstre s'est ouverte et sans doute qu'en observant plus attentivement j'aurais pu discerner, gigotant entre ses dents, d'autres asticots. Une voix caverneuse, venue d'outre-tombe, m'a crié : « Qu'est-ce que t'as sur toi, fils de pute ? »

Je me suis réveillé en sueur, terrifié, au fond de mon lit, comme un petit garçon perdu dans un supermarché.

Le lendemain, j'avais l'impression d'avoir reçu des coups de brique sur la figure. Le sommeil haché et angoissant m'avait épuisé plus qu'une insomnie. Mon enquête me faisait cependant tenir. Je n'arrêtais pas de penser à Lisa Fournier. Je cherchais des réponses à la pluie de questions qui me tombait dessus. Qui avait annoncé sa mort à son père, trois ou quatre mois avant qu'on ne la retrouve dans le Clain ? Était-ce le même visionnaire qui lui « voulait du mal » le soir où elle avait croisé Audrey ? Les victimes étaient-elles choisies à l'avance ? À peine un mystère se présentait-il qu'un autre s'y superposait.

Au boulot, entre deux articles, je cherchais les coordonnées des proches de tous les étudiants retrouvés noyés dans la région en 2004 et 2005. J'ai décidé de partir du plus récent au plus ancien. Avant Lisa Fournier, Adrien Mauly. Son corps avait été repêché dans le port de La Rochelle, deux jours après une soirée étudiante. Son frère, Nicolas, était prof de théâtre à la fac. Sans effusion, avec méfiance, il avait accepté un rendez-vous tout en prévenant qu'il serait court. J'ai compris qu'il voulait se rendre disponible pour tenter de résoudre le mystère entourant la mort de son frère mais qu'il parlerait à un journaliste à contrecœur.

Je n'avais pas mis les pieds sur le campus depuis la fin de mes études. Il avait moins changé que la gare, toujours ces bâtiments blafards, ces formes géométriques et bétonnées aux contours durs et déprimants. Un squat incongru avait fait son apparition en bordure du parking sur un bout d'herbe jouxtant l'édifice. Un petit coin végétalisé de quarante mètres carrés devant lequel un panneau « jardin partagé » avait été apposé. Ce potager sur le bitume s'étendait devant une bâche noire sous laquelle deux types, barbe fournie, casquette de guérillero, bricolaient un vélo. Çà et là, d'autres panneaux plus petits indiquaient le programme des différents ateliers organisés ici : « Réparation de vélos », « Cantine végane », « Autodéfense féministe »... Une banderole déployée à l'arrière proposait un autre horizon : « *All cops are basterds* ». Apparemment, depuis mon époque, la culture politique avait gagné du terrain, au point de coloniser une petite partie du campus sans que personne y trouve rien à redire.

C'est là que mon interlocuteur m'avait donné rendez-vous. Je m'approchais des deux types affairés sur le vélo quand soudain une voix a crié dans ma direction :

— Attention où tu mets les pieds !

J'écrasais sans m'en apercevoir une rangée de laitues. L'avertissement venait d'un troisième gars, dix mètres plus loin. Je me suis confondu en excuses et les deux gus devant moi ont alors remarqué ma présence.

— C'est toi le journaliste ? a demandé le plus grand des deux.

— Oui, c'est moi.

Pas de doute : c'était le prof de théâtre que je cherchais. Il ressemblait à son frère Adrien en plus vieux, en plus fin, aussi, plus anguleux, plus blême, hygiène de vie probablement améliorable. Spontanément, j'ai pensé à un symptôme de type maladie de Crohn qui vous fout en l'air le bide. Il ne souriait pas. Il m'a prévenu immédiatement :

— J'ai pas beaucoup de temps.

Poliment, son pote a quitté la bâche. Je lui ai serré la main pour le saluer ; la sienne était molle et glacée.

— J'étais étudiant ici, y a dix ans, ai-je embrayé, mais y avait pas ce squat à l'époque.

— C'est pas un squat, c'est un jardin, et c'est une bonne chose qu'il existe.

Le moins qu'on puisse dire, c'est qu'il n'essayait pas d'être sympathique. Plus jeune, j'aurais cherché à lui rendre la pareille mais, avec un peu d'expérience, on apprend à se focaliser sur le message plus que sur le messager.

— Je travaille sur plusieurs affaires d'étudiants retrouvés noyés à Poitiers et à La Rochelle. J'ai appris que c'était malheureusement ce qui était arrivé à ton frère.

— Pourquoi t'as décidé de travailler là-dessus ? a-t-il aboyé, comme si j'avais pissé sur sa bâche.

— Eh bien… J'avais déjà travaillé sur un cas il y a dix ans et je viens juste de revenir à Poitiers.

— Et donc quoi ?

— Eh bien… Je… Je ne veux tirer aucune conclusion mais je cherche à savoir s'il existe un lien entre toutes ces dispa…

— Jack le pousseur.

J'en suis resté coi.

— Jack qui ?

— Tu débarques ou quoi ?

— Je ne comprends pas…

— C'est une vieille légende urbaine qui court dans le monde étudiant. Un tueur en série qui s'amuserait à pousser les étudiants à l'eau…

— C'est la première fois que j'entends parler d'un truc pareil. Et pourquoi il ferait ça ? Par plaisir ?

— Ça dépend des versions. Y en a qui disent : par perversion.

— C'est une légende urbaine ou c'est inspiré de faits réels ?

— Pas plus que l'histoire de l'étudiant assoupi sur un banc à qui on a prélevé un rein dans son sommeil.

— Ah, celle-ci, je la connais…

Il a souri, visiblement amusé par mon ignorance.

— Les étudiants adorent se raconter des histoires…

— *All cops are basterds*, ça en fait partie ? ai-je dit en désignant du menton la pancarte clouée derrière la bâche.

Tout prof de théâtre qu'il était, il ne cachait pas sa sympathie pour la cause et j'avais envie de le pousser dans ses retranchements.

— Ça n'a rien à voir.

— Ah ? Tous les flics sont des enfoirés ?

— Parfois, il y a un fond de vérité derrière les histoires…

J'ai souri en retour.

— Mais je ne crois pas trop à un serial pousseur d'étudiants, a-t-il précisé.

J'ai baissé d'un ton :

— Je ne sais pas quoi en penser. Il y a beaucoup de morts.

— Oui, c'est vrai. Il y a sans doute des accidents derrière une partie d'entre eux. Voire des suicides. Quand on voit les conditions de vie de certains étudiants… Y a même des étudiantes qui se prostituent.

— T'en connais ?

— Non, mais j'en ai entendu parler.

— Heureusement que t'es pas journaliste.

— Pourquoi ?

— Si on devait se fier à ce dont on a « entendu parler »…

Il a froncé les sourcils, s'est raidi au-dessus du vélo.

— T'es venu pour me prendre de haut ?

— C'est toi qui as commencé.

— Je me méfie des journalistes, c'est mon droit.

— Les journalistes peuvent être utiles, par exemple pour éviter qu'une affaire tombe dans l'oubli.

— Il y a Internet et c'est un outil que chacun peut s'approprier, pas besoin d'être journaliste.

— On a encore une caisse de résonance que n'aura pas ta page Facebook.

— J'aime pas Facebook. Mais oui… Pour combien de temps ?

— Qu'est-ce qui est arrivé à ton frère, d'après toi ?

— Je n'ai aucune certitude. Ça fait dix ans que j'y pense, dix ans que je change d'avis.

— T'as mené ta propre enquête ?

— Oui, c'est ça l'autonomie. Ici, on répare son vélo soi-même, on écrit des articles soi-même et on enquête soi-même.

— Je vois… Et t'as trouvé quelque chose ?

Enfin, il m'a lâché du regard pour plonger le nez vers ses chaussures, des Dr Martens déglinguées. Sa bouche se tordait légèrement à mesure que son esprit bouillonnait. Il réfléchissait, hésitait peut-être, a tripoté la roue d'un vélo en réparation et a fini par se lancer :

— Rien de bien concret… Adrien participait à une soirée étudiante ce soir-là. Il avait bu, j'imagine. Peut-être un peu fumé aussi. Comme ses potes. Je les ai tous retrouvés et tous questionnés. Au départ, ils ont dit que la disparition s'était passée en un dixième de seconde, à peine le temps de se retourner et mon frère s'était évaporé… Mais avec l'alcool et la fumette, on n'a pas toujours une notion exacte du temps et la mémoire s'effiloche.

— Tu penses qu'il a pu tomber à l'eau sans qu'ils s'en rendent compte ?

— Non, ça j'y crois pas du tout. À mon avis, il a été balancé à la flotte plus tard.

— Qu'est-ce qui te fait penser ça ?

— Qu'on ne retrouve pas le corps avant. Je crois plutôt qu'Adrien a dû suivre quelqu'un ce soir-là, se faire embarquer dans un mauvais plan.

— Un mauvais plan ?

— Oui. Moi je ne porte aucun jugement là-dessus, je ne sais pas ce qu'Adrien s'enfilait dans les narines. Mais oui, il a pu tomber sur un type… qui lui inspirait confiance. Il faisait du close combat, il ne se serait pas laissé faire… C'était quelqu'un qu'il devait connaître.

— Et qui serait passé inaperçu ?

— Ouais…

— T'as un indice qui aille dans ce sens ?

Il a sorti de sa poche une cigarette roulée d'avance et l'a allumée avant d'ausculter la pédale du vélo.

— Adrien a perdu un bijou. Une bague avec une tête de mort. Sous l'eau, le corps gonfle. Pas de raison qu'une bague se fasse la malle toute seule.

La chevalière de Vincent Levin. La bague d'Adrien Mauly. La gourmette d'Arthur Morello. Ça commençait à faire beaucoup. Le Che Guevara poitevin a semblé percevoir mon trouble mais il a enchaîné :

— Tu devrais aller voir cette boutique dans le centre, le Nain vert. C'est un pote de mon frère qui la tient. Il était là, la nuit où il a disparu. Il s'appelle Lucas.

Il a fait tourner la roue arrière du vélo d'un geste de dépit, sec et énervé. Tandis qu'elle cliquetait à toute vitesse, je notais ces infos sur mon carnet. Un rictus acide lui a déformé le visage :

— Y avait une autre théorie à propos de Jack le pousseur… Certains disent qu'il y a quelques années, un étudiant serait tombé à la flotte après avoir trop bu. Pour le venger et punir ceux qui ne l'auraient pas raisonné à temps, le père de l'étudiant se serait mis à les pousser… Mais c'est encore une histoire pas vérifiée. N'est-ce pas, Albert Londres ?

Et il est retourné à son bricolage.

— Juste une autre question. Ton frère n'était pas membre de la confrérie des Bitards, par hasard ?

— Ce truc de gros machos, là ? Bien sûr que non !

— Ça existe toujours ?

— Oui, hélas… C'est bien un truc de franchouillards blancs qui ne devrait plus exister, pourtant.

— J'ai cru comprendre que c'était pas ton délire, effectivement.

En partant, je me suis attardé devant l'entrée de la fac pour revivre des souvenirs. Des jeunes de vingt ans allaient et venaient, discutaient, fumaient une clope. Beaucoup d'entre eux avaient adopté un style guérillero. Quelques punks androgynes aux cheveux rasés ou teints en vert se mêlaient à eux. À trente ans et quelques, je me sentais vieux et largué.

9

Au Nain vert

À Poitiers, le vent était souvent glacé. On aurait dit des coups de fouet que les plaines environnantes laissaient passer avec sadisme. Du temps de la fac, j'attrapais une bronchite à chaque automne, toujours pris en traître par la fin des températures estivales. La cigarette n'arrangeait rien et le médecin généraliste me disait même qu'elle servait de rampe de lancement efficace. Après mon agression, j'avais commencé à diminuer le tabagisme, passant d'une quinzaine de clopes à une demi-douzaine par jour. L'automne qui avait suivi, la bronchite s'était invitée à nouveau, plus forte que toutes les précédentes, peut-être parce que mes voies ORL avaient pris un coup. Au bout de trois jours de toux agressive, j'avais pris l'une des meilleures décisions de ma vie : en finir avec la clope. Je m'y suis tenu définitivement. Cette réussite, ce défi remporté m'a beaucoup aidé à reprendre confiance en moi, voire à prendre confiance pour la première fois.

Il n'empêche, je repensais à ces maux du passé en arpentant les petites rues du centre de Poitiers, en cette fin d'après-midi. J'ai dépassé l'immeuble des Cordeliers, principal centre commercial au cœur de la ville, et j'ai enfin trouvé le Nain vert. Dans une devanture tamisée, d'où s'échappait une lumière au jaune cinématographique, des figurines de fantasy, petits elfes et sorciers noirs, paradaient sur des étagères en bois. À côté, quelques boîtes de jeux de société appâtaient le client. À l'arrière-plan, protégés par d'autres étagères, des joueurs vivaient leur partie comme si le reste du monde n'existait pas, lançant les dés avec un sourire de jouissance sur les plateaux soigneusement dépliés. Que des mecs, zéro femme.

Je suis entré, la chaleur ambiante m'a aussitôt enveloppé. Un type de mon âge, un peu joufflu, un peu chauve, est venu à ma rencontre en parlant à voix basse pour ne déranger personne.

— Bienvenue.

— Merci. Je cherche Lucas.

— C'est moi, pourquoi ?

— Je suis journaliste à *L'Écho*. C'est le frère d'Adrien Mauly qui m'a conseillé de venir vous voir.

— Nico ? Pourquoi ?

— Je travaille sur la mort de son frère. J'essaie de savoir si l'enquête n'a pas été… bâclée.

Si sa bouche restait mi-close, ses yeux ne cessaient de s'écarquiller. On y discernait autant de surprise que d'angoisse.

— Attends… Suis-moi.

Il a contourné les trois tables occupées par des parties stratégiques où il était question de conquête de territoires et de chevaliers d'un monde fictif. Je l'ai suivi jusqu'à une sorte d'arrière-salle. On est passés d'une lumière tamisée à un clair-obscur. Des boîtes de jeux plus vieilles, démodées sans doute, s'entassaient dans cette petite pièce poussiéreuse. Au fond, cernée par les cartons, j'ai remarqué au dernier moment une figurine taille XXL, c'est-à-dire haute d'un mètre, représentant un elfe au visage caché sous une large capuche. À ma droite, un rideau rouge dissimulait je ne sais quoi.

— Qu'est-ce que tu entends par « enquête bâclée » ?

— Je ne sais pas encore… Certaines personnes ont l'air persuadées que ce n'est pas un accident.

— Ouais… C'est mon cas.

— Ah bon ?

— Enfin, j'aime pas trop en parler… Je peux voir ta carte de presse ?

Pas étonné, j'ai extirpé de mon portefeuille la preuve de ma profession. Il a fait des allers-retours entre ma photo imprimée et ma trogne, et a paru rassuré.

— Désolé, je suis méfiant. Parce que si c'est un crime, peut-être que le criminel est toujours là… Peut-être même parmi nous.

— Et tu as des hypothèses ?

Lucas a marqué deux secondes de réflexion. Dehors, le vent soufflait plus fort et se faufilait dans les conduits aériens, sifflant sa plainte jusqu'à nous.

— Si tous ces étudiants noyés ont été poussés par la même personne, alors ça ressemble à un rituel.

— Quel genre de rituel ?

— Je ne sais pas, un rite d'initiation… Pour rejoindre je ne sais quelle secte. Quelle organisation secrète.

Mon regard s'est égaré machinalement vers l'elfe immobile.

— À ce propos, ai-je demandé dans une fulgurance, tu connais les Bitards ?

— Oui… Je connais.

— Ça ressemble à une secte ?

— Non, a-t-il répondu du tac au tac. Bien sûr que non.

Il semblait embarrassé. J'ai compris aussitôt.

— Tu en fais partie ?

— Je ne suis plus étudiant depuis dix ans, mais oui, j'en ai fait partie. On faisait rien de mal.

— Tu as déjà participé aux chasses dans les bois de Ligugé ?

— C'est rien, ça, juste une sorte de chasse au trésor.

— Qu'est-ce qu'on gagne ?

— Rien. C'est pour le plaisir de jouer. On organise aussi des jeux de rôle ici, y a rien de mal…

— Des jeux de rôle avec des types qui se prennent au jeu et qui ne font plus la différence entre la réalité et la fiction ?

— Mais qu'est-ce que…

— Des jeux de rôle avec des rituels à accomplir ?

— Putain ! Tu me soupçonnes ou quoi ?

Il ne criait pas, pourtant sa phrase a résonné dans le cagibi. Le murmure provenant de la salle de jeux a diminué et m'a incité à baisser le ton. Je m'étais emballé.

— Pardon. Je cherche juste des hypothèses.

— Tu cherches dans la mauvaise direction, à mon avis…

— Des choses me font penser que les noyés connaissaient leur agresseur. Si ça se trouve, ils se connaissaient entre eux. Lisa Fournier, ça te dit quelque chose ?

— Non.

— Éric Angon ?

— Que dalle.

— Arthur Morello ?

— Toujours pas.

— Vincent Levin ?

— Attends… C'est le type qu'on a trouvé dans le Clain y a dix ans ?

— C'est ça.

— Ouais, j'ai toujours trouvé ça bizarre. Mais ils ne se connaissaient pas, j'en suis sûr.

Il a pris un air d'examinateur, comme s'il me sondait physiquement. Puis il s'est décidé :

— Il s'est passé un truc bizarre, cette nuit-là, en tout cas.

— C'est-à-dire ?

— J'avais beaucoup picolé aussi. Mais c'était pas la plus grosse cuite de ma vie. Juste une cuite parmi d'autres. Et pourtant, le lendemain matin… j'avais des trous de mémoire.

— Des trous de mémoire ? Tu avais oublié le déroulement de la soirée ?

— Pas le début, mais la fin oui. Black-out. Trou noir. Et j'avais un gros mal de tronche aussi…

— Pardon mais… tu avais pris de la drogue ?

— J'ai fumé quelques pétards, c'est tout.

— Et tu as bu quoi ?

— Plein de choses. Tu sais, c'était assez… chaleureux comme soirée. On se faisait passer des bouteilles, des rhums arrangés, des mélanges… Au bout d'un moment, tu ne sais plus ce que tu bois.

— Et tu penses que tu aurais pu être…

— Drogué à mon insu ? Bien sûr, j'y ai pensé. J'ai même cherché sur les vidéos de la soirée un truc bizarre… J'ai rien trouvé.

Il a continué à me sonder du coin de l'œil. Avant de s'incliner légèrement vers le rideau rouge pour l'ouvrir. Ce n'était pas l'anneau magique du *Seigneur des anneaux* qui se cachait ici, seulement une collection de vieilles cassettes vidéo. Il a fureté et a trouvé rapidement la dernière VHS de la pile, juste en bas. Il a procédé à un jeu d'adresse façon Mikado pour la prélever sans faire tomber les autres. Dessus, sur une étiquette, était écrit au feutre noir : *La Rochelle, octobre 2005*.

— Tu devrais jeter un œil à ça.

— Qu'est-ce que c'est ?

— Une vidéo tournée le soir où Adrien a disparu. Tu regarderas.

— C'est un jeu ?

— Non ! a-t-il coupé sèchement. Je te laisse voir. Peut-être que tu verras des choses qui m'ont échappé.

Lucas a troqué sa moue d'agacement contre une expression plus émue, la lueur floue de ses yeux scintillait dans la pénombre.

— C'était un chouette type… On était pas du même monde à la base, pourtant c'était un chouette type.

— Pas du même monde ?

— Non, c'était un peu un fils à papa, comme son frère. Mais il était assez ouvert d'esprit, plutôt bienveillant. Moi qu'étais tout timide, il avait fait un pas vers moi.

— D'accord. Et est-ce qu'il… buvait beaucoup ?

— Il fumait peut-être des trucs pas nets, ça arrivait. Attention, il ne se mettait pas ivre mort non plus. Il était plutôt sérieux. S'il avait survécu, il aurait bossé comme éducateur ou un truc comme ça… Dans les quartiers défavorisés.

— Je vois…

Un carillon a retenti, activé par l'ouverture de la boutique. Un nouveau joueur se pointait.

— N'hésite pas à revenir me voir, a-t-il dit en désignant la sortie d'un mouvement du corps.

Il ne me restait plus qu'à trouver un magnétoscope.

Adolescent, on m'avait raconté cette blague : l'histoire d'un rasta qui passe l'arme à gauche. Il se retrouve avec un énorme joint entre les mains et se croit au paradis. Avant de s'apercevoir qu'il n'a pas de briquet et qu'il est plutôt en enfer. Moi j'avais la cassette et pas le magnétoscope.

10

La Rochelle

Merde alors. Jack le pousseur sort le jeudi soir et fout à la flotte des étudiants. Il arrive à se fondre dans la masse, à croire qu'il connaît déjà ses victimes. Et en plus, il est capable d'annoncer des mois à l'avance (Lisa) à qui il va s'en prendre. Coquetterie supplémentaire : il chourave un objet à ses victimes. Sacré nœud pourri, me disais-je en roulant vers l'océan, tandis que la radio causait du dernier Festival de Cannes. Si j'étais plongé dans cette enquête, c'est parce qu'un type, il y a dix ans, était venu trouver Mernot pour lui parler de crimes en série : le père d'Arthur Morello, auteur d'un blog aux accents conspirationnistes. Le suivant en remontant la chronologie. Après avoir trouvé son numéro sur son blog, je lui ai téléphoné une première fois. Il a été froid, sarcastique. « Si un média s'intéresse enfin à cette injustice, tant mieux. » La diction était un peu laborieuse, les syllabes s'entrechoquaient, se chevauchaient, peut-être à cause de l'âge, et m'ont laissé un doute : avait-il bien prononcé

« média »… ou « merdia » ? La terminologie m'était, elle, familière : les commentaires d'internautes et les courriers de lecteurs en regorgeaient pour taper sur les journalistes, accusés d'être complices des puissants, de tous les pouvoirs, y compris les plus occultes, et de relayer de la désinformation au quotidien. Mauvais signe, mais sans doute avais-je mal saisi.

Comme je bossais un week-end sur deux, j'avais la possibilité de rattraper mes jours de repos en début de semaine. C'est donc sur mon temps personnel que j'ai fait le chemin pour rejoindre la campagne autour de La Rochelle où vivaient monsieur et madame Morello. En moins de deux heures de route, je suis passé des champs de blé aux tournesols puis aux maisons saumonées qui annonçaient l'Atlantique, des colonies d'éoliennes en arrière-plan. Vu de Poitiers, l'océan n'était qu'un voisin régional, la promesse de week-ends ensoleillés de temps en temps. Mais la grisaille poitevine paraissait déjà loin une fois parvenu à ces vieilles briques roses, ces murs brûlés par le soleil et ces parcs à huîtres. Seule la platitude du paysage marquait la continuité. Beaucoup d'étudiants venaient de ce coin, certains y revenaient après leurs études, parce que les vagues leur manquaient, d'autres attendraient sûrement très longtemps, voire le dernier moment de leur vie, pour reprendre la maison de leurs parents et couler des jours paisibles au milieu d'autres retraités de la côte.

L'adresse indiquée sur mon GPS se présentait sous la forme d'une belle villa typique, toit bleu, murs blancs, entourée de demeures suffisamment éloignées les unes des autres pour préserver l'intimité. Sitôt garé sur le bord de la route, je n'ai pas eu le temps de sonner que madame s'est présentée à moi. C'était une femme grande et blonde, la peau noircie par les rayons, peut-être solaires, pas souriante, et qui m'a toisé d'un air habité. Elle portait une longue robe bleu azur.

— C'est vous le journaliste ?

La voix était assez grave, bizarre, presque incantatoire.

— Oui, c'est moi, enchanté.

— Mon mari vous attend.

Elle a refermé derrière moi un portail grinçant puis m'a doublé pour me guider à l'intérieur. Il n'y avait aucun bruit sinon celui de nos pas sur le chemin de pierre bordé de tulipes et de roses trémières un peu fatiguées.

Au bout d'un couloir serti de miroirs et de petits secrétaires au cachet ancien, nous nous sommes retrouvés au milieu d'un grand salon où l'argent ne manquait pas, à l'inverse de la lumière. Des sofas blancs, une télévision grande comme un home cinéma, des bibliothèques débordant de livres et d'encyclopédies. Au milieu de la pièce, plongée dans la pénombre, un vieil homme m'attendait dans son fauteuil roulant, visage affaissé, regard sévère, cheveux gris épars. Il portait un polo à manches longues, peut-être aux couleurs du club de rugby local, je n'étais pas assez calé pour en être certain.

— Bonjour, ai-je dit.

— Bonjour, je vous propose rien à boire, j'ai pas beaucoup de temps.

— Oui, oui, je comprends.

— Asseyez-vous dans le canapé.

J'ai obtempéré en jetant à nouveau un coup d'œil autour, aux tableaux de maîtres accrochés et aux revues sur la table basse, des magazines de bricolage et de jardinage. Il y avait plus remarquable, cependant : cette étrange ambiance qui m'enveloppait. Les volets étaient fermés. Que voulait-on protéger ici ?

Monsieur Morello a saisi un carnet vert posé sur un guéridon à portée de main de son fauteuil. Il ne me quittait pas des yeux.

— Comment avez-vous entendu parler de mon fils ? J'avais l'impression d'être un accusé dans un tribunal en Iran.

— Vous avez contacté un collègue à moi, Mernot, il y a quelques années.

— Ce branleur… Il n'a jamais pissé une ligne sur mon fils.

Sa vulgarité était d'autant plus brutale qu'elle jaillissait de son bec avec un accent de bourgeois. Il avait du fric, et de l'éducation, sans doute, à l'origine, mais apparemment il avait gardé le premier et s'était débarrassé de la seconde.

— Il n'a pas pu, il est tombé malade.

— On a tous nos problèmes. Et pourquoi maintenant ?

— Je viens de revenir à Poitiers et j'ai décidé de reprendre de vieux dossiers. Je sais qu'il y a eu plusieurs noyades dans la région mais je…

— Des noyades, oui, disons plutôt des assassinats. Ces putains de la justice et de la police ne veulent pas dire le mot, mais moi je n'ai rien à perdre.

— Je suis prêt à tout entendre. Est-ce que vous pouvez m'en dire plus sur…

— Mon fils ne buvait pas une goutte d'alcool. Il était sérieux, mature et promis à un bel avenir. Il aurait dû être ingénieur ou entrepreneur, pas un cadavre avec la tête gonflée par le séjour dans l'eau.

J'aurais été prêt à rembourser un mois de salaire pour me sortir de cette prison. Derrière moi, la mère restait debout, immobile. Quelqu'un avait pressé le bouton « arrêt sur image » de la télécommande et elle ressemblait à un robot cassé. Peut-être qu'en le prenant par les sentiments, il se radoucirait.

— Parlez-moi de votre fils.

— Mon fils…

Il s'est interrompu. Je croyais qu'il regardait sa femme mais ses yeux se perdaient plutôt dans le vide.

— Arthur… était un peu rêveur. C'est vrai. On l'a élevé dans la discipline. Des parents laxistes diraient « à la dure ». Mais ça a lui permis de faire de belles études. Il n'aurait jamais voulu nous décevoir en se vautrant dans l'alcool ou la drogue. Jamais.

— Donc vous pensez qu'on l'a poussé ?

— Évidemment ! Au départ, j'ai cru qu'il avait été jeté à la flotte dans le cadre d'un obscur jeu à boire, par ses camarades, et qu'ils se protégeaient tous les uns les autres. Puis j'ai fini par me rendre à l'évidence. Ça vient de plus haut.

— Heu… C'est-à-dire ?

— L'enquête a été étouffée. Tout le monde a été corrompu. Le procureur qui a bouclé son enquête en quelques minables jours. Les flics qui n'ont évidemment pas cherché grand-chose. Et même les témoins…

— Il y a eu des témoins ?

— Ses copains de fac qui, comme par hasard, l'ont perdu de vue en un quart de seconde ? Qui peut croire à ça ? Ou bien cette petite saloperie de pêcheur.

— Un pêcheur ?

— Busard, qu'il s'appelle. Je trouve que le « ard » est en trop. C'est lui qui a découvert le corps… Mon cul, tiens. J'ai lu sa déposition, c'est un tissu d'âneries.

Chaque fois qu'il lâchait une obscénité, sa mâchoire se crispait et ses dents se serraient.

— Vous avez une hypothèse sur ce qu'il s'est vraiment passé ?

Il s'est esclaffé.

— Ça fait dix ans que je travaille dessus. À votre avis, j'ai passé une putain de décennie à me tourner les pouces ? Je ne suis pas journaliste, moi…

J'avais envie de lui répondre qu'il aurait pu me réserver un meilleur accueil puisque j'avais fait deux heures de route mais, règle numéro un, on parle toujours respectueusement aux parents d'une victime, règle numéro deux, on reste poli quand on n'est pas sûr de sortir d'un endroit en un seul morceau.

— Je peux connaître votre conviction, alors ?

— Vous n'aurez jamais les couilles de l'écrire, évidemment…

— Dites toujours.

— Demandez-vous quel intérêt les élus du coin ont à séquestrer un jeune homme bien portant, au physique avantageux… Demandez-vous quel profit ils peuvent en tirer.

— Je… Je ne comprends pas.

— Ouvrez les yeux, bon sang ! Tout le monde est corrompu, ici… Moi j'ai fréquenté quelques huiles au Rotary. Il y a des dangers publics parmi eux. Ils se cooptent. Ils font ce qu'ils veulent, sans jamais être inquiétés. Ils peuvent se livrer à leurs orgies avec leurs esclaves sexuels puis les bazarder à la mer quand ils s'en sont suffisamment servis.

Je ne m'attendais pas à une telle théorie et j'ai manqué d'inspiration pour enchaîner. Derrière moi, le robot cassé ne bougeait pas d'un cil.

— Mon fils a été sacrifié pour leurs saloperies…

— Et vous… vous avez des preuves ?

— Oui, j'ai des preuves.

— Dans le carnet que vous tenez ?

— Oui.

— Je peux le consulter ?

— Prenez-le.

Il me l'a tendu d'un geste à peine esquissé, un peu joueur. J'ai hésité trois secondes puis me suis décidé à me lever. Tout était trop bizarre, ici. J'avais l'impression que monsieur Morello pouvait à tout moment me porter un coup ou me sauter à la carotide comme un vampire. Mais non. Son regard a changé. Il y avait toujours cet air méprisant qui signifiait « Tu n'es qu'une merde », seulement la froideur s'était muée en une sorte de gourmandise. Il attendait la suite avec avidité, peut-être même avec plaisir. J'ai ouvert le carnet. Des photos de mutilations et de sévices étaient collées sur chacune des pages. Des corps masculins torturés, tirés dans tous les sens, rougis de sang, des visages plaintifs et des liquides multiples qui coulaient d'on ne sait quelle plaie.

— C'est quoi, cette horreur !

Ma voix oscillait entre la stupeur et une colère qui montait.

— Des images de partouzes qui virent au massacre… J'en ai trouvé plein sur Internet. Je suis sûr qu'ils ont fait ça à mon fils.

Je suis resté bloqué sur le visage du vieil homme, à présent suintant de sueur. Je me suis relevé d'un bond, j'ai jeté un coup d'œil vers sa femme. Blême, figée, gelée.

— J'en ai assez vu, merci.

— Tu vois, tu n'auras jamais les couilles de publier quoi que ce soit, a-t-il hurlé. Pauvre petite merde, dégage de ma maison. Salope ! Salope !

Il continuait à beugler alors que j'étais déjà dehors, flageolant de trouille. Devant la portière de ma voiture, je tremblais tellement que je n'ai pas réussi à attraper la clé dans ma poche. Mon cœur battait le tambour à m'en trouer le thorax. Certaines images de ces corps étaient si déformées que je ne savais même pas ce que je venais de voir.

— Monsieur…

J'ai sursauté. La mère, encore plus spectrale, se tenait devant la grille de son jardin. Sa poitrine entraperçue dans son léger décolleté paraissait brûlée mais c'était peut-être mon imagination.

— Je voulais juste vous dire…

Elle a marqué un silence, je n'avais ni le courage ni l'envie de la relancer.

— Notre fils était tout pour nous. Si vous trouvez qui l'a poussé à l'eau, je vous en supplie, dites-nous la vérité.

— Vous êtes sûr que votre mari est prêt à l'entendre ?

— Vous êtes notre dernière chance. Notre fils était un solitaire, il n'a même pas eu le temps de connaître l'amour… Mais s'il avait de mauvaises fréquentations, je vous en supplie, dites-le-nous.

— Je chercherai…

J'ai fini par trouver cette saloperie de clé. J'ai filé en chevrotant « Au revoir madame ». En démarrant, j'ai jeté un dernier regard dans mon rétroviseur. Plantée au milieu de ses roses trémières, elle avait l'air d'un épouvantail.

11

Au port

Il me fallait la douceur du port de La Rochelle pour redescendre après cette montée d'angoisse. J'ai d'abord démarré sans savoir où aller, juste pour fuir cette maison de l'horreur, lorsque, en chemin, j'ai pensé qu'il était dommage de ne pas observer la « scène de crime ».

Le quai pavé sentait déjà l'été. La tour de la Chaîne, forteresse de pierre en forme de grosse poivrière tournée vers le lointain maritime, dominait les lieux depuis des siècles. Amarrés, des petits bateaux de plaisance me donnaient une vague envie de poisson en terrasse. Envie qui disparaissait dès que je repensais aux photos atroces de corps suppliciés.

Selon ce que j'avais lu sur Internet, c'était là que le fils Morello avait passé sa dernière soirée. Comme Adrien Mauly, sept mois plus tard. Le port était un endroit festif, j'imaginais sans peine des grappes d'étudiants et d'étudiantes éméchés commencer leur soirée ici ou la terminer sur un air de rêverie devant les embarcations bleu et blanc. Sans doute certains devaient jouer aux cons en grimpant dans l'un de ces joujous pour retraités amateurs de houle tranquille et peut-être parfois y avait-il quelques incidents. Mais, sans verser dans la théorie du complot de notables dégénérés, la mort de Morello demeurait étrange et sa disparition avant réapparition sous forme de cadavre gonflé par l'océan posait deux ou trois questions.

J'ai laissé mon regard dériver vers les rafiots. C'était le concours Lépine du nom le plus kitsch. *Le Magnifique*, *L'Invincible*, *Le Brise-Flots*. Là, certains s'affairaient à nouer une corde ou à remplir un thermos ; ici, d'autres revenaient d'une escapade, le teint hâlé et les cheveux à peine mouillés. Plus loin, on proposait pour vingt-cinq euros un tour au fort Boyard. J'ai longé le quai pavé en rêvant d'un café. La farandole de noms de baptême se poursuivait : *Le Redoutable*. *L'Aigle*. *Le Busard*.

Le Busard ? Je connaissais ce nom. Certes, c'était un rapace qu'on imaginait plus au-dessus des forêts poitevines qu'en compagnie des mouettes, mais c'était aussi…

Le visage du vieux Morello m'est revenu en tête. Busard. C'est le nom qu'il avait prononcé.

J'ai d'abord vu un homme de dos, cheveu court et clairsemé, gris-blanc, qui vérifiait son matériel de pêche. Matériel perfectionné, avec de multiples cylindres et un fil solide comme une chaîne de vélo enroulé autour d'une canne. À coup sûr, c'était un vrai passionné, pas un plaisancier du dimanche. Busard, qui avait raconté un « tissu d'âneries ». Les mots du père Morello sifflaient à mes oreilles.

— Monsieur Busard ?

Le pêcheur s'est tourné vers moi, les yeux mi-clos, ébloui par le face-à-face avec le soleil.

— Ouais ?

— C'est votre nom ?

— Ben ouais. Et aussi celui de mon bateau. Pourquoi ?

— Je vous cherchais… Je suis journaliste. On peut se parler ?

— Ben c'est ce qu'on est en train de faire, non ?

Je me suis penché sur le bord du quai pour être à sa hauteur.

— Vous avez témoigné dans une affaire il y a dix ans. Un étudiant retrouvé noyé dans le port.

— Ah ouais, je me souviens, oui. Vous allez déterrer ce vieux dossier ?

— C'est plutôt repêcher, en l'occurrence, non ?

— Ah, ça… Et pourquoi donc ? Y a du nouveau ?

— Je veux juste en savoir plus. C'est vous qui l'avez trouvé ?

Derrière moi, un mendiant trop jeune pour mendier a commencé à chanter « Stairway to Heaven » à la guitare.

Ouais, c'est moi. À peu près ici, d'ailleurs, a-t-il dit en pointant son index vers l'eau.

— Ah ? Vous croyez qu'il a essayé de grimper à bord de votre bateau ?

— Oh, je sais pas, est-ce qu'il savait seulement ce qu'il était en train de faire ?

— Pourquoi vous dites ça ?

— Il devait pas être dans son état normal…

— Son père dit qu'il ne buvait jamais.

— Ah ah… son père ! Il est venu me trouver à l'époque, comme vous aujourd'hui. Il tenait absolument à me faire dire que j'avais été payé par je ne sais qui pour couvrir je ne sais quoi…

— Oui. La mort de son fils a dû le démolir.

Le vieux marin a posé sa canne à pêche pour se rouler une cigarette. Il m'a jaugé un peu, a dû me trouver sympathique puisqu'il s'est laissé aller à la confidence.

— J'aurais pas aimé être à sa place, c'est sûr… C'était un notable du coin, apparemment, je crois qu'il était dentiste… Il a complètement vrillé après.

— Quand vous avez découvert le corps, il y a quelque chose qui vous a marqué ?

— Ben découvrir le corps, déjà. Moi, j'avais jamais vu de cadavre avant.

— Il avait la tête un peu gonflée ?

— Pas tant que ça. À mon avis, il était là depuis deux jours. Le corps s'était coincé sous le bateau.

— Vous voulez dire qu'on l'a coincé sous le bateau ?

— Je suis sûr que non.

— Et qu'est-ce qui vous fait dire qu'il n'était pas dans son état normal ?

— Je le tiens d'un flic que je connais et qui a fait les constatations.

Il a tiré une bouffée de sa cigarette fine et la fumée s'est perdue dans les vapeurs d'eau. Puis il a dirigé sa main gauche vers son bras droit, index et pouce relevés, pour mimer une piqûre.

— Le gars se camait. Il y avait la trace sur son bras.

Je l'ai regardé sans rien dire, digérant l'information.

— Les fils de bonne famille… C'est pas toujours les plus équilibrés, a-t-il ajouté.

12

Retour au Ness

Avril 2004 : Vincent Levin → Poitiers. Sortie de bar. Ivre. Kidnappé.

Septembre 2004 : Éric Angon → Poitiers.

Mars 2005 : Arthur Morello → La Rochelle. Drogue.

Octobre 2005 : Adrien Mauly → La Rochelle. Connaissait son kidnappeur ?

Mars 2006 : Lisa Fournier → Poitiers. « Quelqu'un me veut du mal. » Ligotée.

La drogue. Voilà un point commun possible. Vincent Levin sniffait de la coke pour performer à la salle de sport et en soirée. Enivré d'échapper à l'autorité de son père facho, Morello se piquait. Lisa Fournier avait probablement basculé dans la marginalité en fuguant. Au moins trois sur cinq étaient de bons clients. Fournis chez le même dealeur ? J'y pensais matin, midi et soir. Et plus encore la nuit. J'échafaudais mille hypothèses. À l'évidence, ces jeunes disparaissaient quelques heures avant d'être retrouvés noyés. Comme s'ils s'évaporaient. Que se passait-il pendant ce laps de temps ?

Évidemment, le tout-venant des petits faits divers au boulot paraissait fade à côté et, à chaque minute de libre, je griffonnais ces mêmes mots sur une feuille, obsessionnel.

— Je sais pas ce que tu fais mais ça a l'air hyper captivant…

Les mots prononcés par la voix basse et grave de ma collègue de bureau, Clara, ont perturbé ma séance de trituration de neurones. De l'ordinateur d'en face où elle faisait quelques recherches avant de partir en reportage, elle me surveillait du coin de l'œil.

— C'est captivant, oui…

— C'est quoi, ce sujet qui t'accapare tant ?

Il était hors de question que Suzy découvre l'idée fixe qui me rongeait. Je l'imaginais déjà me faire la leçon, m'accuser de me détourner des tâches quotidiennes et de faire passer mes lubies avant l'intérêt du journal. Les beaux yeux verts de Clara ne devaient pas me corrompre.

— C'est rien, je fais juste ma note de frais.

— Ah bon.

Elle paraissait déçue mais, même si mon ego aurait préféré briller à ses yeux, ma raison m'ordonnait de la jouer fine. Et discrète. J'avais des coups de fil à passer pour retracer le parcours des « noyés » et un endroit me semblait indiqué pour téléphoner discrètement, le « bocal », petite pièce vitrée isolée de l'open space où, dix ans plus tôt, l'ex-chef Salzer m'avait reçu en entretien d'embauche. Cinq minutes plus tard, je m'y abritais, muni d'un calepin et d'un stylo.

Les Pages blanches, de Poitiers à La Rochelle, m'avaient largement aidé pour glaner plusieurs numéros. C'était assez galère : en pleine journée, les téléphones fixes sonnaient souvent dans le vide ou alors il s'agissait d'un homonyme. J'avais aussi peur de me faire envoyer balader tout en éprouvant un sentiment de culpabilité : quelle était ma légitimité pour remuer le couteau dans la plaie d'un père ou d'une sœur qui ne voyait peut-être pas de tueur en série derrière la mort d'un gosse de vingt ans mais juste la cruelle absurdité d'un accident de beuverie ?

J'avais réussi à atteindre au moins un proche de chaque étudiant, il manquait le cas Éric Angon à ma liste. Il avait disparu à Poitiers en septembre 2004, après avoir quitté une soirée entre amis. Deux jours plus tard, un joggeur apercevait son corps dans le Clain.

J'ai trouvé le numéro d'une certaine Alice Angon, probablement sa sœur. Au téléphone, elle a d'abord paru suspicieuse avant de se radoucir rapidement. J'ai usé de ma technique habituelle en prenant une voix désolée et en tournant autour du pot, presque en m'excusant de revenir sur ce drame. Elle me parlait avec un timbre enveloppant, une diction si délicate que j'aurais pu l'écouter des heures durant, me laissant bercer. Cette quasi-quadragénaire vivait dans un village en périphérie de Poitiers où elle était instit'.

— Je comprends votre travail, pas mal de gens m'ont contactée en pensant que la mort de mon frère fait partie d'une série de crimes.

Contrairement à d'autres interlocuteurs, elle se montrait tempérée dans ses réponses, ni opposée à la thèse criminelle ni partisane. Son frère était mort après une soirée entre amis, dans un appartement pas loin de l'hôtel de ville. Selon le récit de ses potes, à 4 heures du mat', il avait quitté la soirée, fatigué. Il devait marcher quarante minutes pour rejoindre son studio, sur le campus, en passant sur le Pont-Neuf, au-dessus du Clain. C'est là qu'on avait retrouvé son corps. L'enquête avait conclu à une chute accidentelle.

— Je ne vous dirai pas que mon frère avait une excellente hygiène de vie, il aimait faire la fête, a-t-elle précisé avec franchise. Il aurait pu effectivement basculer par-dessus bord, trop éméché. Ou trop drogué.

— Il était consommateur ?

— Moi j'en savais rien... J'avais gardé l'image de mon petit frère, un peu espiègle, qui faisait des canulars au téléphone, mais plutôt sage, compte tenu de l'éducation bourgeoise de nos parents. À l'adolescence, il est devenu de plus en plus geek, on s'est un peu perdus de vue. Mais les flics m'ont dit qu'il avait consommé pas mal de drogue. Beaucoup, même.

— Et l'enquête vous a paru sérieuse ?

— Je ne sais pas... Ils ont fait une autopsie, interrogé quelques copains à lui. Il n'y avait pas de vidéosurveillance, pas grand-chose à creuser.

Elle a marqué un temps puis a embrayé d'un ton plus soucieux :

— En revanche, un témoignage m'a laissé une impression bizarre.

J'ai tendu l'oreille et incliné le crayon.

— Il y avait un camarade de sa promo à qui j'ai parlé. Il m'a dit qu'au cours de cette même soirée, mais je ne sais plus si c'était en y allant ou en partant, il s'était fait emmerder par un mec dans la rue qui voulait lui fournir des prods'.

— C'est quoi des prods' ?

— Des produits. De la drogue.

— Ah bon ? Et je peux le retrouver, ce camarade de promo ?

— Oui, il s'appelle Alex. Il est serveur au Ness maintenant.

Le pub qu'avait fui Vincent Levin avant de disparaître. La coïncidence avait un goût d'étrange, quoique le monde de la nuit de Poitiers ne soit pas immense. À peine ai-je raccroché que je me suis fixé une date pour rencontrer cet Alex : le soir même. En sortant du « bocal », j'ai découvert que Clara n'avait pas pu se retenir. Penchée au-dessus de mon bureau, elle déchiffrait la liste des « noyés » que j'avais oublié de dissimuler.

— Je te dérange pas ?

— Oh pardon…

Elle a regagné aussitôt sa place, le visage empourpré.

— T'es pas gênée, toi.

— Désolée. Je cherchais une agrafeuse et je suis tombée sur cette feuille.

L'excuse était aussi crédible que mon histoire de note de frais. Deux minutes de silence plus tard, elle est revenue à la charge :

— C'est une affaire criminelle ?

— Ça a l'air de t'intéresser…

— Y a des noms qui me disent quelque chose.

J'ai relevé la tête. C'était tout à fait le genre de fille que j'aurais aimé séduire habituellement, sans forcément y parvenir, mais depuis mon retour à Poitiers j'avais les idées ailleurs. Je n'avais même pas remarqué jusque-là qu'elle avait teint sa mèche d'une autre couleur : après le mauve, le rouge.

— Tu as entendu parler des noyés du Clain ?

— Ah c'est ça, ton histoire…

— Reste discrète là-dessus. Je fais ça sur mon temps perso.

— J'ai entendu parler de choses mais, franchement, j'y crois pas du tout.

— Tu ne crois pas à quoi ?

— Au trafic d'organes. Ces types étaient juste saouls.

— Ah oui… Le trafic d'organes… Et Jack le pousseur, ça te dit quelque chose ?

Elle a éclaté de rire.

— C'est le nom de tueur en série le plus ridicule que j'aie jamais entendu ! D'ailleurs, quand tu vois le niveau du Clain, qui est ridiculement bas, c'est au diapason.

Elle n'avait pas forcément tort.

Le soir, je suis parvenu à surmonter une fatigue passagère doublée d'une couche de découragement : on était jeudi, ce qui était synonyme de soirée étudiante. Comme chaque semaine, les bars de Poitiers devenaient noirs de monde, les bûcheurs des campus quittant la périphérie pour rallier les lieux les plus courus de la ville avant de finir en boîte. La date était encore plus particulière puisqu'elle marquait la fin de l'année universitaire et des partiels – et donc de la pression accumulée lors des révisions. Autant dire que le moment était mal choisi pour s'entretenir au calme avec un éventuel témoin. Mais l'envie de savoir était plus forte que la peur de la foule. D'autant que je n'avais jamais remis les pieds au Ness depuis la mort de Vincent Levin.

C'est à lui que je pensais en arrivant sur la petite place de la Liberté où la statue éponyme hissait toujours sa flamme – transformée en lampe. En entrant dans l'établissement, j'avais l'impression d'être un cow-boy dans un saloon. Il était 20 heures et le pub était déjà pris d'assaut, une musique irlandaise égalant les décibels des conversations des clients. Sous une lumière tamisée, des grappes de jeunes se chauffaient pour la nuit la plus blanche de l'année, la dernière, en vidant des bocks giclant de mousse blonde. Au comptoir, un gros molosse d'une cinquantaine d'années, crâne rasé, tee-shirt noir imprimé d'un emblème de bikers, scrutait l'alcoolémie de son assistance comme l'efficacité de ses employés. Il y aurait de la viande saoule ce soir.

Je me suis frayé un chemin jusqu'au zinc, me suis faufilé entre deux épaules déjà moites. Deux jeunes serveurs carburaient dans la machinerie à l'odeur de houblon mais aucun n'avait l'âge d'Éric Angon. Le boss m'a remarqué aussitôt.

— C'est vous le patron ?

— Ouais, c'est moi, a-t-il confirmé sans desserrer la mâchoire.

— Je cherche Alex.

— Qu'est-ce que tu lui veux ?

— C'est à propos d'une vieille histoire qui concerne un type qu'il a connu…

— Rien à foutre des vieilles histoires. Si tu viens ici, c'est pour consommer, pas pour emmerder mes serveurs.

Il n'y avait rien à espérer de sa part. On m'avait déjà parlé d'une bande de skins qui cognait les étudiants antifas à Poitiers, je l'imaginais très bien en vétéran de la cause.

— Alors, je vais prendre une pinte de blonde. Affligem.

Sans se presser, il a empoigné un large verre et l'a rempli avant de le poser devant moi.

— Cinq euros.

À côté de moi, d'autres clients jouaient des coudes, impatients de passer à la pinte suivante. Je me suis dégagé du comptoir pour échapper à la claustrophobie. J'ai entrepris un tour des lieux à la recherche d'une table où m'installer pour observer la scène. Plus aucun tabouret n'était disponible. Quelques jolies filles se laissaient séduire çà et là, un doigt s'entortillant dans une boucle blonde, un rire aigu transperçant la ballade irlandaise, une main effleurant un bras. Je me sentais vieux. Il n'y avait là que des étudiants avides de vivre ce que je n'avais jamais vécu : la fête que leur permettait leur jeunesse.

Mes gorgées de bière s'enchaînaient, trop rapides et trop généreuses. Je suis passé dans l'arrière-salle : un billard central rassemblait un groupe de copains tandis qu'au fond, à droite, d'autres se livraient à une compétition de fléchettes. Toujours aucune chaise de libre. Je me suis rangé dos au mur, en témoin discret d'une beuverie générale. Pas un seul autre trentenaire ne traînait ses premiers cheveux blancs ici, pas d'Alex à la ronde. Il me restait à imaginer Vincent Levin débouler là dans sa dernière soirée étudiante, onze ans plus tôt, fumasse après avoir découvert que son ex-petite amie le trouvait nul au pieu. Vincent aurait pu être là, parmi ces as du tapis et de la carambole.

D'ailleurs, il était là.

Juste derrière moi.

Accrochées au mur, de multiples photos figeaient le souvenir d'anciennes soirées du Ness. C'était manifestement une coutume depuis des lustres (ou depuis quinze ans, selon la date du plus ancien cliché encadré) : le patron ou ses employés immortalisaient les groupes d'amis pour un album souvenir public. Des dizaines de sourires, d'yeux brillants et de joues rosies s'alignaient, cinq mètres sur deux, l'année de la soirée inscrite sous chaque photo. À la date de 2003 figurait une photo de cinq potes : j'en reconnaissais deux, Vincent Levin et son copain haltérophile Thomas. Ce sont ses cheveux peroxydés qui ont attiré mon regard. Il était tel que je l'imaginais depuis le départ : sûr de lui, hilare, entouré de gars dans son genre, bien baraqués.

CHLAK.

Une fléchette m'a frôlé l'oreille.

— Te mets pas dans la trajectoire, Ducon !

Un rouquin athlétique d'une vingtaine d'années me beuglait dessus après avoir failli me transformer en Van Gogh. Je me suis reculé sans moufter mais le trio de joueurs continuait à me dévisager.

— C'est bon, c'est bon.

— Allez casse-toi, là, t'iras mater des photos d'étudiantes ailleurs…

J'ai piqué un fard, je suis sorti de l'arrière-salle sans demander mon reste. L'une des jolies filles repérées plus tôt riait de bon cœur avec ces grosses brutes.

— Il a déjà pris des fléchettes en pleine gueule, apparemment ! a embrayé un second couteau, hilare.

Ce n'était plus la peine de rester dans le coin. J'ai posé mon verre vide sur un bout de comptoir puis j'ai déguerpi. À la sortie du pub, dix mètres devant moi, la statue de la Liberté ne parvenait pas à m'éclaircir les idées.

— C'est dur de servir des cons.

Une voix a résonné dans mon dos. Suivie d'un bruit de seau d'eau renversé. Un employé vidait une cuve dans une bouche d'égout encastrée dans un bout de trottoir. Une fois sa tâche achevée, il m'a lancé le premier regard potable de la soirée.

— Surtout quand ils ont trop bu, ai-je répondu. Il m'a souri.

— T'as pas une clope ?

— Non, j'ai arrêté y a dix ans.

— Félicitations.

C'était un grand échalas, le cheveu court, mais rien à voir avec les skinheads. Plutôt du genre « Rasez-moi la boule pour dix euros, j'ai plus un sac en poche ». Être serveur à vingt ans n'était pas une sinécure mais à trente, comme lui, c'était potentiellement une purge.

— Tu me cherchais, non ? a-t-il dit, l'œil curieux.

— Tu es Alex ?

— Ouais. En chair et en os. Qu'est-ce que je peux faire pour toi ?

— Je viens de la part d'Alice Angon.

— Ah… Je vois… C'est à propos de son frère.

— Exactement.

Je lui ai tendu une main amicale qu'il a serrée avec chaleur.

— Je suis journaliste…

— Il y a du nouveau ?

— Je ne sais pas. Tu l'as bien connu ?

— Bien sûr. On était dans la même promo.

— Par hasard, tu n'aurais pas été aussi dans la même soirée ?

— Tu parles du soir de sa disparition ? Oui, j'étais là. C'était plutôt une soirée sympa, mais un peu trop masculine à mon goût… Faut dire qu'à l'époque, on sortait surtout entre nous, on allait chez l'un ou chez l'autre. Moi j'étais déjà fauché, donc ça m'arrangeait…

— Il était fêtard, Éric Angon ?

— C'était pas le dernier, oui. Il était comme moi, sauf pour le compte en banque. Étudiant, célibataire. Sympa. Je me souviens qu'il voulait développer des jeux vidéo. Moi aussi. Comme tu peux le voir, aucun de nous deux n'y est arrivé, mais lui a une meilleure excuse.

— Vous faisiez la fête avec les Bitards aussi ?

— Ah, les Bitards… C'était plus pour le folklore, ça. On était plutôt des timides à la base, c'était un bon moyen de s'intégrer dans la vie étudiante. On pensait aussi qu'on pouvait rencontrer des meufs mais ça n'a jamais marché…

Comme moi, Alex gardait à la trentaine les stigmates cratérisés d'une acné adolescente. Comme moi, et surtout s'il avait plutôt un cursus scientifique, un petit malin du fond de la classe avait dû le surnommer « la calculette ».

— C'était une soirée Bitards, le soir de sa disparition ?

— Non, non, juste une soirée entre nous. On avait pas mal bu. Logiquement, on aurait dû rentrer ensemble, on habitait tous les deux sur le campus. Mais j'étais fatigué, je suis parti avant.

— Il est rentré tout seul, à ta connaissance ?

— Oui, tous les potes m'ont dit qu'il était parti une heure après, sur les coups de 4 heures du mat'. Tu penses bien qu'on s'est refait le film cent fois…

— Et qu'est-ce que vous vous êtes dit ?

— Qu'il avait trop picolé. Le Pont-Neuf était sur son chemin. Il était un peu excité ce soir-là, en plus.

— Ah bon ? Pourquoi ?

— Je pense qu'il en avait marre de pas avoir de meuf. Il arrêtait pas de répéter : « Faut que je baise, faut que je baise. »

— Et il avait un rencard ?

— Non. Il était plutôt beau gosse mais timide, renfermé. Ses parents étaient friqués, dentistes tous les deux, et le couvaient trop. Il n'avait pas eu de meuf depuis un moment, à mon avis.

— D'accord. Et quand il est parti, il a dit quelque chose de spécial ?

— Non, il donnait juste l'impression d'en avoir marre des soirées entre couilles.

Alex me regardait avec impuissance, le seau pendant au bout de son bras ballant.

— La sœur d'Éric m'a dit que tu t'étais fait emmerder ce soir-là…

— Ah, elle s'en souvenait ! Qu'est-ce qu'elle t'a dit ?

— Qu'un type t'avait proposé de la drogue avec insistance.

— Ah non, elle se trompe. Je crois pas avoir dit « un type ». J'ai dit « quelqu'un ». En l'occurrence, c'était une fille. C'était à 3 heures du mat'. Je rentrais chez moi, j'ai traversé la place d'Armes. Cette fille m'a abordé, elle avait l'air… bizarre.

— Bizarre comment ?

— On aurait dit qu'elle me faisait du gringue. Pourtant, t'as vu ma gueule, je suis pas Brad Pitt. Qu'une fille me fasse du gringue en pleine nuit, comme ça toute seule, c'était presque trop beau.

— Qu'est-ce qu'elle t'a dit exactement ?

— Pas grand-chose, juste « Bonsoir, tu vas bien ? Tu rentres seul ? »

— Elle ressemblait à quoi ?

— Elle avait des cheveux teints en rouge. Et un truc louche, je crois qu'elle cachait des bleus sous ses tifs. Enfin, c'était rapide, j'ai pas bien vu. En tout cas, j'avais l'impression de l'avoir déjà vue avant.

— Où ça ?

— Ah, si je savais… J'avais bu, en plus c'était y a dix ans. Mes souvenirs sont flous. Ensuite, elle m'a proposé de la drogue. De la MDMA. Des ecstas, quoi. Ça expliquait peut-être pourquoi elle m'a abordé. Ou peut-être pas.

— Qu'est-ce que tu veux dire ?

— J'en sais rien. On aurait dit qu'elle cherchait juste une… un prétexte.

Le patron-skin a surgi subitement du Ness en empoignant un jeune client pour le dégager. Le mec a valsé sur la placette avant de tomber sur les fesses.

— Allez, fous-moi le camp !

Le temps de reprendre ses esprits, son gros bide se bombant et se rétractant sous l'essoufflement, le boss a toisé Alex.

— Je te paie pas pour faire la causette !

— J'arrive, j'arrive, a-t-il répondu, la face renfrognée par la vexation, tandis que le crâne rasé était déjà rentré. Bon, faut que je te laisse…

— Juste une dernière question. Tu penses qu'Éric Angon a pu tomber sur cette fille, lui aussi ?

— J'en suis persuadé… C'était le même chemin… Et en plus, je pense qu'il était davantage… corruptible que moi. Allez, à la prochaine !

Derrière moi, le vidé a dégueulé tripes et boyaux sur la dalle. Sale soirée pour lui.

Je n'étais qu'à quelques mètres de mon lit mais je n'avais pas envie de rentrer. J'ai erré dans les ruelles jusqu'à l'église Notre-Dame puis j'ai descendu la Grand-Rue, longue artère piquant vers le Clain. Arrivé au Pont-Neuf, j'ai plongé mon regard en contrebas. Le ruissellement continu, l'air frais qui s'en échappait m'aérait les neurones. Je me suis perdu dans ses eaux hypnotiques. Il y avait peut-être des voix qui montaient de sa berge mais que le torrent couvrait. Ou peut-être n'était-ce qu'une hallucination auditive. J'ai tendu l'oreille pour m'en assurer.

— Hep !

J'ai sursauté. L'interpellation ne venait pas des profondeurs mais du pont, à quinze mètres de moi. Un jeune type, visage anguleux à moitié dissimulé par une cagoule, est venu à ma hauteur.

— Tu veux être ma pute ? Tu veux être ma pute ?

Tétanisé par la surprise, je n'ai pas répondu. J'ai filé en direction du centre-ville.

— Tu veux être ma pute ? a-t-il répété avec insistance.

Je suis rentré chez moi, la tête farcie de toutes ces informations et encore imbibé de bière. Une dealeuse de drogue aux cheveux rouges quand Éric Angon disparaît. Une prostituée rouquine à la gare quand Vincent Levin s'évapore. Ce serait elle la pousseuse ?

Lisa Fournier avait dit à Audrey : « Quelqu'un me veut du mal. » Mais c'était peut-être bien : quelqu'une.

J'ai avalé un somnifère avant d'éteindre la lumière. Le toubib m'avait dit d'éviter de prendre un comprimé lorsque j'avais trop bu mais que, dans le pire de cas, ça ne pouvait pas me tuer. Dont acte. Je ne travaillais pas le lendemain puisque je devais bénéficier d'un jour de récup après un week-end de permanence. J'imaginais donc une grasse matinée réparatrice même si, de temps en temps, un voisin avait la fâcheuse idée d'entamer des travaux à coups de marteau dès 8 heures du matin. Mais ce ne sont pas des coups contre un mur qui m'ont réveillé à 8 heures le lendemain. C'est l'appel du commissaire Delmans.

— On a retrouvé ton agresseur.

13

L'agresseur

Le commissaire avait grimpé d'un étage et son bureau s'était agrandi. Trop d'espace à gérer pour lui : ici, tout était en fouillis, mal rangé, les feuilles débordaient des chemises. Une odeur de clope froide planait comme dans un vieux bistrot des années 1990. Derrière lui, accrochés aux murs, quelques articles de *L'Écho* encadrés relataient de grosses affaires bouclées par la police judiciaire : une bande de voleurs à la roulotte arrêtée, un homicide élucidé (un type avait tué sa petite amie), un braqueur sous les verrous. J'ai remarqué aussi les photos de ses gosses, avec dix années de plus : les deux lui ressemblaient, avec leurs joues rondes et leurs cheveux noirs.

Le patron des flics n'avait pas meilleure mine que moi, ses cernes grisâtres réclamaient des vacances et un pan de chemise fripé s'échappait de son costume repassé. Mais s'il m'avait accueilli en slip et marcel, la même adrénaline aurait pulsé dans mes veines. En coinçant mon agresseur, ils avaient peut-être coincé le tueur de Vincent Levin. Voire Jack le pousseur. D'ailleurs, au fond de son fauteuil en cuir, son sourire roulait des mécaniques.

— Alors… Le grand jour est peut-être arrivé ?

— À vous de me le dire.

Il s'est pourléché la lèvre inférieure avant de développer :

— Voilà le topo. On a pété un type hier soir, dans le quartier de la gare. Le gus était en train de s'introduire dans un bureau de tabac pour se faire la caisse. Ça n'a pas été très difficile de le choper, le type est un putain de déchet, son foie doit ressembler à un crapaud mort dans une cloche à fromage.

— C'est un junkie ?

— Un clodo. Depuis à peu près Mathusalem. Un type qui erre de ville en ville en faisant la manche, en passant d'une gare à l'autre.

— Et qui est donc déjà passé par Poitiers ?

— Difficile de recouper les dates avec lui. Mais il ne nie pas avoir passé pas mal de temps ici, y a de ça dix piges à peu près.

— Donc ça colle.

— Ça colle d'autant plus que quand on l'a interpellé, il portait une chevalière au majeur.

Delmans a laissé passer un train de silence pour mieux ménager ses effets. J'avais le triomphe amer. Quand j'avais porté plainte, onze ans plus tôt, suivant les conseils insistants de Mernot, mon souvenir des initiales gravées sur la bague avait laissé ce même flic dubitatif. À le croire, j'aurais imaginé ce détail, trop obsédé par l'affaire Vincent Levin.

Quoi qu'il en soit, l'heure n'était pas au règlement de comptes. Le commissaire s'est levé et a poursuivi son laïus en faisant les cent pas devant la fenêtre donnant sur le parking de la police.

— Une chevalière avec les initiales VL. Autant te dire que le type est devenu d'un coup vachement plus intéressant que le sac à vinasse qu'il avait l'air d'être… Je ne veux pas te donner de faux espoirs… Concernant ta plainte, c'est trop vieux, il y a prescription. On ne peut plus rien faire. Par contre, concernant Vincent Levin, on n'a toujours pas refermé le dossier. On a fait quelques actes par-ci, par-là entre-temps, on n'a jamais laissé tomber…

— Vous étiez sur des pistes ?

— Plusieurs. Soyons franc : ça ne donnait rien du tout. On a croisé le dossier avec des affaires de braquage ou de vol avec violence dans la région. Et même avec une bande de skins, vu que Vincent avait quelques traits vaguement indiens. Que dalle.

— Et le clodo, il a quel profil ?

— C'est grâce à l'évolution de la science et de nos moyens qu'on a pu faire ces recoupements. Il y a eu des progrès dans les techniques d'identification et de comparaison ADN en dix ans mais, dans le cas de Vincent, son corps a séjourné trop longtemps dans l'eau. À croire que son tueur avait le nez fin… Balancer un corps à deux pas du centre-ville en pleine flotte, c'est assez dingue. Aujourd'hui, avec la vidéosurveillance, ce genre de petit malin ne tiendrait pas quarante-huit heures en liberté. À l'époque, c'était différent…

— Finalement, la chance vous a souri, donc ?

— Je suis prudent. C'est un début de chance.

Après son petit tour de piste, il a gagné son bureau, comme si sa chorégraphie était pensée à l'avance, et il a posé la main sur une chemise beige, en haut de la pile.

— Le mec jure qu'il n'y est pour rien. Il avait vaguement entendu parler d'un meurtre à l'époque, mais il ne connaissait pas le nom de la victime.

Il a pioché dans la chemise pour en extraire le procès-verbal des déclarations du suspect. Il se tordait le nez pour ne pas me les lire : je n'étais pas qu'une victime ou un témoin, j'étais aussi un journaliste. Le document lui servait surtout à ne pas dire de bêtises.

— Alors voilà… Il prétend qu'il dormait dans des squats à l'époque. Des squats où gravitaient des types dans son genre. C'est là qu'il aurait trouvé la bague. Sur le coup, il s'est dit que ça lui servirait comme un coup-de-poing américain si quelqu'un lui cherchait des noises.

— Ah oui ? Je me rappelle pas lui avoir cherché de noises.

— On lui a demandé s'il s'en était déjà servi. Il dit que non. Mais on n'est pas obligé de le croire.

— Il m'avait volé mes tranquillisants. Est-ce qu'on a aussi retrouvé des tranquillisants sur lui ?

— On a retrouvé quelques substances, oui. En revanche tes tranquillisants, il les avait boulottés, depuis le temps.

— Vous l'avez trouvé, ce squat ? C'était cet immeuble à côté de la gare ?

— Non. Dans celui-ci, on n'avait retrouvé que des seringues de toxico et des bouteilles… Et un squelette il y a quelques jours, donc.

— Il pourrait être impliqué dans l'affaire de ce squelette ?

— Tout est possible. On va continuer à l'interroger.

— Et dans le squat où il a trouvé la bague, y avait qui ? Des toxicos ?

— On cherche, il donne des indications, c'est pas simple mais je suis confiant : on le retrouvera. Des squats à Poitiers, il n'y en avait pas cinq cents. Et concernant les occupants… Il décrit plusieurs personnes mais il y a en deux qu'il décrit avec plus de… d'intérêt, disons.

— Qui ?

Il a fiché son regard dans le mien. Son attitude avait quelque chose de plus sincère, de moins matamore. Du reste, il ne m'était pas antipathique.

— Mernot m'a tressé tes louanges, je veux te faire confiance. Ce que je te dis ici ne doit pas être utilisé dans tes articles. Pas encore, en tout cas. C'est important pour ne pas nuire aux investigations…

— Vous avez ma parole.

— Vraiment, Simon. C'est très important. Je veux résoudre cette enquête.

— Je comprends, je vous assure, vous pouvez me faire confiance.

Il a gambergé une seconde puis a saisi à nouveau le procès-verbal. Il l'a lu avec moins d'effets, plus de rapidité :

— Il parle d'un couple bizarre qui fournissait des produits à l'intérieur du squat. Un couple qui lui foutait la trouille, le type avait la réputation d'un ultraviolent. À tel point qu'ils le surnommaient le Diablo… Et crois-moi, pour qu'un type soit surnommé le Diablo dans ce petit milieu, il faut des arguments.

— Est-ce qu'il a donné d'autres détails sur eux ?

— Non, sinon que la fille avait des cheveux rouges… Attends, je t'extrais des détails dans la logorrhée du type. Il faut être prudent parce que son discours est complètement décousu. Un coup, il parle d'une bague, un autre coup d'une boucle d'oreille. Il est tellement à la ramasse qu'il ne sait même plus quel âge il a !

— Est-ce que la fille aux cheveux rouges dealait de la MDMA ?

Il m'a regardé d'un air d'abord surpris, puis réprobateur.

— Tu as mené ta petite enquête, n'est-ce pas ?

— Non, non.

— Simon. Tu es journaliste, je suis flic. En bon élève de Mernot, je sais que tu as ça dans le sang, laisse-moi pourtant te donner un conseil. Chacun fait son boulot et les journalistes ne doivent pas se prendre pour des flics. Y a eu quelques affaires ailleurs en France qui ont montré que quand on pétait plus haut que son cul, on pouvait provoquer de grosses catastrophes.

— Pas de problème, commissaire…

Déstabilisé, je n'osais lui parler des autres disparitions, de Jack le pousseur et des mille autres théories qui hantaient mon esprit.

— Si je t'ai fait venir là, ce n'est pas pour aider ta petite enquête mais parce que j'ai un espoir. Que tu reconnaisses ce type.

— Franchement, je veux bien essayer mais j'ai rien vu de lui.

La nausée est montée alors que je tentais de rassembler mes souvenirs.

« *Qu'est-ce que t'as sur toi, fils de pute ?* »

La voix tonnait encore dans mon esprit.

— Je ne vais pas te proposer un tapissage, on est hors procédure. Et avec la gueule qu'il a, il ressortirait forcément… J'ai des flics dans un sale état mais ils ne font pas le poids à côté. Alors autant aller droit au but… Il est dans la pièce d'à côté.

J'ai blêmi. L'odeur, la voix, le poing dans la figure : tout remontait à la surface.

— Vous voulez me confronter à lui ?

— Non. Il ne te verra pas. Je veux juste que tu plonges dans tes souvenirs et que tu me dises si sa face de cul t'évoque quelque chose.

— Je l'ai pas vu. Je n'ai jamais vu sa tête.

— Tant pis. On essaie juste. On ne sait jamais.

Il s'est relevé, déterminé pour deux. Je n'avais pas le choix. Il m'a guidé hors de son bureau vers la pièce d'à côté. L'adrénaline et l'angoisse mijotaient dans mes veines en un cocktail qu'aucun pub de Poitiers n'aurait accepté de servir. Il a ouvert la porte ; la pièce suivante, vide et étroite, était plongée dans la pénombre. Une large baie vitrée donnait sur une salle d'audition.

— C'est une vitre sans tain, il ne peut pas te voir, a murmuré Delmans.

Au milieu de l'espace, comme une bête de foire dans une cage, une grande masse se tenait recroquevillée sur une chaise et respirait fort comme un buffle. Il ne portait qu'un pull informe vert sombre et un vieux pantalon, un bleu de travail, déchiré au niveau du genou droit. Prostré ou à bout de forces. Sous nos yeux, il s'est relevé lentement. Une barbe blanche hirsute mangeait le bas de son visage. Des kystes tirant sur le violet colonisaient son crâne largement chauve, où survivaient encore des touffes de cheveux gris. Son visage vieilli prématurément se perdait sous les stries, les rides et les poches lourdes de fatigue et de rue. Je lui donnais cinquante ans mais sans doute avait-il moins. Ce qui m'a le plus frappé, ce sont ses mains, épaisses, massives, disproportionnées. S'il restait de la force dans ce corps, c'est là qu'elle s'était retranchée.

— Est-ce que ça pourrait être lui ? m'a demandé Delmans après m'avoir laissé du temps.

Je voulais répondre « Je ne sais pas ». Ma bouche a soufflé :

— Oui.

14

Squat

Deux heures plus tard, j'avais eu le temps d'avaler un jambon-fromage dans une petite sandwicherie à deux pas du commissariat. J'avais oublié mon mal de tronche et me sentais d'attaque pour aller creuser les mots-clés que j'avais enregistrés ce matin dans un coin de mon crâne embrumé. Mes notes griffonnées sur mon calepin pointaient toutes vers la même direction. J'ai pris celle du campus, sans trop réfléchir, pour une nouvelle visite au prof de théâtre anar. Il n'avait pas bougé de sa bâche. Ce n'est pas un vélo qui l'occupait cette fois mais la relecture d'un tract avec d'autres étudiants « guérilleros ». À dix mètres, il m'a vu arriver et a froncé les sourcils, hérissés comme les mâchicoulis d'un château fort. En guise de bonjour, il a lâché :

— Encore toi ?

J'ai tenté cette fois d'être moins rentre-dedans et plus coulant.

— J'avance un peu dans mon enquête, je ne veux pas te déranger, j'en ai juste pour une minute.

Il a marmonné trois mots à ses acolytes avant de s'éloigner de la bâche, j'ai eu à peine le temps de remarquer le titre du tract : « Contre le racisme et l'islamophobie », puis j'ai surtout tâché d'éviter les laitues à mes pieds.

— J'ai une question à te poser… Est-ce que ton frère partageait les mêmes idées politiques que toi ?

— De quoi ? De quelles idées tu parles ?

— Un peu… Comment tu dis… anarchiste ?

— On ne dit pas, on agit. Je ne vois pas le rapport avec sa disparition mais oui, on partageait les mêmes idées.

— Ça veut dire qu'il traînait dans des squats ?

— Drôle de question… Ça a pu lui arriver, je le fliquais pas !

— Tu as dit, l'autre jour, que t'étais persuadé qu'il connaissait son éventuel agresseur. Est-ce que tu sais dans quels squats il traînait ?

— Je sais pas, ça dépend de ce que t'entends par squats…

Je n'étais pas complètement nul sur le sujet : dans l'Est, j'avais déjà couvert des manifestations pour le droit au logement. On y retrouvait guérilleros et migrants, les uns pour des raisons politiques, les autres pour des questions de survie.

— Dans les squats, y a un peu de tout, non ? Des militants ? Des sans-papiers ?

— Des réfugiés, oui, c'est comme ça qu'on se débrouille pour leur fournir un toit. On réquisitionne des logements inoccupés. Mais je ne vois pas le rap…

— Où sont les squats à Poitiers ?

— Quoi ? Tu veux le petit guide illustré des lieux autogérés ? Compte pas sur moi.

— Y en a vers la gare ?

— Peut-être.

— Est-ce qu'il y a aussi des sans-abri ? Des SDF ?

— T'es journaliste, tu sais bien que la question du mal logement concerne…

— Et des toxicos ?

— Attends, j'emploie pas ce terme, moi. C'est un terme qui stigmatise…

— Je ne stigmatise rien du tout, je vais à l'essentiel. Est-ce qu'on peut fournir des prods' aussi dans les squats ?

— J'aime pas tes questions de flic. J'ai pas envie de te répondre.

Derrière lui, ses collègues aux tee-shirts noirs flairaient l'embrouille et commençaient à se rapprocher pour intervenir au cas où. Mon temps était compté.

— Promis, j'en ai pour trente secondes. Dis-moi ce que tu penses de mon hypothèse. Suppose que ton frangin ait traîné dans ces squats, pour des raisons qui lui appartiennent et que je ne juge pas. Il a pu faire connaissance de gens louches, des vendeurs de prods' peut-être. S'il les connaissait déjà, il les aurait plus facilement suivis en les croisant sur un quai, à La Rochelle.

Il n'ouvrait plus la bouche, visage fermé et impassible. Mais il n'en perdait pas une miette.

— Et s'il les a suivis facilement, peut-être que personne n'a rien remarqué. Pas d'esclandre, pas de problème, ni vu ni connu. La drogue, c'est le point commun de quasiment tous les disparus.

Brusquement, il a perdu son sang-froid. Son bras a agrippé le mien et sa bouche s'est tordue sous l'effet de la colère.

— Écoute-moi, le journaflic. Si t'écris dans ton torche-cul que mon frère était un toxico, comme tu dis, je te colle un procès. Je connais mes droits. C'est bien clair ?

— Je ne l'écrirai pas. Je ne bosse pas contre les victimes.

— Je te fais aucune confiance. Viens plus m'emmerder ici.

J'avais sans doute perdu un contact utile mais pas mon temps. Au fond, tout s'articulait entre ces trois lieux : le campus, les bords du Clain et la gare. Trois territoires connectés ou plutôt trois niveaux. Je ne dirai pas paradis, enfer et purgatoire : aucun des trois n'était un jardin d'Éden. Les étudiants évoluaient sur le campus. Quand sonnait l'heure de la fête, de la détente, de l'ouverture au monde, ils basculaient dans le centre-ville. Et quand la détente devenait descente, quand la débauche tournait mal, c'était la chute vers la gare, le carrefour des errants et des mendiants. Là où je devais à présent aller.

Le quartier de la gare n'était pas si grand et même si aucun squat ne comporte de drapeau pour se signaler aux passants, quelques indices devaient me permettre d'en localiser un sans trop de difficulté. Derrière la gare, en direction de Nantes, on trouvait un alignement de béton encastré dans la roche calcaire, d'abord des garages puis des maisons de ville, dont on ignorait s'ils étaient occupés ou désaffectés. J'ai ralenti et détaillé le décor, le regard braqué sur les trottoirs, à la recherche d'une trace de vie. C'est le A du symbole « anarchiste » qui a capté mon attention. Il figurait dans un cercle sur une tôle posée comme une protection le long de la route. Derrière se dressait une grande maison abandonnée, haute d'un étage et construite comme un paquebot. J'ai discerné des silhouettes au balcon. Je me suis garé quelques dizaines de mètres plus loin et suis revenu en arrière à pas de loup. Dans ce quartier périphérique où les habitants ne devaient pas rouler sur l'or, notamment parce que le bruit du train leur servait de bande-son quotidienne, la maison constituait une anomalie. Ne serait-ce que par son architecture, comme si on avait empilé plusieurs formes : un grand rectangle central, un toit triangulaire et un balcon sphérique. Sur celui-ci, quatre hommes mi-guérilleros mi-clodos liquidaient quelques bières en parlant d'une voix criarde. J'ai pris une démarche de touriste, mains dans les poches et nez au vent, pour ne pas être remarqué.

Des parois de tôle, recouvertes de tag artistiques, qui représentaient des visages tourmentés, des chaînes qu'il fallait briser, encerclaient la baraque jusqu'au grillage central, dévoré par la rouille, haut de trois mètres infranchissables. On avait bricolé une sonnette, fixée sur une tige de fer avec un fil de barbelé.

Plus loin, au bout du terrain entourant le bâtiment, deux fourgonnettes jadis blanches, aujourd'hui beiges crasseuses, prenaient la poussière.

Que dire et comment se présenter ? Il devait y avoir des clébards derrière cette frontière, des malinois prêts à me bouffer les mollets. Je doutais que la profession de journaliste soit plus populaire ici que dans le jardin partagé. Mais c'était dommage de reculer si près du but. Je commençais à me dire qu'il fallait la jouer franc jeu en approchant mon doigt du digicode de bric et de broc quand j'ai aperçu, à vingt mètres droit devant moi, derrière la grille, un type d'une trentaine d'années qui devait être autant anarchiste que moi royaliste. Grand maigre, sweat à capuche beaucoup trop large pour épouser son corps dégingandé et barbe inégalement fournie, il planait dans les herbes folles.

— Excuse-moi.

J'ai répété trois fois, de plus en plus fort. Il a fini par s'apercevoir de ma présence.

— Ouais ?

— Tu squattes ici depuis longtemps ?

— Heu ben non, moi chuis arrivé le mois dernier.

Il avait une voix de gentil couillon, molle et ahurie.

— Ah, d'accord… Tu peux peut-être m'aider. Est-ce que tu sais qui est le plus ancien squatteur des lieux ?

— Oh ben alors là…

Et il a ponctué sa réponse d'un bruit de bouche, pareil à un ballon en train de se dégonfler.

— Ou alors le plus vieux ?

— Ben je connais pas l'âge de tout l' monde…

— D'accord. Vous êtes combien par là ?

— Ben ça dépend, aujourd'hui on est dix, la semaine dernière on était vingt. Ça va, ça vient.

— Tu crois que tu pourrais me faire entrer ?

— Ben heu… J'ai pas trop le droit… Faut connaître du monde, d'abord.

Comme il avait l'air malléable, j'ai insisté un peu.

— Je connais déjà du monde, je suis allé sur le squat du campus, le jardin partagé. Y a un mec qui m'a dit de me pointer ici.

— Ah… Ben je sais pas si ça suffit… Ici, ils ont vachement peur des flics…

— J'ai une tête de flic ?

Mon sourire se crispait et je surveillais le périmètre du coin de l'œil. Il a émis un rire nigaud.

— Je sais pas…

— Pourquoi ils ont peur des flics ?

— Ben… Y a quelques prods'.

Une idée honteuse m'est venue subitement :

— Moi aussi, j'ai des prods'…

Ses yeux se sont écarquillés, sa bouche s'est entrouverte.

— T'as quoi ? a-t-il murmuré, d'une voix à peine plus forte que le bruissement des herbes folles agitées par le vent.

— Zolpidem, ai-je dit, tandis qu'une goutte de sueur courait le long de mon échine.

J'avais toujours deux comprimés de somnifère sur moi, au cas où je serais obligé de découcher.

— Vingt milligrammes ?

— Non, dix. Mais j'en ai deux. T'en prends ?

— Ouais.

J'ai baissé à mon tour la voix :

— Si tu me fais entrer, je te file les deux.

Il a roulé sa langue dans sa bouche, formant une protubérance sur sa joue droite.

— T'es sûr que tu connais du monde ici ?

— Sûr. Et je reste dix minutes, grand max.

Il a marqué dix secondes supplémentaires de flottement, s'est assuré d'un regard fébrile que personne autour ne le surprenait en faute. Puis, sans ajouter un mot, il a ouvert la grille dans un grincement trop aigu qui lui a fait serrer les dents. À peine ai-je posé un pied sur ce territoire clandestin que je lui ai offert les deux Zolpidem. Deux nuits de sommeil en moins pour moi, c'était le tarif. La petite pilule faisait tourner la tête comme un gros joint si on luttait contre le sommeil.

— Moi, c'est Simon. Et toi ?

— Benji, a-t-il répondu dans un souffle, avant de tourner les talons vers les camionnettes.

J'ai pris la direction de ce manoir fantôme. Mon cœur battait à m'en faire des hématomes sur la poitrine. De la maison montaient les vibrations d'une musique électrostone, la rumeur d'une conversation polyphonique et des chocs de bouteilles de verre. Que faire, maintenant ? Débarquer à l'intérieur, surgir au milieu d'un groupe dont je ne savais rien ?

Le temps de trouver une stratégie, j'ai longé la maison, accroupi, pour ne pas que ma tête dépasse des fenêtres. Au bout de dix mètres, je me suis immobilisé : un type aux cheveux longs se soulageait contre la tôle bordant le terrain, dos à la baraque. Demi-tour. Un bruit de branche cassée m'a pétrifié : je venais de faire un faux pas. Aussitôt, le mec, la trentaine, s'est retourné.

— Hey ! T'es qui toi ?

Aussi méfiant qu'agressif. Il a rangé son bazar et a bondi face à moi. Son gabarit n'avait rien d'impressionnant mais le gus semblait alerte. J'ai sorti les premiers mots qui me sont passés par la tête :

— Salut, je... Je découvre l'endroit, je suis nouveau.

— Ah ouais, t'es venu avec qui ?

— Heu... avec Benji !

— Quoi ? Benji se permet de ramener du monde ?

Il n'était plus qu'à dix centimètres de mon visage, je sentais son haleine de fumeur de roulées.

— Je cherche pas d'embrouille… Je suis à la fac, on m'a parlé d'ici au jardin partagé.

— T'es schmitt ou quoi ?

— Bien sûr que non ! Est-ce que j'ai une tête de…

— T'as une tête de je-sais-pas-quoi. Et ces temps-ci, on se méfie des têtes comme ça.

— Ah bon ? Pourquoi ?

— Un peu trop de schmitts qui rôdent et de compas qui tombent.

— Des compas ?

— T'es d'où ?

— J'ai déjà vécu à Poitiers y a une dizaine d'années mais je connaissais pas ce squat à l'époque.

— Sans doute parce qu'il existait pas. Tu cherches quoi ?

— Je sais pas… Je me disais que je pouvais retrouver de vieilles connaissances. Tu connais des gens qui étaient à Poitiers y a dix ans ?

— Elle est bizarre ta question.

— Si je pose problème, je me tire…

— Benji !

Derrière moi, mon hôte involontaire avait fait sa réapparition, pas de bol.

— C'est toi qui l'as ramené ?

— Heu, ouais, c'est un pote, t'inquiète, y a pas de malaise.

— Putain, Benji, tu peux pas faire ça ! Y a des règles, ici, merde.

— Il voulait juste passer une minute.

— OK, OK, a répondu le chevelu d'un œil toujours inquisiteur.

J'en étais quitte à bon compte, il valait mieux partir.

— Maintenant que t'es là, on va te présenter.

— Je veux pas déranger…

Trop tard. D'une main faussement amicale, le Heineken Piss m'a guidé vers la maison. On est entrés dans un couloir au plafond si haut qu'il donnait l'impression de pénétrer dans un monastère. Sauf que l'ambiance y était moins catholique. Sur les murs, des bordées d'affiches, de graffs, de slogans ne souhaitaient pas la bienvenue. « Sauve la planète, suicide-toi », conseillait le tag le plus imposant. La main pressante m'a poussé vers la première porte à gauche. Je me suis retrouvé dans une semi-pénombre, face à une meute de personnes affalées sur des canapés défoncés, dans une odeur de tabac, de shit et de renfermé. À leurs pieds, une palette de bois retournée supportait une vingtaine de bières. Une dizaine de paires d'yeux rougis se sont braquées sur moi. L'assemblée se composait majoritairement de jeunes guérilleros, vêtements sombres, pantalons amples, sweats à capuche, barbe rebelle. Un pétard presque fini passait d'une main à l'autre. Une femme au crâne rasé se tenait à l'extrémité droite de la banquette calée contre le mur, avec un malinois à ses pieds. Tout à fait à ma gauche, une lucarne ouvrait vers le jardin et les fourgonnettes, dans un coin cuisine américaine que délimitait ce qui avait été un bar au temps où l'endroit n'était pas encore un squat. Un homme, dans le même style que les autres, la tête recouverte par un sweat à capuche, se chauffait un thé noir. De l'autre côté, plus à l'écart, deux mecs d'une quarantaine d'années au visage buriné, probablement originaires d'un pays du Sud, dormaient sur des matelas à même le sol poisseux. Eux n'avaient pas l'air de militants alternatifs, plutôt de vagabonds.

— Salut.

Une voix calme a résonné dans le groupe. C'était un homme d'une trentaine d'années au centre de la banquette.

— T'es qui ? a-t-il demandé d'un ton presque goguenard.

J'avais envie de me pisser dessus.

— Si… Simon.

Les autres sont restés impassibles, visages de granit.

— Quel bon vent t'amène, Simon ?

— J'veux pas déranger. Je viens de revenir sur Poitiers. Je visite.

L'homme a arboré le sourire le plus faux qu'il m'ait été donné de voir dans ma vie, sur le point de s'achever peut-être.

— Et comment tu as entendu parler d'Amytiville ?

Tiens, le nom d'un film de maison hantée. Plutôt bien trouvé.

— On m'en a parlé au jardin partagé.

— Ah oui ? Tu connais du monde au jardin partagé ?

— Oui… Je suis venu y réparer mon vélo.

— Et donc, c'est là que tu as rencontré Benji ? est intervenu le pisseur à crinière.

— Ouais, c'est ça.

Derrière moi, Benji ne disait plus un mot, il semblait s'être dissous comme un tranquillisant sous une langue.

— C'est un bon truc, le jardin partagé, a enchaîné le petit malin du canapé. C'est un bon gars qui s'en occupe la plupart du temps. Le type avec des lunettes, là…

— Oui, c'est vrai.

— Comment il s'appelle déjà ?

Je sentais le piège se refermer sur moi. Mais il a apporté lui-même la réponse : Dany.

— Ouais, Dany.

— Simon cherche des squatteux qui auraient pu être à Poitiers y a dix ans, a précisé le chevelu.

Le groupe était toujours silencieux, seul le son électro ronronnait dans le vide. J'ai surpris un regard insistant dirigé vers le type au thé noir, dans le coin cuisine.

— C'est-à-dire qu'on en connaissait un, a soufflé le meneur. Mais il s'est fait serrer par les schmitts hier.

J'ai pensé spontanément au débris que j'avais entraperçu au commissariat. Mon agresseur.

— Ah bon ? C'est qui ?

— C'est bizarre, non ?

Ma gorge séchait comme un désert avant l'apocalypse. L'inspiration se tarissait.

— Coïncidence ! s'est brusquement exclamé mon interrogateur en se levant de son siège.

Le ton calme et mielleux était derrière nous. Il m'a fixé droit dans les yeux.

— Y a pas de Dany au jardin partagé.

Mon cœur a dégringolé jusque dans mes entrailles.

— Lâche le chien, Nadia.

La jeune femme au crâne rasé a crié quelques mots dans une langue incompréhensible. Le malinois a bondi sur moi en aboyant, les crocs prêts à mordre. Ma dernière heure était arrivée dans ce squat pourri. Dire que je n'avais pas rendu visite à mes parents depuis deux mois. Terrifié, j'ai voulu m'enfuir mais j'ai glissé sur ce sol de pierre et je suis tombé. Le molosse a grogné à quelques centimètres de ma carotide. Malgré moi, j'ai laissé échapper un cri comme un appel au secours :

— Il va me bouffer !

— Ça suffit !

Une voix rauque et énervée a résonné par-dessus la mienne. Une silhouette obscure s'est dressée en contre-plongée et une main ferme a attrapé le chien par la peau du cou. C'était le type au thé noir. Les aboiements ont cessé, le cerbère a abdiqué. On n'entendait plus que la musique électro. Je ne m'étais même pas rendu compte que j'avais laissé échapper quelques gouttes d'urine dans mon pantalon. Du fond de la pièce, une voix féminine a objecté :

— C'est bon, il est dressé pour faire peur, il l'aurait pas bouffé…

Mon sauveur anonyme n'a rien répondu et est reparti vers le coin cuisine. Le chefaillon, son autorité remise en question, n'était plus mielleux du tout, juste hargneux, la voix grondant derrière les dents serrées :

— Allez, qu'il se casse, le schmitt… Casse-toi.

Sous le choc, je peinais à déchiffrer la situation. Dans leur coin, les deux étrangers n'osaient pas bouger, blêmes et pas désireux de choisir leur camp. Au bout d'un long moment de flottement, je me suis relevé. Hagard, j'ai regardé autour de moi. Benji tremblait comme une feuille, une feuille vidée de sa sève, à voir son teint cadavérique. Mon sauveur était retourné à sa pénombre sans que je discerne son visage. Les autres me fusillaient des yeux. Demi-tour, j'ai passé la porte, penaud, la démarche chancelante. Les pulsations anarchiques de mon cœur propulsaient comme du Mister Freeze dans mes veines. Puis ce fut un torrent jaillissant de mes entrailles : j'ai vomi sur le bas-côté.

15

La cassette

Même à trente ans passés, après une émotion forte, j'éprouvais encore le besoin de chercher le réconfort maternel. La perspective de finir sous les crocs d'un cabot m'avait mis à cran.

Le temps n'avait pas épargné mon village. En une décennie, il avait tant rétréci qu'il avait fusionné avec la commune voisine. En parcourant sa rue principale, plutôt joliment fleurie en ce mois de mai, je pouvais apercevoir l'école primaire où j'avais appris les tables de multiplication et le nom des océans, mais celle-ci était réduite à deux classes, l'une pour la maternelle, l'autre pour le primaire. Quelques pas plus loin, l'épicerie du village avait en revanche ressuscité. Une fille venue de la région parisienne avec son compagnon avait eu la bonne idée de reprendre le commerce. Mes parents se méfiaient d'elle, se demandaient si elle n'allait pas ramener à la longue des gens moins fréquentables, fumeurs d'herbe et communautaires. Il n'y avait pourtant pas que du mauvais : une partie de leurs potes avait rouvert une salle de spectacle pour enfants dans des décors de vieille usine reconstituée. Ça ne plaisait pas à mon père qui trouvait que ces gens-là aimaient le décorum industriel, mais sans les ouvriers – « Si j'y allais, j'aurais l'impression d'être un bibelot dans un musée », avait-il commenté quelques mois plus tôt. Et puis ils voulaient ouvrir leur propre école Montessori au risque de faire couler la dernière école publique du coin. Ça aussi, ça tourmentait.

Ma mère m'a accueilli à bras ouverts, ses cheveux gris ondulant sur la monture de ses lunettes. La moustache de mon père avait aussi blanchi et ses gestes s'étaient alourdis.

En prenant un thé à la cannelle dans le petit salon, assis à la table basse, je n'ai rien laissé percer de mon trouble – l'efficacité des somnifères avait encore baissé d'un cran après mon intrusion dans le squat ; ma mère a malgré tout remarqué ma mine pâlotte et a tenté une question :

— Tu n'es pas trop fatigué ? Tu dois beaucoup bosser en ce moment.

— Non, t'inquiète pas, tout se passe bien.

Elle a changé de sujet, m'a parlé de la vie du hameau, des soucis de santé d'une voisine, du nouveau maire pas assez disponible, de la chaudière qu'il fallait changer. Le week-end est passé vite, trop vite, à peine le temps de poser mes bagages et de prendre vraiment des nouvelles de mes parents. Le soir, tous les trois, on a regardé l'émission de Patrick Sébastien sur France 2 ; mon père s'est endormi sur le canapé au numéro de la femme coupée en trois tandis que ma mère luttait contre le sommeil pour profiter de ma présence ; ses paupières lourdes la trahissaient en s'effondrant à intervalles réguliers. Vers 23 heures, chacun est allé se coucher. Dans mon lit une place, je ne trouvais pas le sommeil.

Des images me revenaient comme des flashs. Des flashs au sens photographique du terme : le temps que les images illuminent mon cerveau, le détail manquant apparaissait en filigrane. La maison de monsieur Morello, plongée dans l'obscurité. Celle de monsieur Fournier avec la photo de sa gosse. Qu'avais-je manqué dans ce décor ?

Une idée m'est venue, comme une illumination dans le noir. Je me suis relevé et j'ai tâtonné dans la chambre jusqu'à ma valise. À l'intérieur, ensevelie sous mes chaussettes et mes tee-shirts, m'attendait la cassette vidéo. Celle que m'avait refilée Lucas, le patron du Nain vert. À Poitiers, mon vieux vidéoclub avait baissé le rideau pour de bon. Mais sous le toit parental, il me restait une chance de dégoter un magnétoscope, à condition de réussir à m'introduire dans l'antre de mon père.

J'ai ouvert la porte sur la pointe des gonds, sans éviter un léger grincement. Puis j'ai flotté jusqu'au fond du couloir. Une fois devant le bureau, j'ai senti ma main cramponnée à la cassette devenir moite, le souvenir de ma dernière visite me piquait le cœur. Jamais plus je n'avais remis le sujet sur la table. Jamais plus mon père n'y avait fait allusion. Une décennie s'était écoulée sans soulever le voile posé sur le tabou familial. Et voilà que les exigences de l'enquête m'imposaient d'y replonger. J'ai baissé tout doucement la poignée. Je m'attendais à ce que la porte soit verrouillée. Même pas. Comme si mon père ne voulait plus se cacher.

Je suis entré. Une odeur de renfermé m'a pris à la gorge, la pièce n'avait pas dû être aérée depuis des mois et des mois. J'ai allumé la lampe de mon téléphone pour éclairer l'espace. Les montagnes de paperasse culminaient encore plus haut qu'avant. Les Post-it collés sur le papier peint se chevauchaient pour grignoter le moindre centimètre carré. Seuls deux nouveaux objets étaient apparus dans cette caverne : un petit escabeau de trois marches pour attraper les dossiers les plus haut perchés et un imposant ordinateur blanc, pas du dernier cri.

Pas le temps de s'attarder. Je me suis pressé vers le magnétoscope qui m'attendait dans un coin. Pourvu qu'il fonctionne encore. J'ai introduit la cassette dans sa bouche poussiéreuse, allumé l'écran de télévision. De fines bandes bleues et vertes ont d'abord strié l'image avant qu'elle ne se stabilise. J'ai pressé la touche « lecture ».

Des cris m'ont fait sursauter. J'ai baissé le son aussi vite que possible. Le film s'ouvrait sur une grappe d'étudiants parlant fort en agitant des bouteilles de rhum arrangé ou quelque chose dans le genre, à moitié vides. Dans le coin inférieur gauche est apparue la date du tournage, *13 octobre 2005, 23 h 30*. Le jour de la disparition d'Adrien Mauly.

« En direct du port de La Rochelle, avec Chris, Eddy et David. »

Le caméraman, aviné, commentait en butant sur les consonnes. Dans son objectif, trois jeunes hommes se tenaient par les épaules et s'embrassaient sur les joues. Leurs yeux brillants, leurs voix criardes et leur façon de se tenir, cahin-caha, ne mentaient pas : ils avaient déjà dégommé le seuil légal. Guère plus frais, le caméraman zoomait et dézoomait sans peut-être s'en rendre compte.

— On va finir par attraper le mal de mer.

La voix ne venait pas du téléviseur mais du fond de la pièce. Mon père s'était relevé. La mine renfrognée, comme une expression d'autodéfense vis-à-vis de mes reproches, il se tenait dans l'entrebâillement de la porte.

— Je… J'arrivais pas à dormir et fallait que je regarde une vidéo.

Sans un mot de plus, il s'est approché. Fixant son regard sur l'image pour m'éviter. Il a plissé les lèvres puis a dit :

— Tu enquêtes ?

— Oui…

Il a marqué un temps, peut-être pour réfléchir, peut-être par timidité.

— C'est qui ?

— Des étudiants qui font la fête. En 2005. Un soir où l'un d'entre eux a disparu.

— Disparu… Évaporé ?

— Évaporé puis retrouvé noyé dans le port de La Rochelle.

Visage impassible, il a fait un pas de plus vers moi.

— Vas-y. Continue.

Dans la nuit, en suspens dans le temps, entre deux époques, celle que nous vivions et celle qui s'affichait à l'écran, j'ai ressenti une soudaine bouffée de tendresse pour mon père. Une trêve. J'ai à nouveau pressé la touche « lecture ».

Les plans larges dévoilaient le port de La Rochelle, avec les bateaux à l'arrière. Le ciel luisait d'étoiles et le pavé d'une foule colorée. C'était une soirée d'« intégration », comprendre soirée de grosse cuite, comme il y en a chaque année. Le trio houblonné déambulait et le metteur en scène les suivait dans une tentative de travelling arrière artisanal. D'autres jeunes discutaient autour, buvaient, un peu plus de garçons que de filles. Les tee-shirts trop larges et les pantalons baggy me rappelaient les années 2000. Certains faisaient un coucou à la caméra, d'autres n'y accordaient aucune attention, absorbés par leur conversation. Brusquement, le plan s'arrêtait pour en laisser un autre. Montage brut. Même décor, toujours cet extérieur nuit portuaire, et mêmes acteurs. À chaque nouvelle coupure, les heures s'affichaient, on avançait doucement dans la nuit. 23 h 41. 23 h 57. 0 h 10. J'ai reconnu le patron du club de jeux de société, le Nain vert, avec dix ans de moins, les golfes beaucoup moins creusés, le visage moins rond et les frisettes rajeunies. On vieillit tous.

— On s'emmerde un peu, dans ton film, est intervenu mon père derrière moi.

Je craignais que la projection ne vire à l'interminable quand un nouveau cadrage a fait apparaître Adrien Mauly. Je l'ai reconnu d'après la photo de l'avis de décès trouvé dans les archives de *L'Écho*. Mais aussi parce que le caméraman l'appelait par son diminutif :

« Alors Adri, tu passes une bonne soirée ?

— Superbe. »

— C'est lui, ai-je dit à mon paternel, très concentré, si j'en jugeais son regard perçant.

Mauly avait l'air mal à l'aise et ses réponses aux questions pénibles de l'interlocuteur hors champ ne dépassaient jamais trois mots. Il était plus baraqué que ce que j'avais imaginé et je visualisais mieux le sportif que son frangin anar m'avait décrit. J'essayais surtout de discerner la bouteille qu'il avait à la main, mais elle était le plus souvent hors champ, et floue le reste du temps.

— Il est défoncé, a commenté mon père.

C'était vrai, ses yeux brillaient.

— Il s'exprime mieux que les autres, je trouve…

— Ouais. Sans doute parce qu'il a avalé des substances et moins d'alcool.

Il y a eu ensuite plusieurs prises successives. Mauly apparaissait épisodiquement, de plus en plus en retrait. Peu réceptif au délire ambiant, comme s'il planait dans son propre monde. L'heure tournait. 0 h 38. 1 h 00.

L'un des « artistes » du trio magique se cassait la figure en trébuchant sur le pavé. Un autre l'aidait à se relever, le troisième était mort de rire.

Il était 1 h 13 quand la voix du caméraman m'a arraché quelques frissons :

« Où est passé Adri ? »

Depuis plusieurs plans, il était devenu invisible.

— Reviens en arrière, m'a dit mon père.

Touche « retour rapide ». Les étudiants marchaient à l'envers.

— Stop.

Mauly était encore là. Il s'éloignait progressivement du groupe, en fumant ce qui était peut-être une cigarette, plus sûrement un gros joint. Il avait l'air complètement à la masse. Il est sorti du champ, le Spielberg de la bande ayant décidé de filmer les narines de ses potes recrachant de la fumée.

— C'est la dernière fois qu'on le voit, a murmuré mon père.

Il y avait là quelque chose de fascinant et de glaçant à la fois. C'était comme si on avait voyagé dans le temps pour assister aux dernières heures du futur noyé.

— Reviens encore en arrière, s'il te plaît.

Mauly, son gros joint, son air stone, sa démarche lente. Sa sortie du champ. Le spectacle m'hypnotisait.

— Regarde bien autour. Il doit y avoir un indice.

Je me suis concentré, la peau hérissée sur les avant-bras. Autour de lui, une foule diverse qui passait trop vite devant la caméra, on distinguait à peine les visages. Des étudiants banals, plus ou moins ivres, rien d'étrange ni d'alarmant.

— Encore une fois en arrière…

J'ai pressé la télécommande avec une pointe d'agacement. Mauly, son gros joint, sa tête ahurie, la foule…

— Tu as vu ?

— Mais enfin, j'ai vu quoi ? ai-je répondu sèchement.

Mon père est venu s'accroupir à mes côtés. Je craignais qu'il ne rompe la trêve en m'assommant d'une théorie fumeuse. Avec lui, une ombre dans le ciel signifiait sûrement engin volant. Du doigt, il a désigné le coin supérieur gauche de l'écran.

— Là.

Le long du trottoir, côté commerces, on distinguait plusieurs voitures garées les unes derrière les autres. Une petite voiture noire, de type Citroën Saxo, une berline plus grande et une camionnette blanche. Le plan suivant, tourné dix minutes plus tard, Adrien Mauly n'était plus là.

La camionnette blanche non plus.

— Et maintenant… Est-ce que tu vois ?

J'ai regardé, hypnotisé, la place de parking vide. Était-ce une coïncidence ? À nouveau, j'ai laissé le film défiler à rebours. Puis ai pressé la touche « pause ». La dernière image gelée de la camionnette blanche ressemblait à un souvenir d'outre-tombe. La fatigue de la bande, comme celle de l'appareil, dégradait beaucoup la précision du grain. Mes yeux voulaient percer ce flou entourant le siège avant de la camionnette. À cette distance, la vitre du véhicule n'était pas plus grande que le cadran d'une montre. Discernait-on une silhouette au volant ? Celle d'un homme ? Ou simplement la pénombre de l'intérieur ?

— Tu sais… Cette nuit-là, en 90… J'ai vraiment vu un engin lumineux. Je ne suis pas fou.

Il m'a regardé droit dans les yeux. Puis il a quitté la pièce, sans ajouter de commentaire. D'un pas léger, comme un spectre qui se retire. Au bon moment. Quelque part, il venait de me prouver que vingt-cinq ans d'investigation paranormale avaient au moins aiguisé son sens de l'observation. Au fond, il devait être fier de lui.

Le lendemain matin, au petit déjeuner, j'ai pris le temps de discuter longuement avec ma mère. Dans sa robe de chambre, ses traits étaient moins tirés, ça m'a fait du bien de la voir ainsi. Mon père vaquait dans son antre. Elle a pris une voix plus basse, délicate, celle qui se prêtait le mieux aux confidences, en reposant sa tasse de thé sur la table de la cuisine tandis que le soleil printanier nous enveloppait par la fenêtre.

— Tu n'as pas de nouvelles de Zoé ?

— Non, on a coupé les ponts.

— C'est peut-être mieux comme ça.

— Oui, je crois.

S'il y avait un bénéfice à tirer de l'enquête qui accaparait mes pensées, c'était celui de ne plus avoir à cogiter sur le passé. Deux ans après notre rupture, la blessure cicatrisait comme cicatrise souvent ce genre de blessure : par le temps, l'oubli, par le détournement de l'obsession.

— Tu t'es fait des copains à Poitiers ?

— Non, pas trop. Pas trop de gens de mon âge à la rédaction.

— Tu n'as pas le temps de sortir à côté. Tu ne voudrais pas… t'inscrire dans une association, par exemple ?

Elle aurait difficilement pu me suggérer un club de sport. Elle savait bien que son fils n'avait jamais brillé lorsque la compétition relevait du physique. Elle savait, presque aussi bien que moi, qu'au collège, lorsque les élèves étaient chargés de choisir les membres de leur équipe, mon prénom arrivait toujours en dernier. On ne rattrape jamais la course quand on part avec autant de retard. Mais peut-être trouve-t-on d'autres compétitions à sa mesure.

— Et tu n'as pas retrouvé des gens de tes années fac ?

— Non, je t'avoue que j'ai pas eu le temps de chercher… Et puis j'imagine qu'ils sont partis ailleurs. À l'époque, Poitiers me paraissait immense, mais finalement c'est pas grand.

— D'ici, tout nous paraît immense. Et insurmontable…

Elle a plissé les yeux puis s'est tournée vers la boule lumineuse qui irradiait le ciel. « La seule boule lumineuse que mon père aurait dû contempler », ai-je pensé.

16

Monsieur le procureur

Le palais de justice de Poitiers comportait une particularité insolite. Non pas sa façade, majestueuse avec ses quatre colonnes imposantes formant un triangle de granit blanc, mais sa salle des pas perdus, dépourvue de plafond. À l'intérieur, on admirait la charpente en châtaignier qui laissait cependant une impression d'inachevé et sous laquelle grouillaient des avocats en robe, des magistrats inaccessibles, des gueules abîmées par la vie, des repris de justice au visage buriné, des femmes pleurant l'incarcération d'un mari et criant contre ce « pays de merde ». Si on se creusait la tête, on finissait par trouver que ce plafond inabouti cadrait parfaitement avec les affaires non élucidées qu'il abritait, les *cold cases*. J'avais fini par faire le rapprochement à force d'y traîner. C'est aussi là que j'avais remarqué, au pied des fines colonnes de la grande salle, qu'un bâtisseur avait sculpté dans la pierre des visages grimaçants, sortes de gargouilles invisibles à la première visite. On aurait dit de petits démons qu'il aurait ajoutés par malice.

Les journaux qui ont les moyens – il en reste encore un peu – disposent de rédacteurs spécialisés police et d'autres spécialisés justice. En presse régionale, il faut être couteau suisse et s'approprier les deux matières, c'est-à-dire tout autant les faits criminels et les enquêtes que les procès – quand on va jusque-là. Depuis mon retour à Poitiers, j'avais passé au palais de justice quelques après-midi à assister aux comparutions immédiates, où les prévenus se relaient à la barre pour un trafic de shit, un outrage à la police ou une rixe en sortant d'une boîte. Par cette journée de mai, assommante de chaleur encore une fois, j'avais réussi à obtenir un rendez-vous avec le procureur de la République, l'homme qui ordonne l'ouverture d'une enquête et décide à qui la confier : soit directement à la police (pour les affaires survenues en ville), soit à la gendarmerie (pour celles qui ont lieu à la campagne, en tout cas en dehors de l'agglomération), soit, pour les affaires les plus complexes ou les plus graves, à un juge d'instruction. Mieux valait se mettre le proc' dans la poche pour glaner des infos.

Il était temps de lui rendre visite pour parler des noyés.

Silhouette sportive, rasé de près, le cheveu brun et court, bronzage charentais, le procureur m'a ouvert la porte d'une pièce au mobilier neuf dans les tons gris-bleu, chemises et documents impeccablement rangés. Une petite table circulaire à gauche permettait de recevoir certains invités. Bien qu'un modeste journaliste comme moi n'ait que le droit de s'asseoir face à lui, de l'autre côté de son imposant bureau, barrière de sécurité autant que sociale. On dit souvent que l'uniforme fait la fonction… le bureau aussi.

— Alors, on s'est déjà vus, n'est-ce pas ? a-t-il commencé, bien calé au fond de son siège.

Il avait posé la veste et sa chemise parfaitement repassée, immaculée, ne laissait même pas voir d'auréoles de transpiration.

— Oui, quelquefois sur le terrain…

— Oui, ça me revient. Vous êtes nouveau ici ?

— J'ai fait mes études à Poitiers, je ne suis pas totalement nouveau.

— C'est plutôt sympa comme ville étudiante. Y a de la jeunesse… C'est d'ailleurs l'un des seuls trucs bien, ici.

— Vous n'avez pas l'air très conquis.

— Vous voulez que je vous dise ? Je m'emmerde. J'ai été proc' à Grenoble, je peux vous assurer que ça bougeait plus. J'ai eu des super affaires, des meurtres, des gros trafics. Ici, c'est calme. Calme. Calme.

Tant de franchise m'a surpris, mais peut-être m'estimait-il si insignifiant que se confier à moi n'avait rien de dangereux. Son regard passait de ma petite personne à son téléphone, vibrant régulièrement de messages, et se hasardait parfois à travers la fenêtre qui donnait sur la place du tribunal. J'ai rebondi :

— Il y a quand même quelques affaires bizarres… Je travaille sur la mort de plusieurs étudiants, retrouvés noyés dans le Clain ou bien dans le port de La Rochelle.

Il a levé vers moi un œil surpris.

— Vous m'en direz tant.

— Tout a commencé avec Vincent Levin…

— Dossier toujours ouvert, oui.

— Ensuite, il y a eu Éric Angon.

— Me suis renseigné à la suite de votre appel sur ce dossier… Le type était complètement défoncé. Il est tombé par-dessus le Pont-Neuf et s'est fracassé le crâne contre un rocher. Pas de traces de violence. Y a pas de mystère.

— C'est le deuxième dans le Clain… Et puis il y a eu Lisa Fournier. Dossier classé aussi. Pourtant, elle a été retrouvée pieds et poings liés dans les eaux du Clain…

— C'est un suicide, c'est certain. On a des éléments qui le prouvent.

— Lesquels ?

— Mais qu'est-ce que vous avez derrière la tête, mon vieux ?

— Et si…

Brusquement, j'ai hésité. C'est qu'il était tout de même intimidant, le proc'.

— Et s'il y avait un tueur en série ?

— Ben voyons.

— Il y a aussi deux cas à La Rochelle…

— C'est pas de mon ressort, ça, c'est le parquet de La Rochelle.

Je commençais à l'ennuyer, son regard a bifurqué vers l'écran de son ordinateur.

— C'est peut-être un problème, les parquets ne communiquent pas entre eux…

— Les parquets communiquent quand il le faut ! Je ne dis pas que les tueurs récidivistes n'existent pas mais bon, on n'est pas aux États-Unis ici…

Je me désespérais.

— Et sur Vincent Levin, vous avez des pistes ?

— On est plutôt sur la thèse d'un crime crapuleux…

— Auquel serait mêlé ce clochard interpellé dans le quartier de la gare ?

— J'y crois pas trop… Les punks à chiens ne font de mal à personne. Sauf à leurs chiens parfois…

— Est-ce qu'il vous a parlé d'une… d'une fourgonnette blanche ?

Enfin, il paraissait troublé.

— Je vois que vous êtes bien renseigné, a-t-il grommelé.

J'avais envie de jaillir de mon siège. Je me suis contenu pour le laisser poursuivre :

— Mais tout ça est très flou pour l'instant. Il parle d'une fourgonnette blanche qui rôdait dans le secteur et qui, prétendument, lui foutait la trouille…

— Mais… Il y a un lien avec Vincent Levin ?

— On ne sait pas, on ne sait pas… On parle d'une population interlope qui traînait de squat en squat. On l'a placé au chaud pour le vol, on se réserve des heures de garde à vue pour l'interroger sur d'autres faits… Par exemple, le squelette découvert dans l'immeuble près de la gare.

L'immeuble maudit. Nous y revoilà.

— Et vous avez du nouveau sur ce squelette ?

Il a fait semblant de ne pas m'entendre, quitte à porter ses yeux vers le plafond, en se massant la mâchoire.

— Vous faites des portraits, parfois, dans votre journal ?

— Des portraits ? Oui, régulièrement, des portraits de ceux qui font bouger les choses, des entrepreneurs, ou alors des portraits plus insolites.

— Mmm, a-t-il bougonné sans dissimuler l'ennui que lui provoquait ma réponse. Et des acteurs du monde judiciaire ?

Je me suis senti bête de ne pas avoir compris plus tôt et ai bredouillé :

— Bien sûr, c'est capital, le monde judiciaire, surtout pour moi qui suis aux faits divers !

— Mouais, je vous lis de temps en temps. Moi, j'aimerais bien m'exprimer sur la machine judiciaire. Depuis les attentats, on parle beaucoup des policiers, or nous aussi, on est un maillon important. On a une lourde responsabilité.

— Bien sûr, bien sûr.

— Pas plus tard que le mois dernier, j'ai ouvert une enquête sur un prof de lycée qui racontait que les gars de *Charlie Hebdo* l'avaient bien cherché et que l'Occident oppressait le monde musulman. Ça commence là.

— Oui, vous avez raison… Eh bien, on pourrait prendre date pour un portrait de vous. Vous pourriez raconter vos missions, votre quotidien.

Son œil a brillé et s'est fixé sur moi.

— Ça pourrait faire quoi ? Deux pages ?

— D'habitude, les portraits, c'est plutôt sur une page…

— Mouais. C'est court, on n'a le temps de rien dire.

— C'est sûr que c'est pas très long. On peut faire plus long sur le Web.

— Ouais, mais bon, le Web, y a tout et n'importe quoi, on fait pas attention.

— Je vais voir avec ma rédaction en chef pour deux pages.

— Enfin, moi ce que j'en dis, hein…

— Oui, oui.

— C'est lu, quand même, votre journal, là ?

— Bien sûr. Il y a la crise de la presse mais on garde encore un lectorat fidèle…

Son téléphone venait de vibrer et il ne m'écoutait déjà plus, absorbé par la consultation d'un nouveau SMS. J'ai poursuivi d'une voix mal assurée :

— C'est aussi pour ça que je voulais vous rencontrer. Vous êtes un interlocuteur majeur pour le suivi des dossiers.

— Mmm.

— Et donc, justement, j'aimerais consacrer un article à ce squelette retrouvé dans l'immeuble abandonné.

— Une seconde, je vous prie.

Il a tapoté de l'index à toute allure une réponse sur son iPhone dernier cri puis est revenu à moi.

— Je vais devoir vous laisser, c'est pas mal chargé ces temps-ci.

— D'accord, je comprends. On peut juste parler du squelette ?

— Si vous voulez.

Il a fouillé dans ses dossiers, a saisi un procès-verbal puis m'a lu quelques informations à voix haute.

— Alors… Corps découvert le 15 mai. Bla-bla-bla… Analysé par l'institut médico-légal… Bla-bla-bla…

Je prenais des notes sur mon calepin en même temps.

— Ah oui voilà, donc c'est ça… En fait, on n'a pas grand-chose. On n'a pas l'identité. On sait que c'est un homme. Blanc. Qu'il est mort il y a dix ans. Et qu'il a été battu à mort.

— Ah, quand même. Donc, c'est un meurtre.

— Un passage à tabac, oui… Avec même des morsures de clébard, a priori.

— Vous avez des pistes ?

— On va essayer de retrouver des personnes qui auraient été signalées disparues il y a dix ans. Mais enfin, bon, vous savez, les disparitions… C'est pas simple.

— Il y avait peut-être une enquête ouverte il y a dix ans ?

— Mon pauvre ami, si on devait enquêter sur tous les disparus.

— C'est pas le cas ?

— Pas toujours, non. Une personne majeure a tout à fait le droit de disparaître. Et puis quand l'hypothèse criminelle n'est pas privilégiée, hein, bon… On fait une enquête préliminaire et après c'est un dossier qui reste sous une pile. Tout ça, c'est du triple off, évidemment.

— Oui, oui, ai-je assuré en continuant à noter. Sur quelle base vous privilégiez l'hypothèse criminelle ?

— Sur des témoignages, par exemple. Quand on a affaire à une vieille, malade d'Alzheimer, qui s'est enfuie de son hospice, on va difficilement privilégier l'hypothèse criminelle. Quand c'est un marginal, sans famille, on creuse pas toujours non plus…

— Ça peut être le cas avec ce squelette ?

— En tout cas, il avait les chicots pourris. Très mauvaise hygiène de vie… Donc, ce portrait de deux pages, ça vous paraît faisable ?

Je commençais à m'impatienter et même à bouillir intérieurement.

— Je pense que c'est faisable… Vous me reparlerez de ce squelette ?

Il a souri avec malice.

— Peut-être.

J'ai noté « chicots pourris » et « chiens » sur mon calepin. À peine avais-je formé la dernière lettre qu'il s'était déjà levé et dirigé vers la sortie.

17

Retrouvailles

J'aurais pu avaler ma boîte de somnifères que je n'aurais pas dormi, la nuit suivante. Cette crainte de passer à côté d'un détail révélateur tournait à l'obsession. Les visages, les maisons visitées se mêlaient et, sur mon radioréveil, l'heure tournait, chaque minute comme une pierre jetée dans un puits sans fond. J'avais bien ingurgité un comprimé mais, à 1 heure du matin, le sommeil n'avait toujours pas glissé un orteil dans mon lit.

J'ai décidé de dépenser le temps qui me restait devant mon ordinateur. J'ai parcouru des pages et des pages sur la psychologie du tueur en série. La chronique des trente dernières années montrait que les serial killers n'existaient pas seulement aux États-Unis : on comptait quelques spécimens en France, mais dont le mode opératoire, le nombre de victimes et même l'allure tranchaient avec les figures du cinéma américain. Il existait quelques cas de couples assassins, mais peu. Plus que des génies du crime, il s'agissait surtout de pauvres types, alcoolos profonds, camés à la petite semaine, au sens moral cramoisi, qui tuaient par pulsion, par occasion. Ce n'était pas non plus des messieurs Tout-le-Monde à la double personnalité, notables le jour, assassins la nuit : leur déséquilibre psychiatrique les empêchait de mener une vie « normale » et les obligeait à un quotidien secret, miteux, solitaire. Ces pauvres hères avaient le plus souvent vécu dans des familles à problèmes, battus ou violés, et à un moment de leur existence, un déclic, une frustration, une blessure intime les avait fait basculer. Chaque passage à l'acte était pour eux un moyen de quitter le statut de victime, de devenir maître du jeu et aussi de se procurer un shoot d'adrénaline en ayant droit de vie et de mort sur l'autre. Enfin, à peu près. Sans aller jusqu'aux crimes fétichistes, façon *Seven*, on trouvait d'un homicide à l'autre un point commun, une même façon de tuer, les mêmes sévices, bref une « signature ». Noyer quelqu'un en était une. Oui, mais qu'en était-il du corps retrouvé dans l'immeuble abandonné du quartier de la gare ? Était-ce une autre victime ? Un témoin ? Ou alors… Jack le pousseur lui-même ?

De lecture en lecture, une idée s'est imposée. Il fallait retourner dans cette saloperie d'immeuble. J'avais envie de voir de mes yeux l'intérieur… Peut-être n'y avait-il à regarder qu'une bâtisse barricadée d'un ruban jaune « Police nationale-Zone interdite » comme celui qui protège les scènes de crime. Mais au moins je saurais.

Il était 3 heures du matin. Et pourtant, je me suis habillé, j'ai fermé la porte à clé, dévalé l'escalier et me suis retrouvé au beau milieu de la route. Il n'était pas impossible que je me dégonfle au dernier moment mais il fallait…

— T'as pas une pièce ?

J'ai sursauté en entendant le clochard qui avait élu domicile en haut de ma rue. Le bonhomme a insisté en montant les décibels :

— Dis, t'as pas une pièce ?

J'ai pressé le pas en soufflant :

— Non, non.

— Même pour un vieil ami ?

J'ai ralenti puis me suis arrêté totalement. Un instant, cette voix m'avait paru familière. Une voix lointaine, venant d'outre-tombe, peut-être. Je me suis retourné. Un grand type aux cheveux hirsutes était assis sur le pas d'une porte. Il portait un jogging et un tee-shirt noirs. Sa barbe et ses épis lui grignotaient la tête. Il ne souriait pas, n'était pas non plus agressif : il me regardait fixement, même si des effluves d'alcool brouillaient probablement son champ de vision. J'ai fait demi-tour et me suis approché de lui, à bonne distance.

— Pardon ?

Il ne me lâchait pas des yeux.

— Même pour un vieil ami ? a-t-il répété.

Oui, cette voix et ce visage me disaient quelque chose, ils avaient fait partie de ma vie à une époque.

— On se connaît ? ai-je demandé.

La réponse émergeait progressivement. Ce visage avait changé, il s'était durci, les yeux s'étaient pochés sous l'alcool, et quelques cloques le déformaient aussi. Mais c'était bien lui.

— Robin ?

Sa voix rauque, caverneuse, a résonné plus fort :

— Ah ben c'est pas trop tôt. Ça fait quand même plusieurs fois qu'on se croise et enfin, tu me reconnais.

Je ne savais plus quoi répondre. Je l'ai dévisagé en approchant avec timidité, avec crainte.

— Bon, c'est sûr que j'ai changé…

Il était saoul. Ravagé, même.

— Ben c'est-à-dire que… Ça fait longtemps…

— Ouais, ça fait une paie, a-t-il ajouté en s'allumant une roulée.

Il ne me regardait plus. J'ai poursuivi, choqué :

— D'ailleurs, tu as disparu sans donner de nouvelles du jour au lendemain.

— C'est possib', oui…

— Tu étais resté ici tout ce temps ?

— Ici, sur cette dalle ? Non, j'ai un peu bougé.

J'ai ri par politesse, comme au premier jour de notre rencontre, mais tout me semblait irréel. Peut-être n'avais-je pas descendu les cinq étages de mon immeuble, peut-être étais-je en train de dormir, sous l'effet des somnifères, et allais-je me réveiller d'une seconde à l'autre.

— T'as peut-être pas de pièce mais t'as quand même de quoi m'offrir une bière ?

J'avais assez bien connu le Robin d'il y a dix ans. Or celui qui surgissait à nouveau m'était étranger et potentiellement inquiétant. J'ai grimacé à l'idée de le faire monter chez moi.

— Y a un bar ouvert à cette heure-ci ?

— On est à Poitiers, mec. Tout est déjà fermé. Allez, fais-moi monter. Promis, je pisserai pas sur ton tapis.

Je me sentais faible et un peu piégé. Sans dissimuler le flottement qui me gagnait, j'ai accepté. Qu'est-ce que je risquais ? Ramolli par les substances qu'il avait dû gober, il ne devait pas être si dangereux que ça. Au moins aurais-je le temps de m'enfuir, quitte à l'enfermer chez moi.

— Bon ben… Viens.

Il s'est levé dans un fatras métallique, en soulevant un sac à dos rempli de je ne sais quoi, on aurait dit une batterie de casseroles. Heureusement, il n'avait pas de chien. Il marchait voûté, esquinté, en respectant une ligne droite même s'il devait parfois réprimer un titubement. Il m'a suivi sous le porche de l'immeuble, plongé dans l'obscurité depuis que le minuteur était hors service. Je pensais à tout un tas de choses horribles, un viol, un massacre au couteau… ou pourquoi pas un coup de casserole sur la tête.

— C'est pas tous les jours qu'on retrouve un vieux copain, a-t-il ajouté pour détendre l'atmosphère.

Sa voix n'était plus lunaire et effacée, comme celle du type que j'avais rencontré sur les bancs de la fac. Elle était devenue chargée, rocailleuse, accidentée. On s'est engagés dans l'escalier. J'ai ouvert la porte, trop tard pour reculer. J'ai reniflé discrètement : il traînait des effluves de sueur et de frusques moisies. J'ai atteint le cinquième, ouvert ma porte et pressé l'interrupteur pour éclairer mon petit salon.

— Il manque une femme ici.

— Ben oui, je vis seul, ai-je répondu en indiquant l'une des deux chaises avant de sortir deux bières du frigo.

Il s'est affalé. Des traces terreuses marquaient chacun de ses pas.

— Ben au moins, t'as un chez-toi…

Je lui ai tendu une bière. Il l'a prise volontiers et a vidé la moitié du contenu d'une seule lampée, sa déglutition résonnant dans le silence.

— Tu dors où ?

— Je peux fumer ?

J'ai soupiré mais ouvert la fenêtre. Je détestais l'odeur de clopes imprégnée sur les draps depuis que j'avais arrêté de fumer. Il s'est allumé une roulée. Comme au temps de la fac, sauf que les doigts s'étaient jaunis et fendillés.

— Alors… Tu crèches où ?

— Ici et là. Avec la chaleur, un peu dehors. J'évite les centres d'accueil, y a trop d'embrouilles…

— Mais tu as vécu où tout ce temps ?

— À droite, à gauche. J'ai longé l'océan…

J'ai cherché mes mots. Mais je n'avais aucune envie d'y passer la nuit.

— Pourquoi t'as disparu comme ça ?

— J'ai pété les plombs…

Son visage bosselé et rougeaud disparaissait sous les volutes de fumée. Le rideau de tabac commençait à m'hypnotiser. Je ne connaissais plus ce Robin-là.

— J'étais complètement paumé… J'ai voulu jouer les aventuriers. J'ai pris mon baluchon et je me suis tiré de cette cité U merdique.

— Et t'es allé où ?

— L'été arrivait, je suis allé sur des festoches. On rencontre facilement du monde là-bas. On se dépanne.

— On se dépanne… Et tu m'as pas fait signe…

— J'étais barré dans ma tête… Mais bon, on se retrouve quand même.

Il m'a tapé sur la cuisse en tendant la main. Je lui ai renvoyé un sourire crispé.

— Et toi alors… Tu fais quoi ?

— Je suis journaliste à *L'Écho*.

— Ah ouais… Ouais, c'est vrai que t'étais là-dedans, toi.

— J'ai bossé ailleurs et je viens de revenir à Poitiers.

— Comme quoi, quelque chose nous a aimantés ici.

Une étrange lueur brillait dans son regard, j'ai tenté d'y décrypter un message codé en avalant une gorgée de bière.

— Tu veux dire quoi ?

— Je sais pas… C'est mort, cette ville… Qu'est-ce qu'on fout encore là ?

— C'est le hasard, j'imagine.

— Mouais, peut-être… Tiens, un jour, j'ai aperçu Max. Tu te souviens de lui ?

— Oui, bien sûr.

— Il vendait des sandwichs sur la place du marché. Lui qui voulait devenir producteur de cinéma à Paris.

— Personne n'a vraiment percé dans le cinéma parmi nous…

— Tu m'étonnes. Et toi, tu bosses sur quoi ?

— Jack le pousseur.

Je pensais allumer une flamme de curiosité dans ses yeux mais il s'est contenté de liquider sa bière, impassible.

— Ah ouais…

— Des étudiants retrouvés noyés, notamment à Poitiers.

— J'en ai entendu parler…

— Ah bon ?

— Vaguement, quoi.

— À quelle occasion ?

— Oh je sais plus… T'aurais pas une autre bière ?

Rien ne me plaisait dans cette situation. Ni son air bizarre ni son envie de squatter ici. Ni sa façon de me parler. À contrecœur, je me suis levé pour attraper une autre blonde et la lui ai tendue sans effusion.

— Qu'est-ce qu'on t'a raconté sur ces histoires ?

— Rien, t'es chiant avec tes questions… Dans mon souvenir, *L'Écho*, c'était un bon truc pour emballer du poisson, c'est tout.

Il a ri en dévoilant une case vide entre ses dents du haut.

— Moi je me plais bien.

— Tant mieux pour toi… Tu mènes l'enquête alors…

— J'essaie.

— Ça a l'air risqué, en tout cas. Moi qui pensais que Poitiers était un trou où il ne se passait jamais rien.

— Pourquoi tu dis que c'est risqué ?

— Je vois ça à ton pif… Il te l'a bien défoncé.

Brusquement, la température de la pièce a chuté. Plus question de canicule, le froid était maintenant polaire. Mes doigts se sont crispés sur ma bière.

— De qui tu parles ?

— Ben le gars qui t'a pété le nez.

— Comment tu sais qu'un gars m'a pété le nez ?

— Ben c'est toi qui me l'as dit.

— Je t'ai rien raconté du tout.

Son sourire narquois s'est évaporé pour laisser place à un masque de cire. Qui avais-je en face de moi ?

Les pièces du puzzle se sont imbriquées automatiquement. Jack le pousseur, la légende urbaine du trafic d'organes, les soirées au bord de la rivière à se raconter des histoires qui foutent la trouille. Et Robin qui avait disparu peu après la mort de Vincent Levin. J'ai bondi de ma chaise.

— C'est toi ? C'est toi qui m'as frappé à l'époque ?

— T'es malade ou quoi ?

— Pourquoi tu sais autant de choses ? Putain, c'est toi ! Tu connaissais l'histoire de Jack le pousseur, à l'époque, tu disais qu'il te suivait partout.

— J'y suis pour rien ! Tu délires !

— Mec, casse-toi d'ici sinon j'appelle les flics…

Il s'est levé d'un bond pour se dresser face à moi.

— Tu délires complètement. Ce qui t'est arrivé, j'en ai juste entendu parler. Comme j'ai entendu parler de pas mal de choses en traînant dans la rue.

— Qu'est-ce que tu racontes ?

— Je sais qui t'a pété la gueule à l'époque… Le gars s'est fait choper par les flics y a quelques jours, d'ailleurs. Mais si tu crois qu'il est pour quelque chose dans la mort des étudiants, tu te plantes. Tu cherches au mauvais endroit.

— Tu sais quelque chose…

La tête me tournait. Le visage de Robin s'est troublé de plus en plus. Je ne comprenais pas ce qu'il m'arrivait.

— Je sais juste des rumeurs. Des histoires d'un mec qu'ils appelaient le Diablo et qui tournait dans les squats pour recruter des hommes de main.

— Qui ça ?

— Je connais pas son nom. Ce mec, c'est presque une légende urbaine… Il traînait avec une fille aux cheveux rouges. Un jour, ils ont disparu tous les deux dans la nature. C'est tout ce que je sais.

— Pourquoi il cherchait des hommes de main ?

— Pour faire le sale boulot. Un peu de ménage. Intimider un témoin. Buter son chien pour lui foutre la trouille.

— Tu as bossé pour lui ?

— Tu cherches au mauvais endroit.

— Tu connais les squats, c'est là que tu dors ?

— Tu t'es trompé de squat.

La tête me tournait de plus en plus. À la place de Robin, je ne voyais plus qu'une face de crapaud éructant. Le somnifère. Le somnifère agissait à retardement avec la bière. J'allais bientôt m'effondrer.

— Tu me soupçonnes encore ! Gros connard, si j'étais pas là, tu aurais fini bouffé par un chien !

— De… De quoi ?

— C'est moi qui suis intervenu au squat pour te sauver !

Il a jeté sa bière contre le mur et le verre a explosé en morceaux éparpillés dans mon salon. J'ai titubé, pris d'un vertige qui s'est transformé en nausée.

— Je me sens pas bien…

— Va te faire foutre ! a-t-il craché avant de prendre la fuite.

La pièce n'était plus qu'un kaléidoscope tournoyant. J'ai perdu connaissance.

18

La grange

Je me suis réveillé la tête par terre deux heures plus tard, hagard. La lumière crue d'un lampadaire par la fenêtre me crucifiait la pupille. Quand j'ai voulu me relever, mes mains se sont blessées sur des éclats de verre. La mémoire m'est revenue progressivement. Robin et sa tête de crapaud partant dans une colère noire. Il avait d'ailleurs laissé la porte ouverte en filant. N'importe qui aurait pu entrer et…

D'ailleurs, quelqu'un était-il entré ? Malgré la douleur dans mes paumes couleur rouge sang, j'ai entrepris un tour de l'appartement. Rien n'avait bougé, a priori. Mais les pensées se sont mises à enfler dans mon esprit comme des cloques après un coup de soleil. À cause du somnifère, la conversation de Robin ne me revenait que par bribes. Avait-il vraiment parlé d'un diable ? Et d'une fille aux cheveux rouges ? Ou alors était-ce mon imagination qui déformait notre échange ? Je n'étais plus sûr de rien. Je n'avais pas la force de passer un coup de balai pour nettoyer les restes de son passage. Demain serait un autre jour, sans doute. Mais est-ce que je serais d'attaque pour me traîner jusqu'à *L'Écho* ?

Je me suis hâté de fermer la porte à clé, frissonnant en imaginant qu'un intrus se soit faufilé pendant mon coma. Dormir, il fallait dormir. J'ai ôté mon tee-shirt en me dirigeant vers ma chambre lorsqu'un détail a attiré mon regard. Les traces terreuses de Robin ne s'arrêtaient pas à la table basse où il avait siroté une bière et demie. Elles se prolongeaient jusqu'à la chambre. Mes mains ont tremblé. La pièce était plongée dans la même obscurité qu'un sous-bois où s'aventurerait le petit Chaperon rouge. J'ai hésité à faire demi-tour et à prendre mes jambes à mon cou. Que faire ? Appeler les flics ? Un regain de courage m'a poussé à presser l'interrupteur. La chambre était vide. Il n'y avait que mon lit, bien bordé. À droite, la porte menait vers une dernière pièce : la salle de bains. J'ai poursuivi dans le même élan, baissé la poignée, les poils hérissés sur chaque centimètre de mon corps à l'idée qu'une main velue et herculéenne s'abatte sur mon avant-bras à l'instant où j'allumerais la lumière. Je n'ai vu que mon reflet blafard dans le miroir.

Pourtant, Robin était venu ici. Ses traces s'arrêtaient au pied du lit. Il restait une dernière chose à vérifier : s'assurer qu'il ne soit pas allongé sous le sommier comme un monstre dans les peurs de gosse. J'allais m'agenouiller quand un papier a attiré mon attention. Mon pote de fac avait laissé un message sur une feuille posée sur la table de chevet. Comme un code secret, gribouillé d'une main encore tremblante de colère alcoolisée. Au recto, il avait écrit : *Route des Quatre-Vents*. Au verso : *Connard*.

Trois heures plus tard, la sonnerie du réveil a ressemblé à un coup de perceuse. J'ai avalé un café en puisant au fond du jus noir les souvenirs de la veille qui fondaient comme neige au soleil. Un peu comme ces rêves dont on aimerait se souvenir mais qui s'embrument sans qu'on y puisse rien. L'effet du somnifère et de la perte de mémoire immédiate. Vers 9 heures, j'ai enfoui au fond de ma poche le papier laissé par Robin et pris la direction de *L'Écho*. En passant la porte, j'avais honte de mon allure, pas coiffé, pas eu la force de dominer cet épi récalcitrant dressé sur mon crâne.

Suzy donnait ses directives à Clara en parcourant un fascicule, le programme d'un quelconque festival d'été. Je les ai saluées rapidement avant de me dissimuler derrière mon ordinateur. Des cernes comme des trous noirs devaient me barrer le visage. Immédiatement, j'ai ouvert un moteur de recherche Internet et saisi l'adresse laissée par Robin : route des Quatre-Vents. Elle désignait en fait une petite route après la sortie de Poitiers, tout droit en quittant le quartier de la gare. J'avais déjà mis les pieds là, dix ans plus tôt. Il fallait compter vingt minutes pour s'y rendre et je prévoyais le déplacement sur les coups de midi. Chaque minute de cette matinée est passée à la vitesse d'une heure. Lorsque Suzy s'est calfeutrée dans son bureau pour suivre les affaires courantes, j'ai glissé le nez dehors pour m'aérer. Quelques secondes plus tard, Clara m'a rejoint pour fumer sa clope, sur le trottoir jouxtant nos locaux. L'orage tardait à éclater mais d'ici le soir, le tonnerre commencerait à gronder.

— T'as fait une soirée hier ? m'a-t-elle demandé.

— Disons que je me suis couché tard et que j'ai mal dormi… Par contre, c'était pas vraiment une fête.

— Ça arrive, a-t-elle murmuré dans une bouffée. Moi, j'ai regardé des séries toute la nuit.

— Du coup, t'as pas beaucoup dormi non plus.

— Je dors très peu… Problème d'insomnie chronique.

— Et tu ne prends rien ?

— Non. Tant pis. L'insomnie, c'est un peu de vie en plus, non ?

Je n'avais jamais envisagé les choses sous cet angle.

— On ira prendre un verre à la prochaine insomnie, alors, ai-je glissé en me surprenant moi-même.

Ma timidité maladie avec les filles m'empêchait de me lancer la plupart du temps, mais là, ma nuit en vrac m'avait désinhibé.

— Avec plaisir.

La matinée a filé plus rapidement ensuite, même si je n'osais pas étirer la conversation, de peur de décevoir. À midi et cinq minutes, je me suis engouffré dans ma voiture pour foncer vers la destination mystère. Dans mon habitacle empesé de la lourde chaleur d'avant le déluge, les questions se bousculaient : Robin m'avait-il livré un indice ou fomenté un guet-apens ?

J'ai dépassé le panneau « Poitiers » rayé de rouge, poursuivi sur cette route de plus en plus étroite. Le souvenir se reconstituait : la dernière fois que j'avais fait le trajet, c'était dans la voiture de Mernot. Ce soir-là, on avait noué nos premiers liens alors qu'il m'embarquait vers une bagarre entre deux Gitans, dans un campement à la périphérie.

Les caravanes étaient toujours là. Des enfants jouaient au ballon au milieu de gravats, de bidons bleus et de pneus entassés, tandis qu'un train passait sur la voie ferrée au-dessus de la route. Deux hommes affalés sur des chaises en plastique blanc les surveillaient d'un œil et scrutaient mon passage de l'autre. C'était probablement là que Robin avait voulu me conduire, mais pour quoi faire ? Le Diablo faisait-il partie de cette communauté ? Je pensais à Mernot : il aurait su, lui, comment manœuvrer et ruser pour en savoir plus sans se faire remarquer.

En poursuivant mon chemin l'air de rien, toujours à faible allure, j'ai tenté d'enregistrer les visages des adultes discutant à l'ombre, deux hommes d'une quarantaine d'années, aux traits anguleux et aux épaules larges. J'ai dépassé le campement. La voie était juste assez large pour faire demi-tour mais j'ai préféré filer tout droit. Après les caravanes, le sous-bois reprenait ses droits et gagnait en densité. Le chemin commençait à me sembler long quand j'ai aperçu du coin de l'œil une bicoque abandonnée.

Un peu moins qu'une maison, un peu plus qu'une grange, ses murs devaient tenir debout depuis très longtemps, peut-être plus d'un siècle. Du lichen brûlé par le soleil grimpait sur sa façade en pierre et longeait des fenêtres réduites à des trous béants. Sur le toit, une partie des tuiles s'était effondrée.

Je me suis garé le long du chemin de terre, en mordant suffisamment sur le bas-côté herbeux au cas où un autre véhicule viendrait se perdre dans cette voie étroite. Une vieille porte de bois était entrouverte. Je me suis approché, sur mes gardes.

À première vue, ce squat n'en était plus un, il n'y avait plus de trace de vie, pas même un graffiti qu'un locataire plus récent aurait pu laisser. On ne peut pas dire que l'intrusion dans des coins inhabités m'avait porté chance, jusque-là. Aussi, je me suis contenté d'une petite poussée, brève mais nerveuse, du bout des doigts pour ouvrir la caverne. Mes pieds crispés sur la terre se tenaient prêts à me propulser vers ma voiture à tout moment. L'intérieur était plongé dans l'obscurité. Mon père avait laissé une lampe torche dans la boîte à gants parce que « ça peut toujours servir », comme il disait. J'ai filé m'en emparer puis j'ai braqué son halo dans ce trou à rats.

À droite, il y avait un antique banc de pierre et les restes d'une cheminée du XIXe siècle. Je pouvais presque imaginer des paysans se partageant un quignon de pain et un bol de lait. À gauche, un escalier menait à l'étage et une porte vers une autre pièce.

Pas un bruit, ni dedans ni dehors. J'ai pris ma respiration et j'ai poussé la porte en grand pour que le jour dispute tout le terrain possible à la nuit. J'ai braqué ma lampe vers la porte à droite, une plaque de bois friable qu'un claquement aurait fait s'effondrer. Sa partie la plus haute était recouverte d'une toile d'araignée épaisse comme un voile.

Je suis entré à tâtons. Le toit de cette deuxième pièce, trois fois plus petite que la première, avait été éventré par la chute d'une grosse quantité de tuiles. À côté de cet amas, on trouvait une sorte d'abreuvoir vide et rouillé, encombré d'outils abandonnés. J'ai repéré des pinceaux, un tournevis, des cordelettes alourdies par la poussière, de vieux pots de peinture vides, une bassine. Et aussi des tissus : des fringues, des serpillières, des rideaux… Il régnait ici une telle couche de poussière que j'en aurais sans doute suffoqué s'il m'avait pris l'envie de les examiner. J'allais tourner les talons quand un détail m'a arrêté.

Une chaussette.

Il y avait une vieille chaussette, noire ou bleue, le tissu épaissi et durci par la poussière. Était-ce celle de Vincent Levin ? J'ai plongé ma main dans l'amas, effrayé à l'idée de trouver une grosse araignée, une souris, un rat ou autre chose. C'était peut-être un sanctuaire. Ou peut-être pas. Dans le doute, j'ai fourré la chaussette dans la poche de mon blouson.

Je suis retourné dans la première pièce. J'ai laissé le halo lumineux de ma torche s'attarder sur les murs. Ici, un mille-pattes se promenait le long d'une fissure. Là, une tache de moisissure égalait la circonférence d'une assiette. Rien d'autre à gratter.

L'escalier de bois m'attendait. Mon angoisse a redoublé. Quelque chose me poussait à l'emprunter mais je l'imaginais déjà s'écrouler sous mes pas, une poutre me paralysant au sol, moi agonisant trois jours avant de mourir d'épuisement ou d'une lente et cruelle hémorragie. Peut-être fallait-il revenir avec du renfort.

Ou peut-être fallait-il essayer.

J'ai posé un pied sur la première marche. Elle a grincé sous mon poids en craquant de toute sa largeur. Je me suis immobilisé. Puis ai posé l'autre pied. L'envie de savoir me portait. J'ai atteint la dernière marche.

C'était une sorte de mezzanine plongée dans le noir. Ma lampe torche a débroussaillé la pénombre, un peu vite. Une image subliminale est apparue. Là, sur le mur, non plus des fissures ou un mille-pattes mais un dessin. Ou plutôt une peinture, à même la pierre ; un cygne nageant paisiblement sur une rivière. Était-ce le Clain ?

À bien y regarder, le cygne n'était pas si majestueux : à la place de ses yeux, deux cavités noires d'où coulaient des larmes de sang. Comme si on lui avait arraché les globes. Il lui manquait un bout, la queue. Pas parce qu'elle aurait été découpée mais peut-être que le peintre avait été interrompu en pleine création. Un dessin si morbide dans un endroit si lugubre. Ça ne donnait pas envie de rester.

J'ai sorti mon téléphone de ma poche et immortalisé ma trouvaille. Les conditions d'éclairage ne rendaient pas justice à la qualité du trait. J'ai fait une deuxième photo… lorsqu'un bruissement m'a figé sur place. Quelque chose m'a frôlé. En réprimant un cri, j'ai braqué comme une arme ma torche vers le sol. Rien. Pas de chat errant ni de serpent le long de ma cheville. On aurait pourtant dit que… Les doigts crispés sur mon portable, j'ai poursuivi mon exploration. Il y avait autre chose. Là, dans le coin, au fond de cette mezzanine, une matière terne dessinait une autre forme. Était-ce vivant ?

La main tremblante, j'ai fixé la lueur sur l'objet indéterminé. Non, c'était immobile, inerte. Ça avait vaguement une forme humaine. J'ai compris progressivement. J'avais devant moi un tas d'ossements. Mon cœur battait à m'en couper le souffle. Le squelette n'avait rien de médiéval. La luminosité était trop faible pour que je sois certain d'y discerner encore un peu de chair autour du blanc. Mais le relief et les courbes ne trompaient pas. C'étaient des restes d'animal. Et cette tête, comme la proue d'un vaisseau, avait été celle d'un chien ou quelque chose comme ça. Il y en avait même deux. Deux squelettes de clébards côte à côte. Ils gisaient à deux mètres l'un de l'autre et, avec un peu d'imagination, on pouvait presque les voir agoniser sur le sol de cette masure ténébreuse.

« Avec même des morsures de clébard. »

La voix du procureur a résonné en moi.

Mes jambes ne me soutenaient plus qu'à peine. J'ai réuni mes forces une dernière fois pour ne pas chuter dans l'escalier.

Le temps de gagner la sortie, j'avais l'impression que des spectres me frôlaient les jambes, prêts à me retenir ici pour me faire subir le même sort. J'avais envie de hurler en achevant le dernier mètre. Dehors, mes tremblements ont redoublé, une explosion de tremblements dans chacun de mes membres. J'ai pris quelques minutes pour recouvrer mes esprits. Je ressentais un flottement, une impression d'irréalité, j'étais groggy. J'ai jeté un dernier coup d'œil à cette maison à remonter le temps. On aurait dit qu'elle me narguait sur le ton « Je t'ai bien foutu la trouille, petit fouineur ».

19

Coup de main

Chez moi, je me suis effondré au fond du canapé. J'ai ouvert une bière pour décompresser. Puis j'ai attrapé le téléphone et regardé la peinture. Manifestement, il y avait un squatteur que le pinceau titillait. Un squatteur… ou un séquestré ? Qu'avais-je vu ?

« *Qu'est-ce que t'as sur toi, fils de pute ?* »

D'un coup, j'ai senti mon sang se glacer et mon cœur se soulever. L'impression de perdre pied avec la réalité et de me sentir enfermé dans une cellule invisible, seul au monde. Une crise d'angoisse. Une connerie de crise d'angoisse, comme au bon vieux temps, comme pendant mes années fac. Le contrecoup de cette exploration, sans doute… Je me suis redressé d'un coup sur le canapé, j'ai cherché l'air. Au secours. De l'aide. Il me fallait de l'aide. Ma main tremblante a saisi mon téléphone. J'ai fait défiler les numéros sans parvenir à me concentrer sur les noms. Et puis je suis tombé sur lui. Mernot.

J'ai hésité, je me sentais bête mais je me sentais encore plus suffoquer.

— Allô… Est-ce que… Est-ce que je peux passer ?

Quand il m'a ouvert sa porte, je l'ai trouvé nageant dans un jean mal taillé, beaucoup trop grand. Il avait enfilé un petit gilet beige de grand-père et une veste en jean hors d'âge. Son visage flasque et creusé me regardait avec une complicité bienveillante.

— Qu'est-ce qui t'arrive ? T'es tout pâle.

J'ai souri. J'étais blanc, il était jaune.

— Juste un petit coup de fatigue…

Il m'a guidé jusqu'à son salon, la démarche toujours fragile, un coup de vent l'aurait fait vaciller, mais, passé l'effet de surprise, je m'étais habitué à le voir ainsi. J'ai repris ma place sur le canapé, lui sur le fauteuil.

— Arthur Morello, ai-je dit.

Il a mis deux secondes à tilter.

— Le gosse de La Rochelle ?

— J'en ai trouvé trois autres.

— Trois autres quoi ?

— Trois autres tombés à la flotte, ici dans le Clain ou là-bas dans l'Atlantique.

— Ah oui… Alors, on a un tueur en série régional ?

— Peut-être pas un mais deux. Un couple.

— Allons bon… Qu'est-ce qui te fait dire ça ?

— Des témoins. Plusieurs qui parlent d'un type et de sa copine.

Il s'est redressé sur son siège. Enfin, j'avais réussi à l'extirper de sa léthargie.

— Un couple qui s'attaquerait aux étudiants ?

— Aux étudiants et aux étudiantes.

— Et pour quelle raison ?

— Ça, je ne sais pas.

— Au hasard ?

— Peut-être pas. Il est possible qu'ils gravitent dans le même monde. Celui de la drogue. Peut-être qu'ils sont leurs fournisseurs habituels, qu'ils les entraînent… Et qu'ils les balancent à la flotte.

— Pourquoi balancer son client à la flotte ? On ne coupe pas la main qui vous nourrit.

— Non, je sais bien.

— Ou alors, c'est une dette pas réglée…

— C'est pas impossible, même si la plupart viennent de familles friquées.

Ça faisait beaucoup d'informations d'un seul coup.

— Une bière ? a-t-il proposé.

Deux minutes plus tard, on était tous les deux autour de sa table basse. Moi avec une Affligem, lui avec un Perrier. Je me suis souvenu avec émotion de nos conciliabules d'il y a dix ans, nos théories, nos échanges, nos passions. Une décennie plus tard, le calme de Mernot devait probablement beaucoup à son épuisement mais, de temps à autre, je retrouvais cette lueur vive et stimulante au fond de son œil.

— Vincent Levin en avril 2004. Sortie de bar, consommateur de drogue habituel. Il va aux putes, il tombe sur une fille aux cheveux rouges, il se fait embarquer. Cinq mois plus tard, Éric Angon. Disparu après une soirée alors qu'une fille rôde et propose de la MDMA. Donc toujours la drogue. Et encore cette fille. Comme si c'était un appât. Mars 2005, on passe à La Rochelle. Arthur Morello, évaporé dans une soirée étudiante. Une trace de piquouse dans le bras. Peut-être un camé. Octobre 2005, La Rochelle encore, Adrien Mauly. Sans doute un consommateur de drogue, je serais pas surpris qu'il ait zoné dans les squats. J'ai vu une vidéo de sa dernière soirée : il y avait une fourgonnette blanche à proximité qui a disparu en même temps que lui. Mars 2006, Lisa Fournier. Pourchassée par « quelqu'un » qui voulait lui faire du mal. Une fugueuse, devenue marginale. Camée aussi ? Cette fois, on la retrouve pieds et poings liés, pas simplement balancée à la flotte. Il a fallu la maîtriser. Mais peut-être parce qu'elle était moins docile que les autres. Avec elle, l'appât féminin n'a pas dû marcher…

— Ça, c'est la colonne victimes. Et la colonne suspects ?

— Une fille et un gars qui rôdent. Est-ce qu'ils les connaissaient ?

— Une fille et un gars ? Qu'est-ce que tu sais sur eux ?

— Ils traînaient avec des clodos, qu'ils soudoyaient sans doute. Lui est surnommé le Diablo, il est réputé très violent. Elle, tout ce que je sais, c'est qu'elle a une vingtaine d'années et qu'elle a les cheveux rouges. Et peut-être qu'ils circulaient à bord d'une fourgonnette blanche…

— Ça fait beaucoup de déductions tout ça, mais faut bien partir de quelque chose.

— Il y a un autre truc… Un squat.

— Encore un ?

— C'est une vieille maison abandonnée. Il est possible que le couple ait logé là, il y a dix ans.

— Tu y es allé ?

— Oui… J'ai trouvé ça.

J'ai posé la chaussette sur la table basse. Mernot a mis ses lunettes et examiné la pièce à conviction d'un air dégoûté.

— C'est quoi cette merde ?

— La chaussette de Vincent Levin ?

Ses yeux se sont écarquillés.

— Nom de… Elle est où cette baraque ?

— À côté du campement des Gitans.

Il m'a regardé, ahuri.

— Le campement des Gitans… Et tu es allé leur poser des questions ?

— Franchement, je me suis pas senti. On aurait dit qu'il y avait quelque chose dans la maison…

— Quelque chose…

— Une présence…

Il a relevé la tête vers moi, dubitatif.

— Tu m'as l'air d'une présence, toi.

J'ai souri. Lui aussi.

— Putain, c'est plus de mon âge, tout ça.

Il a disparu de mon champ de vision et a filé en grommelant dans le couloir. J'ai attendu dans le canapé, sans comprendre. Puis sa voix m'est parvenue :

— Bon, alors, tu viens ?

Je l'ai rejoint, interdit. Il s'était emmitouflé dans une grosse écharpe.

— Je viens où ?

— Ben, chez les Gitans.

20

La petite fille

Le ciel s'assombrissait de plus en plus sur notre trajet. L'obscurité gagnait du terrain, mais c'était celle de l'orage, pas de la nuit. Autour, les arbres commençaient à plier et les voitures se dépêchaient de rentrer au garage. À la radio, des chroniqueurs parlaient menace terroriste.

— Tu te souviens du jour où on nous a canardés, dans la barque ?

— Tu parles si je m'en souviens ! Quel cauchemar…

— Ça venait du parking, j'en suis sûr à présent.

— Le parking au-dessus du Clain ?

— Oui. Il y avait une camionnette blanche…

— Mais comment tu peux te souvenir d'un truc pareil ?

— Je l'avais repérée. Il n'y avait que deux bagnoles, de toute façon, sur ce parking. Et cette vieille camionnette, un peu cabossée, m'avait marqué.

J'en ai frissonné. Combien d'autres détails avais-je manqué ?

— Et d'autres choses t'ont marqué ?

Il a réfléchi en regardant les bordées d'arbres défiler par la vitre.

— Non.

On approchait déjà du campement.

— Gare-toi devant.

20 heures allaient sonner. Les mêmes enfants jouaient toujours sur la terre battue mais ils se sont arrêtés en apercevant ma Renault. Les deux hommes affalés dans les chaises ont planté leur regard impassible droit sur nous, sans se lever pour autant.

— On va être gentils et bien élevés, a soufflé Mernot en sortant de la voiture.

Pas rassuré, je lui ai emboîté le pas. À nous deux, on ne pesait pas lourd et s'il leur prenait l'envie de nous casser la figure, le boulot serait terminé en deux secondes.

— Bonjour !

Mernot a forcé sa voix pour être audible. Cinquante mètres et un grillage nous séparaient des deux hommes. D'un geste de la main, il les a priés d'approcher. Les deux hommes se sont avancés d'un pas lent, nous imposant leur tempo. Les deux gosses, un garçon et une fille, ont suivi dans l'ombre de leurs corps trapus. Quand ils ont été à quinze mètres, Mernot s'est appuyé de la main droite sur la séparation.

— Bonjour, messieurs… Je suis un vieux journaliste à la retraite et voici Simon, jeune journaliste à *L'Écho*. Nous sommes à la recherche d'informations sur ce qu'il s'est passé dans une grange à cinq cents mètres d'ici. Vous voyez de quelle grange je parle ?

À voir de plus près, l'un des hommes avait la quarantaine, l'autre presque la cinquantaine, tous deux la mine fermée.

— Vous êtes quoi ? De la police ? a questionné le moins jeune.

— Non, non. Juste journalistes, a répondu Mernot.

— On n'a rien fait de mal, nous.

— Je sais bien… Je vous pose simplement la question parce que vous êtes du voisinage.

En face, pas un mot. J'ai fait ma part :

— Y avait des gens qui habitaient dans cette grange ?

— Non, c'est une grange abandonnée. Y a personne depuis très longtemps.

— Ça veut dire quoi, très longtemps ? a repris Mernot.

— Je sais pas moi, neuf ans. Peut-être dix ans.

— Et vous étiez déjà là à l'époque, n'est-ce pas ?

— Vous posez des questions de flics, a objecté le plus vieux, d'un ton glacial qui ressemblait à une fin de non-recevoir.

— Pas de problème, on se renseigne juste.

La voix de la fillette s'est faufilée dans notre échange. Elle nous regardait comme des bêtes de foire.

— Il va mourir, le monsieur.

Sa remarque a jeté un froid.

— Cassandra, rentre dans la caravane, il va pleuvoir, lui a intimé le plus jeune, un peu gêné.

Elle s'est exécutée. Le Gitan a invité le garçonnet à la suivre en lui posant la main sur l'épaule.

— Toi aussi, Élie.

Puis, s'adressant à Mernot :

— Excusez-la…

— Y a pas de problème, elle n'a pas tort, vous savez, a répliqué Mernot, le visage triste.

— En tout cas, on n'a rien à dire de plus.

Je me suis acharné :

— Il y avait un couple dans ce squat.

— Oui, peut-être, a dit le plus jeune. En tout cas, c'était pas des gens de chez nous.

Mernot a bifurqué sans prévenir :

— Est-ce que la jeune femme qui nous regarde depuis tout à l'heure, dans la caravane, s'appelle Flora ?

Jusqu'à ce qu'il le note, je n'avais pas remarqué la présence d'une femme brune, d'une quarantaine d'années, qui nous surveillait à la fenêtre d'un long camping-car blanc, au centre du campement. Dans ses bras, elle tenait un petit. Elle me rappelait un peu Notre-Dame-des-Dunes.

Sourcils froncés, le vieux a fait un pas vers le grillage qui nous séparait de lui.

— Comment vous connaissez son prénom, vous ?

— J'ai écrit un article à son sujet, il y a longtemps.

Un silence de perplexité s'est installé. Avant que Mernot n'enchaîne :

— Je suis heureux de voir qu'elle se tient là parmi nous, et qu'elle a l'air de bien aller…

— OK, papy, qu'est-ce que tu nous racontes, là ? a riposté le quinquagénaire.

— J'ai écrit un avis de recherche dans le journal quand elle a disparu il y a de ça trente ans. J'ai déjà écrit des avis de recherche où les gens n'ont jamais été retrouvés. Elle s'en est sortie, elle.

— Vous savez ce qui est arrivé à Flora ? a interrogé le plus jeune.

— Bien sûr que je le sais. Vous pensez que je pourrais la saluer ?

— Écoutez, monsieur, a continué le plus âgé d'un ton beaucoup moins agressif. C'est pas une bonne idée d'aller chercher des mauvais souvenirs comme ça… Si vous voulez tout savoir, oui, il y avait des gens bizarres dans la grange il y a dix ans. Des types qui se retrouvaient le soir pour boire et peut-être pour d'autres choses… Des types avec des chiens… Mais on les a jamais vus zigouiller quelqu'un, nous.

— Ils ressemblaient à quoi, ces types ? ai-je demandé.

— Y avait surtout un gars et sa nana. La nana avait des cheveux rouges.

— Ils avaient quel âge à peu près ?

— Elle une vingtaine d'années, lui une trentaine. Mais on leur parlait pas, ils parlaient à personne, ils allaient et venaient dans leur fourgonnette blanche avec leurs clébards.

— Quoi, comme chiens ?

— Deux malinois.

— Et ils sont partis du jour au lendemain ?

— Ils se sont foutus sur la gueule… On a entendu des cris… Elle est partie une nuit. Et lui il est resté un peu plus longtemps après.

— Vous avez jamais entendu son nom ?

— Laisse, je vais leur dire, a soufflé le plus jeune.

Depuis une minute, il paraissait ailleurs, blême. De sa caravane, Flora nous épiait encore.

— C'était pas nos affaires mais il avait vraiment un regard de fou, et sa nana, il lui foutait sur la gueule régulièrement. Il foutait aussi sur la gueule de ses chiens. On voulait pas d'histoires alors on n'est jamais allés voir ce qu'ils trafiquaient. Mais un jour qu'on ne les a plus revus, je suis allé faire un tour… Juste comme ça, pour savoir s'ils avaient vraiment abandonné la grange. Et là…

— Et là ? l'a encouragé Mernot.

— Là, j'ai vu leurs deux clébards. Y avait du sang partout. Il les avait égorgés, éventrés, massacrés. Y avait leurs entrailles qui traînaient sur deux ou trois mètres. Il leur avait arraché les yeux, aussi… C'était une horreur. On aurait dit qu'il s'était défoulé parce que sa nana était partie.

— Et c'est tout ce que vous avez vu sur place ?

— Oui, c'est tout.

— Partez, maintenant, a dit le plus âgé.

Le robinet était coupé, pas la peine d'insister. Mernot a jeté un dernier regard, presque affectueux, vers Flora. En repartant vers ma voiture, il a grommelé :

— Mon cul qu'ils nous ont tout dit.

On a grimpé à bord.

— Bon. Et ce squat, tu m'emmènes ?

— Cet endroit me fout les chocottes.

— T'es pas une fillette.

J'ai démarré et repris la direction maudite. La sécheresse colonisait mon palais.

— Il y a une lampe torche dans la boîte à gants, ai-je dit, résigné.

— Tu sens pas une odeur de cramé ?

Si, effectivement, ça sentait le brûlé. J'ai accéléré. Trop tard : une épaisse fumée noire ravageait la bicoque. J'ai pilé. Jusque-là cachés par les arbres bordant le chemin, les nuages se déployaient dans les airs, nous dominant de leur ampleur incandescente.

Bouche bée, comme moi, Mernot assistait à la disparition de ce témoin du passé. Il s'est repris avant moi et a lancé des coups d'œil survoltés à gauche et à droite. Puis il est sorti de la voiture aussi vite que ses capacités physiques le lui permettaient. Je l'ai imité. Il n'a pas tenu dix secondes sans se mettre à tousser et à cracher ses poumons.

— C'est pas la peine de respirer ça… Viens, on se tire.

— Il y avait quelqu'un ! Il y avait quelqu'un ! s'est-il écrié entre deux quintes.

En le poussant dans la voiture, j'ai scruté derrière moi. Le feu couvrait l'horizon sans pitié. Une fois à l'abri de l'habitacle, j'ai demandé :

— Tu as vu quelqu'un ?

— Je suis sûr d'avoir vu quelqu'un s'enfuir à travers les bois.

— Il ressemblait à quoi ?

— Un homme, je crois. Tout maigre, tout pâle.

21

Le tableau

J'avais si peu sommeil que j'ai renoncé à prendre un somnifère cette nuit-là. Mon obsession me maintenait éveillé et me déchargeait, au moins pour un temps, de ma peur de manquer de ressources pour affronter le lendemain.

Il était 2 heures du matin, l'orage n'allait pas tarder à frapper. La moiteur et l'électricité avaient rôdé autour de nous toute la journée. Le trop-plein allait éclater. Un peu comme mon cerveau.

J'ai fouillé dans un tiroir de mon bureau et j'en ai sorti un bloc de Post-it. Emporté par l'inspiration, j'ai noirci les carrés jaunes à tour de bras avant de les afficher sur le mur du salon. C'est tout un puzzle que je reconstituais ainsi alors qu'une pluie battante arrosait Poitiers. Les mots-clés se superposaient. La drogue. La nuit. Le monde interlope. La rouquine et le Diablo, deux dealers que les victimes connaissaient. Idéal pour les enlever à bord d'une fourgonnette blanche. Comme celle d'où Vincent Levin avait passés son dernier appel, par exemple.

Un éclair a scalpé le ciel et, cinq secondes plus tard, le tonnerre a résonné. La foudre ne tomberait pas loin. Mon mur était à présent recouvert de cases, comme un damier. Le « Diablo », « Cheveux rouges », « gare », « La Rochelle », « Poitiers ». J'avais aussi imprimé le tableau photographié dans la grange abandonnée. Je me suis attardé une seconde sur la rue battue par l'ondée. La lueur jaune d'un lampadaire perçait à travers le ballet des trombes sur la vitre. J'ai promené mon regard, des fois qu'un vagabond nommé Robin me guetterait d'en bas.

Je suis revenu à mes Post-it. L'ordre ne me convenait pas. Il manquait quelque chose. Un détail persistait à m'échapper. J'ai bousculé encore la disposition des mots accrochés au mur. À gauche les prénoms, à droite les lieux. Au milieu les mots-clés : « drogue », « SDF », « gare ».

Un nouvel éclair a illuminé mon salon. Immédiatement suivi d'un coup de tonnerre qui a fait vibrer la vitre. Un coin de la photo m'est apparu comme une image subliminale, flashée par l'éclair. Une date et deux initiales.

Dans le reflet de l'eau, peint sous le cygne aux yeux crevés, en lettres d'un bleu plus sombre, était écrit : *13.10.05* et *AM*.

Ça ne pouvait pas être une coïncidence. AM comme Adrien Mauly. 13 octobre 2005, la date de sa disparition.

Cette pièce du puzzle manquante, ce caillou qui me démangeait au fond de ma chaussure… Enfin, j'y voyais plus clair. J'ai réfléchi une seconde de plus, l'adrénaline coulant de plus en plus vite dans mes veines. Il manquait encore quelque chose… Nouvel éclair. Mon téléphone m'attendait sur la table basse. Je l'ai attrapé. Me suis connecté au répertoire d'images. J'ai fait défiler les dernières photos. Zoomé.

Et j'ai trouvé.

Dès mon arrivée à *L'Écho*, Suzy a remarqué mon teint de déterré et n'a pu faire autrement, cette fois, que de le relever. Elle m'a guidé jusqu'à son bureau, a fermé la porte derrière moi et m'a parlé comme une institutrice à un élève qui aurait enchaîné les mauvaises notes :

— Simon, tu as vraiment mauvaise mine. Est-ce que je peux t'aider, est-ce qu'il y a quelque chose qui ne va pas ?

— Non, non, tout va bien, j'ai des petits problèmes de sommeil en ce moment à cause d'un voisin bruyant mais ça va s'arranger.

— Un voisin bruyant ? a-t-elle répété, sans y croire.

Je ne voulais surtout pas lui révéler mon obsession. J'étais encore en CDD et les temps étaient trop difficiles pour risquer le chômage. Je ne voulais pas non plus décevoir la confiance qu'elle avait placée en moi.

— Oui, j'aurais dû sévir plus tôt. Je suis allé voir ce voisin hier, j'ai monté le ton et on a convenu de règles de vivre-ensemble.

— D'accord… Si tu le dis… Tu sais, je connais quelqu'un à la mairie qui peut peut-être intervenir pour chasser un voisin problématique.

— Non, pas besoin d'aller jusque-là.

— Parce que, là, tu as vraiment, vraiment, vraiment mauvaise mine.

Je me sentais honteux et laid, j'attendais que ce moment embarrassant prenne fin. Mais Suzy continuait à tenter de me tirer les vers du nez.

— Même pour tes interlocuteurs… On a une image à renvoyer à nos sources, l'image du journal. Quand le procureur ou le commissaire te voient arriver avec cette tête-là, ils doivent se poser des questions.

— Oui, je sais. Écoute, Suzy, je vais prendre les mesures qui s'imposent. Je te promets que dès demain, j'aurai meilleure allure.

— Tu bosses sur quoi aujourd'hui ?

— Je bosse sur le plan des flics contre les cambriolages d'été. Puis j'irai faire la tournée des popotes en fin d'aprèm.

— OK. N'hésite pas à rentrer dix minutes chez toi ce midi pour prendre une douche.

Elle a ouvert la porte pour signifier la fin de l'entretien. Je suis retourné, penaud, sur mon siège et j'ai allumé mon ordinateur. En face, Clara fuyait mon regard. La complicité tout juste naissante entre nous paraissait déjà loin.

À 17 heures, j'ai effectué ma tournée quotidienne des « faits div ». Delmans n'a pas montré le bout de son nez et l'officier de communication n'avait pas grand-chose à me transmettre. J'ai tenté malgré tout de le lancer :

— Vous n'avez pas de piste sur l'incendie d'une grange à côté du campement des Gitans ?

— On est sur une hypothèse criminelle. On a retrouvé des traces d'hydrocarbure.

J'ai repensé à ce qu'avait cru voir Mernot. Un homme grand, maigre et pâle.

— On a sérieusement interrogé les Gitans d'à côté. Ils seraient bien du genre à…

Je n'ai rien répondu et j'ai simplement noté sur mon calepin « hydrocarbure ». Je devrais parler à Delmans de cette chaussette. Je devrais…

À 18 heures, j'ai décrété la fin de la journée, d'autant que Suzy s'était absentée pour un rendez-vous avec un élu. Clara avait été expédiée sur un reportage dans un zoo proche de la ville. J'ai pris la direction de la maison de monsieur Fournier. Enfin.

Le bitume était encore vaporeux de l'orage nocturne. Je n'avais pas pris la peine de le prévenir de ma venue, un peu par superstition. Je ne voulais pas qu'il grève mes espoirs d'aller plus loin en se prétendant indisponible et je préférais débarquer par surprise. Il restait un risque : qu'il soit absent. J'ai sonné au portail, monsieur Fournier est apparu sur le seuil, surpris :

— Bonjour… Vous avez oublié un truc ?

— Oui, j'ai oublié de vous demander quelque chose. Est-ce que je vous dérange ?

— Ben je vais pas vous dire que je comptais arroser mes plantes, c'est déjà fait, avec ce temps…

— Je peux entrer une minute ? Je vous promets que j'en ai pas pour longtemps.

— Bon ben…

Était-ce le passage de l'orage ? Au moment de gravir les trois marches menant à la maison, j'ai ressenti une vague angoisse. La légende urbaine du père voulant venger sa fille m'est apparue comme un flash, gagnant en crédibilité. Certes, ça ne s'imbriquait pas avec l'idée d'un couple sadique mais… Ou alors la fatigue brouillait mes neurones.

— Vous avez du nouveau dans votre enquête ? m'a-t-il demandé en serrant mollement ma main.

— Je continue, je continue. J'avais juste deux, trois petites questions en plus à vous poser.

— Oui ?

On a quitté le seuil pour entrer dans le salon. Il ne m'a pas proposé un café, cette fois-ci. J'ai cherché mes mots, je me sentais brusquement impressionné d'être seul face à lui et je craignais sa réaction.

— Il y a un détail qui m'étonne…

J'espérais qu'il me propose de m'asseoir. Il ne l'a pas fait et m'a fixé droit dans les yeux.

— Votre fille a bien disparu en mars 2003 ?

— Oui, c'est ça.

— Vous ne l'avez jamais revue à partir de là ?

— Non, pourquoi ?

Un filet d'impatience, voire d'agacement, a coulé entre ses mots.

— Alors pourquoi le tableau accroché derrière vous est daté de mars 2006 ?

Il ne s'est pas retourné pour vérifier. Il le savait. Il s'est appuyé sur la table ronde de son salon, comme s'il perdait l'équilibre. Puis s'est assis. Ou plutôt s'est laissé tomber. D'une voix très faible, il a susurré :

— Asseyez-vous…

Je me suis exécuté, bouche close, en tâchant de ne rien laisser paraître. Intérieurement, au fond de ma poitrine, le tonnerre semblait pourtant frapper à nouveau.

— J'avais beaucoup travaillé ce jour-là, a-t-il commencé.

Il ne me regardait plus, ne regardait rien, sinon à l'intérieur de lui-même, dans les abysses de ses souvenirs.

— Quand j'ai vu ce colis sur le seuil de la porte, j'ai pensé que le facteur l'avait laissé là pour m'éviter d'aller faire la queue à la poste et j'ai trouvé ça sympa. Sauf qu'il n'y avait pas de timbre, pas d'affranchissement, rien. Quelqu'un l'avait déposé là. On était effectivement en mars 2006.

Il a jeté un coup d'œil vers le jardin où les herbes hautes pliaient sous l'humidité.

— J'ai ouvert et j'ai regardé le tableau. Ce tableau. J'ai tout de suite reconnu le trait de ma fille. C'est vrai qu'elle dessinait bien.

— Il y avait autre chose dans le colis ?

— Non, rien. Pas une lettre, pas un mot. Absolument rien. Je vous le jure sur la tête de ma fille.

— D'accord. Qu'est-ce que vous avez pensé, alors ?

— J'ai pensé qu'elle était encore en vie et qu'elle me faisait un signe.

— Et vous avez continué vos recherches ?

— Ça m'a rassuré de savoir qu'elle était vivante. Et qu'elle pensait encore à moi.

— Et quand vous avez appris qu'on avait retrouvé son corps ?

— Je n'ai plus rien compris… Je n'ai plus rien compris…

Un long silence s'est immiscé de tout son poids entre nous. Que monsieur Fournier soit abattu, normal. Qu'il rechigne encore à dire toute la vérité, c'était aussi une possibilité.

— Vous n'avez pas eu d'autres nouvelles de votre fille à part ce tableau ?

Son silence perdurait. Il a croisé les mains, comme une prière.

— Ce fameux appel dont je vous ai parlé la dernière fois… Cette voix masquée qui disait : « Ta fille va rejoindre les profondeurs »…

— Oui ?

— Je crois que c'était elle. C'était Lisa au bout du fil.

Si le tableau de Lisa Fournier avait eu des yeux, il m'aurait dévisagé. S'il avait été doué de parole, il m'aurait parlé dans un langage incompréhensible. Un râle venu d'outre-tombe.

— Pourquoi elle vous a dit ça ?

— Vous savez, Lisa avait très mal vécu la mort de sa mère. Elle avait été hospitalisée plusieurs fois. Dont une fois à ma demande.

— Pourquoi ?

— Elle… Elle restait seule enfermée dans sa chambre des journées entières. Elle disait qu'elle entendait des voix.

Cette fois, c'est sur les photos de famille que mon regard s'est attardé. Je ne voyais plus le père et sa fille s'amusant ensemble sur un vélo. Je voyais un visage d'enfant déjà tourmenté, le regard ailleurs, insaisissable, la bouche tordue par cette angoisse qu'on ne peut pas partager.

TROISIÈME PARTIE

1

Sur ses traces

Les étudiants avaient déserté le Ness ce lundi soir.

Poitiers ressemblait alors à ce qu'elle était en période de vacances, une fois vidée de sa jeunesse : une petite ville paisible et familiale. Au pub, seuls quelques habitués trompaient l'ennui dans la mousse de leur bière. Personne dans la salle de jeux pour claquer la pointe des queues contre les boules de billard. Rien qu'une musique irlandaise en fond sonore. Tant mieux, ce soir, j'avais envie de tranquillité. Alex, le serveur, celui qui avait su repousser la tentative de la rouquine une nuit de septembre 2004, essuyait des bocks derrière le comptoir. À mon arrivée, il m'a adressé un signe de la tête mais pas un sourire, le sourcil relevé en signe de méfiance. Je me suis installé à l'extrémité droite du comptoir, suffisamment loin d'un vieux maigrichon à la tête de rockeur attendant des filles à draguer qui n'arriveraient jamais.

— Salut. Je te sers quoi ?

Le ton coïncidait avec la mine fermée : à coups sûr, il serait moins causant. Il s'était peut-être fait remonter les bretelles la dernière fois. Ou me trouvait-il collant ?

— Un demi, s'il te plaît.

Bonne nouvelle : à première vue, son patron à la tronche de skin n'était pas de service. À peine Alex a-t-il posé le verre plein à ras bord devant moi qu'il s'est détourné pour mieux m'ignorer.

— À propos de notre discussion de la dernière fois…, ai-je soufflé dans sa direction.

Nerveux, il a astiqué avec d'autant plus de vigueur le bock entre ses doigts.

— Je peux te poser encore une question ?

— Pas le temps, je bosse, a-t-il sifflé, sec comme un tir de fléchettes dans la salle de jeux.

Le vieux rockeur a levé les yeux vers moi. J'ai avalé une gorgée. Un autre client s'est pointé, un gros au visage rougeaud avec un blouson multicolore des années 1980. Alex en profiterait sans doute pour me bouder définitivement. Il me fallait abattre ma dernière carte. J'ai farfouillé dans mon sac à dos, posé à mes pieds, pour en sortir une feuille A4. Une photocopie un peu baveuse mais suffisamment lisible. Je l'ai étalée sur le comptoir en évitant les minuscules flaques de bière échappées de mon verre. Le serveur aurait sans doute voulu me snober encore mais sa curiosité l'a aimanté vers moi. Ses yeux ont vogué vers la feuille. Avant de s'écarquiller. Crispé et scotché à la fois, il a laissé échapper le bock, qui s'est écrasé au sol dans un grand fracas. Le rockeur et le rescapé des années 1980 ont sursauté.

— Putain ! a lâché Alex.

Était-ce parce qu'un éclat de verre lui entaillait la main ? Ou parce qu'il avait reconnu la fille sur l'avis de recherche ?

« Il m'a semblé que je la connaissais », avait-il glissé lors de notre première rencontre, en pensant à cette étrange fille encapuchonnée qui lui avait proposé de la drogue. La nuit au cours de laquelle Éric Angon avait disparu. C'était elle. Lisa Fournier. S'il pensait l'avoir déjà vue, c'est probablement parce qu'il avait déjà dû passer devant l'un des innombrables avis de recherche placardés par son père sur les murs de la ville.

— C'est elle ?

Blême, il a acquiescé. J'ai souri, victorieux. Ai fini ma bière cul sec et payé le compte juste. Pas besoin de pourboire, on était quittes.

En cheminant dans la nuit vers mon appartement, j'ai repensé aux différentes pièces du puzzle. La fille aux cheveux rouges était bel et bien Lisa Fournier. Appât pour étudiants. Fausse prostituée sur le chemin de Vincent Levin. Petite copine d'un mystérieux dealer. Peut-être que certaines victimes l'avaient effectivement connue, déjà vue dans un squat ou une soirée à refiler de la came. D'autres avaient dû simplement se laisser amadouer, trop avinés pour détecter le piège qui se refermerait sur eux.

Mais alors qui « lui voulait du mal » ? Qui l'avait poursuivie le soir avant qu'elle ne bascule à la flotte à son tour ? Le Diablo ?

Pour remonter le fil, il fallait reconstituer sa vie. Une fois chez moi, j'ai retrouvé mon ordinateur et utilisé quelques techniques journalistiques que Mernot ignorait. Grâce aux réseaux sociaux, on pouvait aujourd'hui quasiment reconstituer une classe entière. Un site aidait beaucoup à cette tâche : copainsdavant. On s'y inscrivait pour retrouver ses potes ou sa petite copine de la fac, du lycée, du collège, voire le primaire pour les plus passéistes. Je n'aurais pas su déterminer l'école où avait été inscrite Lisa Fournier, mais j'avais une première piste : les Beaux-Arts, à Poitiers.

Une quinzaine de personnes signalaient sur le site avoir suivi ce cursus, en précisant les années de leur passage. J'ai cherché pour la période 2001-2004, et la quinzaine de noms s'est réduite à cinq. Trois filles, deux gars. Ensuite, j'ai offert leurs patronymes à un célèbre moteur de recherche plutôt performant, quoique franchement vorace. J'ai trouvé des bribes d'informations pour certains. L'un s'était recyclé comme animateur culturel du côté de Nantes. Une autre avait finalement choisi d'être prof, vers Lyon. Deux seulement vivaient encore à Poitiers : une certaine Patricia, salariée à la bibliothèque de la fac de lettres, et une autre nommée Natacha, artiste peintre. J'ai renseigné le nom de la première dans un autre glouton de nos intimités, Facebook. Sa photo s'est affichée. Plutôt mignonne, brune, cheveux ondulés, grandes lunettes. Quelques assemblages de mots-clés du genre « téléphone », ou « contact », ou « @ » permettaient parfois de trouver les coordonnées du même coup. Sous la barre des quarante balais, peu étaient inscrits sur les Pages blanches. Un truc trop désuet. Mais pour Patricia, pas un bon numéro n'est sorti de la loterie. Il me fallait remonter directement à la source et retourner dans cette bonne vieille bibliothèque universitaire.

Le lendemain, j'ai étiré avec un peu de scrupules ma pause déjeuner. J'avais pourtant de quoi faire au boulot, notamment un papelard sur une affaire de stups dans un quartier vaguement chaud de la ville, les Couronneries. Une demi-heure me suffirait peut-être, espérais-je.

La B.U. étalait ses murs atypiques sur le campus, à l'arrière de la fac de lettres. L'architecture de la façade beige formait une suite de lucarnes en forme de petites arches, pareilles à des classeurs empilés les uns à côté des autres. De l'extérieur, on savait qu'on venait pour bosser et rien d'autre ; à l'intérieur, l'impression se concrétisait. Un silence intimidant régnait sur les lieux, à peine troublé par le cliquetis étouffé des étudiants prenant des notes sur leur ordinateur, faisant de leur mieux pour alléger leurs doigts sur les touches. Personne n'osait discuter, et personne n'aurait eu la possibilité de draguer dans cette ambiance monacale. Les bûcheurs admis à la repêche se répartissaient sur de grandes tables de six places, installées le long des fenêtres. Au centre, des allées d'étagères chargées de livres filaient sous des panneaux pendus au plafond indiquant les disciplines : « philosophie », « anglais », « histoire de l'art », « sociologie »…

J'avais l'air d'un étudiant attardé ou sur le retour et je préférais me cacher entre les lourds ouvrages et les dressoirs métalliques. En progressant, j'ai entrevu le bureau d'accueil, central, vers lequel convergeaient toutes les droites invisibles tracées par le mobilier. Deux femmes enregistraient les prêts ou les retours, l'une brune, l'autre blonde. Patricia, la brune, se tenait à gauche et je l'ai reconnue sans trop de difficulté, même si sa photo sur les réseaux sociaux était plus flatteuse que la réalité.

La musique du film *Mission impossible* a brisé le silence. D'innombrables paires d'yeux se sont aussitôt levés sur moi, à gauche, à droite, et même en face, depuis les tables visibles à travers les interstices des rayons. Le boucan venait de ma poche, c'est-à-dire de mon téléphone. Rouge cramoisi, j'ai réussi à couper la sonnerie. Dire que j'avais mis cette musique par ironie, face à la mission difficile de refaire ma vie à Poitiers – ça c'est sûr, qu'est-ce qu'on riait…

— Monsieur, les téléphones doivent être réglés sur vibreur, ici.

Honteux, j'ai levé les yeux vers celle qui me réprimandait d'une voix sèche de maîtresse d'école. C'était elle : Patricia. Voyant la surprise sur mon visage, elle s'est attardée d'un air interrogatif. J'en ai profité pour embrayer :

— Excusez-moi ?

— Oui ?

— Je suis journaliste à *L'Écho*. Je cherche des infos sur une certaine Lisa Fournier. Vous pourriez m'aider ?

Elle est restée quelques secondes figée face à moi. Puis m'a glissé d'un ton soudain plus curieux :

— C'est ma pause clope, vous m'accompagnez ?

Une minute plus tard, on discutait à l'entrée de la B.U., au milieu d'autres accros à la nicotine.

— J'ai connu Lisa aux Beaux-Arts, a-t-elle soufflé dans un nuage de fumée. Comme pas mal d'autres gens, je m'étais inscrite dans ce cursus sans avoir de projet professionnel précis, je me suis réorientée ensuite… On avait beaucoup sympathisé, en tout cas la première année. Lisa était une fille assez timide, un peu étourdie. Moi aussi, sûrement, et ça nous avait rapprochées.

— Un peu étourdie ?

— Oui, elle pouvait oublier ses affaires en cours ou perdre son téléphone. Elle avait d'ailleurs des absences assez souvent. Au départ, je ne m'en suis pas vraiment rendu compte, mais j'ai fini par penser que…

Son regard s'est attardé sur les grappes d'étudiants qui passaient devant nous.

— … qu'elle avait peut-être un petit problème psychologique.

— Juste parce qu'elle oubliait ses affaires en cours ?

— Non, il y avait autre chose. Elle changeait d'humeur brusquement. Dans nos conversations au téléphone, elle pouvait raccrocher d'un coup. Et si je la rappelais ensuite pour essayer de comprendre, elle ne se souvenait plus l'avoir fait. Et puis…

— Et puis ?

— Lisa était très croyante, c'est sa mère qui l'avait élevée dans la religion, son père était beaucoup plus distant. De temps en temps, Lisa faisait une prière. En tout cas, c'est ce qu'elle disait.

— Vous avez l'air d'en douter ?

— Quand elle venait chez moi, si je m'absentais une seconde, quand je revenais, je la surprenais en train de parler toute seule. Elle disait que c'était une prière, mais on aurait plutôt dit qu'elle parlait à un ami imaginaire…

Le visage de Lisa, aperçu sur les photos chez son père, visage inquiétant, presque menaçant, se recomposait dans mon esprit.

— D'accord. Et vous étiez moins proches après la première année ?

— Oui. On s'est éloignées progressivement. Et puis elle a fini par rencontrer un mec. En soirée.

— Quel genre de mec ?

— Je l'ai vu qu'une fois, je crois. Elle l'avait ramené à une soirée que j'avais organisée dans mon petit appart d'étudiante. C'était un mec bizarre. Il se vantait d'avoir fait l'armée, d'avoir servi en Afghanistan… Il avait surtout l'air d'un mytho. Mais ça a suffi à impressionner Lisa.

— Comment il était physiquement ?

— Grand et costaud. Yeux noirs. Cheveux noirs. Une boucle à chaque oreille. On aurait dit un corsaire. Il vous regardait fixement quand il vous parlait, ça mettait mal à l'aise…

— Ah bon ? Vous vous souvenez de son prénom ?

— Pas du tout.

— Ou d'un surnom… Le Diablo, par exemple ?

— Ça ne me dit r… Par contre, maintenant que j'y pense, il avait un tatouage sur le bras. Ça représentait un diable.

J'ai pensé : bordel de merde. Elle a avalé une dernière bouffée, prête à retourner à son travail. Cette cigarette était trop courte.

— Il faut que je vous laisse… Je ne peux pas vous aider plus.

— C'est quand la dernière fois que vous l'avez vue ?

— Six mois avant sa disparition, je dirais.

— Il faut que je retrouve le Diablo.

Elle a commencé à marcher, puis s'est arrêtée.

— Il y a un autre truc qui me revient… Ça s'est passé pendant cette soirée chez moi. Le lendemain matin, j'ai croisé mon voisin, il était en larmes, je me souviens encore de son visage, vraiment… épouvanté. Il venait de retrouver son chat devant l'immeuble. Mort. La tête écrasée. Comme si on s'était acharné sur lui à coups de pompes.

Autour de nous, les étudiants sortaient et rentraient. Bras ballants, j'attendais la suite.

— J'ai toujours pensé que c'était le mec de Lisa qui avait fait ça.

2

La grotte

Le parc de Blossac était l'un des plus beaux endroits de Poitiers : allées géométriques, arbres taillés façon château de Versailles, kiosque à musique et jets d'eau. Mernot en avait marre de végéter dans son salon et il avait eu la bonne idée de me proposer une promenade. Il avait la démarche toujours fragile, un coup de vent l'aurait fait vaciller. On n'a pas trop attendu avant de se poser sur un banc de pierre, à l'ombre.

— J'ai du nouveau…

— Ça tombe bien, moi aussi.

Il m'a laissé commencer et je lui ai tout raconté : les tableaux, Lisa Fournier, le Diablo.

— Tu penses que ça pourrait être le type que tu as vu à la grange incendiée ?

— Aucune idée, Simon. Tu penses bien que j'ai pas eu le temps de voir ce genre de détails…

— Mais si c'est lui, qu'est-ce qu'il foutait là ? Pourquoi maintenant ?

Mernot a regardé un pigeon se poser devant nous et trotter sur les petits cailloux blancs.

— Parce que le passé refait surface… On a retrouvé le clodo qui portait la bague de Vincent Levin… Il y a ce macchabée dans l'immeuble près de la gare… Il y a la presse, le bouche à oreille. Il est peut-être encore connecté au milieu des marginaux…

— Oui… Le passé revient.

— Peut-être même qu'il sait que tu t'intéresses à lui.

L'hypothèse m'a glacé les veines. Par réflexe, j'ai regardé autour de nous. Était-il planqué dans le décor ? D'un coup, tout et tous paraissaient suspects. Ce type qui lisait son journal sur un banc en face. Depuis quand s'était-il installé devant nous ? Ou ce petit vieux au teint rougeaud qui jetait du pain rassis aux pigeons. C'était peut-être une mise en scène pour passer inaperçu. Et cette vieille, plus loin, qui marchait péniblement en s'appuyant sur sa canne, un foulard lui couvrant les cheveux. Qui sait si c'était vraiment une petite vieille ?

— T'es avec moi ? a demandé Mernot pour me repêcher dans mon délire.

— Oui, oui, c'est juste que… ça commence à me foutre la trouille.

— C'est l'enquête de ta vie, Simon. Continue ! Et je vais t'aider…

— Merci.

— Je sais à qui appartenait le squat qui est parti en fumée sous nos yeux.

— Tu as cherché ça ?

— Oui, j'ai gardé quelques contacts à la mairie et chez les poulets depuis ma retraite légèrement anticipée.

— Raconte…

— Un certain Joseph Forig.

— Joseph Forig… Il est mort ?

— Aucune idée. J'ai une adresse mais je ne sais pas si elle est toujours valable.

— Il vivait pas dans cette grange ?

— C'était plutôt une exploitation agricole. Sûrement un truc hérité de génération en génération.

— C'était quoi comme exploitation agricole ?

— Oh, j'imagine qu'il avait deux, trois moutons et peut-être un peu de céréales. Pas grand-chose. Ce genre de truc n'existe plus vraiment, t'as qu'à voir la gueule des cultures intensives autour de Poitiers…

— Je comprends pas… Sa baraque a été squattée alors qu'il avait une exploitation agricole ?

— Moi non plus, je comprends pas. Mais ce serait intéressant de lui demander, non ? J'ai son adresse.

— Tu sais que t'es plus en forme que moi, finalement ?

Comme deux compères dans un *buddy movie*, ces films où deux flics font équipe – le vieux, le jeune ; le petit, le grand ; le gros, le maigre –, on a quitté le parc et embarqué à bord de ma Clio. L'adresse du gus se trouvait juste de l'autre côté du Clain, dans les faubourgs encaissés, dominés par les falaises de calcaire. Les petites maisons s'alignaient dans une rue étroite, sans harmonie, aucun toit n'était à la même hauteur, aucune façade ocre n'était exactement de la même teinte que la façade voisine. Comme si un gosse avait empilé côte à côte plusieurs Lego piochés au hasard. Certaines bâtisses avaient été rénovées et leurs murs lisses sentaient presque la peinture fraîche, d'autres paraissaient au contraire près de s'écrouler, la pierre poussiéreuse et désagrégée. Côté gauche, en parcourant la rue, quand les maisons laissaient place aux jardins et à une vue dégagée, on apercevait de temps en temps les rives du Clain, aménagées en promenade de ce côté-ci, voire en petite aire de pique-nique, comme une respiration. L'embellissement était récent, officiellement pour améliorer le cadre de vie. Mais n'avait-on pas voulu faire oublier ainsi de vieux et mauvais souvenirs ?

Sur le siège passager, Mernot économisait sa voix. Je roulais assez lentement pour qu'il puisse distinguer les numéros des maisons. Joseph Forig était censé crécher au 47.

— On y est presque, tu peux chercher une place.

Les rares stationnements se trouvaient sur le côté droit et j'ai dû faire un créneau laborieux pour me loger. Me voyant empêtré dans ma manœuvre, Mernot s'est impatienté :

— Pas la peine de fignoler, la maison a l'air déserte, on risque pas de rester longtemps.

Je me suis contorsionné pour sortir de la voiture et me glisser entre la carrosserie et le mur adjacent. Bientôt il ferait complètement nuit, on entendait le cliquetis des ustensiles frapper la vaisselle dans certaines cuisines à la fenêtre ouverte et le générique du journal de 20 heures de TF1. Au numéro 47, cependant, pas de bruit ni de lumière. On s'est approchés, discrets comme des cambrioleurs. Sur la boîte aux lettres, aucun nom.

Les volets avaient été fraîchement repeints. À droite de la maison, une grille à la couleur effritée donnait sur un jardin herbeux au milieu duquel trônaient une table de jardin en ferraille vert clair et quatre chaises. Une bêche et un râteau s'oxydaient contre un pan de mur, le manche parcouru de fourmis rouges.

— En tout cas, c'est pas une maison abandonnée, a observé Mernot, qui se cramponnait aux barreaux de la grille pour reposer ses jambes fatiguées.

Brusquement, une lumière tamisée a éclairé la fenêtre la plus proche de nous, dans le jardin.

— Il est là…, ai-je murmuré.

Joseph Forig n'avait pas disparu. Peut-être même nous attendait-il. Mais qui était Joseph Forig ? Juste le propriétaire d'une grange qu'il aurait laissée à l'abandon ? Un complice du Diablo ? Ou le Diablo lui-même ?

Sans prévenir, Mernot a pressé la sonnette de la grille.

— On va en avoir le cœur net…

— Attends, ai-je dit dans un souffle d'angoisse. On ne sait pas si…

— Si quoi ?

— S'il est dangereux…

Il m'a dévisagé, interdit, mais n'a pas eu le temps de prononcer un mot de plus. Déjà, des bruits de pas nous parvenaient de l'intérieur, de plus en plus près, et mon cœur cognait, de plus en plus fort. Un cliquetis de poignée, le grincement de la porte. Une silhouette s'est dessinée dans la pénombre.

Était-ce lui ? Il avait quarante ans. Le cheveu court et brun, le visage légèrement vermillon. Et un air méfiant qui lui fronçait les sourcils.

— Bonsoir… C'est pour quoi ?

— Monsieur Forig ?

L'âge pouvait coller. La tête, pas vraiment. Mais les années avaient passé.

— Pardon ?

— Vous êtes Joseph Forig ?

— Et vous, vous êtes qui ?

— Euh, pardon… Je suis monsieur Mernot et voilà Simon Magny, journaliste. Nous cherchons le propriétaire d'une grange, je crois que c'est vous.

— Joseph Forig ?

— Oui ?

Son visage s'est radouci subitement.

— Non, c'est pas moi. Il a vécu là il y a des années mais… il a disparu.

— Ah bon ?

— Oui. Il a disparu et sa maison est restée abandonnée très longtemps. Avant d'être revendue par sa sœur.

Mon stress est retombé. Bien sûr, ce type ne ressemblait pas du tout au Diablo. D'ailleurs, il n'était pas brun, plutôt châtain. Je l'imaginais cadre à la poste ou à la mairie. Pas prédateur des squats.

— Vous savez quelque chose sur sa disparition ?

— Non. Apparemment, le type est parti un beau jour. Si j'ai bien compris, c'était un solitaire, un peu mystérieux, un peu vieux garçon.

— Il avait quel âge quand il a disparu ?

— Je dirais au moins soixante ans.

Fausse piste. Ou piste brumeuse.

— Mais pourquoi vous le cherchez ? Si c'est pas indiscret…

— Il est aussi propriétaire d'une grange qui vient de flamber dans un incendie criminel, a prudemment dévoilé Mernot.

— Ah ? Vous me l'apprenez…

— Oui… Ça fait longtemps que vous habitez ici ?

— Un an.

— D'accord… Bon, désolé, monsieur, a conclu Mernot.

On allait décamper quand l'homme nous a rattrapés par quelques mots :

— Il devait être bizarre, ce Forig.

— Ah oui ? a demandé Mernot avec gourmandise.

— Il a laissé des trucs ici. Je peux vous montrer si vous voulez.

— Volontiers, monsieur.

Au lieu de nous faire entrer, il a refermé la porte sans un mot. On s'est retrouvés plongés dans l'obscurité, sans comprendre. Il est finalement réapparu derrière la grille, qu'il a ouverte dans un crissement à vous arracher les dents.

— Il faut vraiment que je graisse ce truc. Si vous saviez l'état dans lequel était la baraque… En un an, j'ai pas eu le temps de tout faire.

— Ah oui ? C'était un vrai taudis ? a demandé Mernot en pénétrant dans le jardin.

— Hou là, oui, je pense que ça a été squatté par des types un peu limites.

Il nous a menés au fond du jardin, on s'enfonçait de plus en plus dans les ténèbres. Un bruit de tape sur du plastique a résonné. Puis une lumière vive, agressive nous a sauté au visage. Il avait récupéré une lampe torche…

— Ce que je veux vous montrer se trouve derrière cette porte.

Une cloison en bois pourri marquait l'entrée dans… une grotte, tout au fond du jardin, encaissée dans une falaise qui nous surplombait.

— Ce sont des maisons troglodytiques, a précisé Mernot en me regardant.

— Ça veut dire quoi, déjà, troglodytes ?

— Elles n'ont pas de cave, elles ont des grottes creusées dans la falaise.

— Je savais pas que ça existait ici…

— Eh oui ! Dans le temps, y a longtemps, les gens avaient des chevaux, ici… du bétail.

Mon vieil ami s'est émerveillé :

— Quel trésor vous avez là !

— Sûrement… J'en ai pas encore bien profité.

Le proprio s'est penché sur le cadenas qui verrouillait la porte. Il est entré en premier. Mernot a suivi, je fermais la marche.

C'était un antre haut de deux mètres cinquante environ, profond de cinq, humide et frais. Il n'y avait ni cheval ni squelette de cheval, seulement beaucoup de babioles accumulées. Des parpaings, des outils de bricolage, un pneu, des bouteilles en verre vides… Ça me rappelait vaguement le fatras de la grange. Et aussi une initiation en spéléologie remontant au CM2 où j'avais surtout expérimenté la claustrophobie.

— J'ai dégagé pas mal de merdes mais j'en ai ajouté d'autres.

Il s'est dirigé vers une sorte de caisse en ferraille oubliée tout au fond. Un silence impressionnant régnait. Il s'est emparé d'une malle, assez lourde si j'en croyais ses grimaces.

— Le seul truc que j'ai gardé, c'est ça. Comme le type a disparu, je me suis dit : sait-on jamais, il reviendra peut-être un jour, et il en aura besoin.

Il l'a ouverte de la main droite tout en l'éclairant de la gauche. On aurait dit la révélation d'un coffre au trésor. Mais ce n'étaient pas des bijoux ou des louis d'or qui se sont offerts à notre vue : plutôt une liasse de documents. Noircis, séchés, friables comme des papyrus.

Je me suis accroupi, Mernot aussi mais plus lentement, comme s'il redoutait déjà le moment où il faudrait se relever. Il ne s'agissait que de factures, de quittances de loyer, de devis. Des chiffres, des colonnes, des dates. J'ai levé la tête vers notre hôte.

— Ses papiers administratifs ?

— Oui, il n'y a que ça. J'avais aussi trouvé une tête de sanglier accrochée à un mur que j'ai bazardée. En matière de déco, c'était vraiment vieillot.

— Qu'est-ce que vous savez d'autre sur lui ?

— Rien. Rien du tout. Je crois qu'ils ont pensé que le type s'était suicidé, il aurait fait sa valise et serait parti du jour au lendemain… Mais allez savoir si c'est pour se flinguer ou pour refaire sa vie.

Mernot et moi, on regardait un peu bêtement le coffre, sans trop savoir quoi en faire. Mon camarade a brisé le silence.

— On peut vous l'embarquer ?

— Franchement, ça m'est égal. Je crois pas que le type reviendra un jour. Et s'il revient, je lui donnerai votre adresse, a-t-il répondu dans un sourire.

C'est à ce moment-là que j'ai aperçu la forme noire d'un tatouage sur son bras droit, dépassant de la manche de son tee-shirt. Derrière nous, un coup de vent a fait claquer la vieille porte de bois. Le mouvement a fait sursauter notre guide et une image est apparue dans le halo de sa lampe.

— Qu'est-ce que c'était, ça ? a demandé Mernot.

Brusquement, un sentiment de flottement m'a envahi. Qu'est-ce qu'on fabriquait ici ? Qui était ce type ? Et pourquoi on cherchait Joseph Forig, au fait ?

— Ça ? a repris le proprio. C'est un autre truc bizarre qu'il a laissé…

Il a braqué sa torche sur une paroi de la grotte. Il y avait là un dessin, un autre. Quelque chose de familier et d'étrange à la fois. À première vue, on pensait à la petite sirène puisqu'il représentait une queue de poisson greffée sur un corps de femme. Ses cheveux roux me rappelaient une adaptation version dessin animé du conte d'Andersen. Mais le roux tirait vers le rouge et c'est à Lisa Fournier que je pensais. Sauf que le visage n'était pas terminé. Il n'y avait qu'une face sans yeux, sans nez, sans bouche, un visage sans traits, comme si on les avait supprimés. Comme si on lui avait retiré son identité.

— 17 mars 2005, a lu Mernot.

Je connaissais la chronologie par cœur. Arthur Morello. Le puzzle était presque complet.

— Bizarre, hein ? Moi, ça me fout les chocottes, a soufflé notre hôte.

La manche de son tee-shirt s'était encore relevée sous le mouvement de son bras. Ce n'était pas un diable tatoué mais un simple scorpion à la con.

On a fini par partir en transportant le lourd coffre. J'essayais de prendre davantage que ma part pour soulager Mernot, dont le souffle de plus en plus sifflant trahissait la fatigue croissante. Une fois dans la voiture, je m'apprêtais à prendre la direction du centre-ville pour ramener Mernot chez lui quand il a posé une main sur la mienne, accrochée au levier de vitesse :

— Continue tout droit…

Cette nuit-là, mon vieil ami m'a mené jusqu'à un point de vue que je ne connaissais pas : là où se dressait la statue de Notre-Dame-des-Dunes, qui dominait la ville. Un promontoire protégé par un grillage vert permettait de s'accouder aux pieds de la Vierge, avec vue sur les petites lucarnes allumées de Poitiers. D'ici, la cité ressemblait à un faubourg aux maisons éparpillées jusqu'au plateau, chaumières et vies calfeutrées dans le même cocon. Des églises surnageaient çà et là avec leurs flèches qui piquaient modestement vers le ciel trop grand.

Mernot a souri.

— D'ici on voit mieux pourquoi on appelle Poitiers la ville aux mille clochers.

Un vent frais me décourageait de passer la nuit ici et si on pensait dominer la ville, c'était en réalité la nuit qui nous dominait. J'avais l'impression d'être une poussière écrasée par celle des étoiles.

— Je vais pas te faire le numéro du bouffeur de curés qui se met à croire en Dieu à l'ultime instant, a poursuivi Mernot. Mais c'est vrai que, dans ces moments, on espère toujours qu'une lumière veille sur nous, quelle qu'elle soit. Pour que la fin qui s'annonce ne soit pas trop douloureuse… Ou qu'il y ait un truc après pour la racheter.

Je n'avais pas imaginé que Mernot me parle à cœur ouvert. Jamais il n'avait dévoilé plus de trois mots sur sa vie : d'où il venait, qui il avait aimé. Notre pudeur réciproque nous empêchait d'aller sur ce terrain-là. En tout cas, jusqu'à cette soirée.

— Tu as vu ton médecin ?

— Oh, tu sais, les médecins… Y a plus de franchise dans le regard de cette Vierge que dans le leur.

— Effectivement, tu es devenu croyant…

C'était une taquinerie pour éviter le vide et il l'a compris. J'avais envie de changer de sujet. Ça aussi, il l'a compris, puisqu'il a enchaîné :

— Qu'est-ce qu'on a vu, ce soir, d'après toi ?

J'ai réfléchi.

— La baraque de Joseph Forig. Sans Joseph Forig.

— Exactement.

— Disparu il y a une dizaine d'années.

— Ouaip. Est-ce que la date t'évoque quelque chose ?

— Oui, il y a dix ans, c'est les derniers noyés du Clain… La dernière fois qu'on voit Lisa Fournier et le Diablo dans la grange, aussi.

— Exact. Et puis tu oublies quelque chose…

Un avion a traversé silencieusement le ciel, lueur orangée au milieu des étoiles, petite trace de vie dans l'immense immobilité.

— Putain ! Le corps… Le corps dans l'immeuble abandonné !

— Mon billet que le corps, c'est celui de ce Joseph Forig.

— Attends, attends… Mais alors, ça veut dire quoi ?

— Imagine. Imagine que Lisa Fournier et le Diablo aient voulu s'installer dans cette grange. Que Joseph Forig ait essayé de dégager les squatteurs. Et que ce soit les squatteurs qui l'aient dégagé. Ça serait crédible, non ? En plus, il s'est fait mordre par des clébards, c'était peut-être leurs deux malinois…

— Et y a pas eu d'enquête pour le retrouver ?

— C'était un vieux garçon. Il vivait seul, il prenait pas soin de lui. Les légistes ont dit qu'il avait les chicots pourris. Qui a encore une tête de sanglier accrochée au mur, franchement ? Personne n'a dû s'inquiéter. Et puis, à cet âge-là, on peut disparaître volontairement sans qu'il y ait rien d'illégal.

— Et qui a vidé sa baraque ?

— Peut-être les squatteurs aussi.

— Et qui a peint dans sa grotte ?

— Lisa Fournier. Encore à laisser une trace. À nous envoyer un signe…

On a continué tous les deux à réfléchir sous les étoiles. S'il n'avait pas fait aussi froid, on serait sans doute restés jusqu'au petit matin.

3

Ravalement

Aussitôt rentré chez moi, j'ai poussé ma table basse et mes chaises pour faire de la place à ce coffre à souvenirs. Quand il a touché terre, une épaisse giclée de poussière m'a piqué les narines. Une odeur de vieux pot de chambre qui me rendait hypocondriaque. Il était l'heure de manger mais je n'avais envie que d'une chose : me plonger dans cette masse de parchemins. J'ai saisi une première liasse de feuilles si poussiéreuse que mes doigts en devenaient plâtreux. Il y avait là une facture pour un tracteur dont le montant était encore en francs. Une autre pour les obsèques de sa mère, plus récente et cette fois en euros. Un devis de deux mille balles pour des travaux de ravalement. Les chiffres s'empilaient, les feuilles se froissaient ; en y regardant bien, le tout disait quelque chose d'une vie. Joseph Forig était un type qui vivait seul en cultivant un petit bout de terre. À part quelques ordonnances pour des anti-inflammatoires, il dépensait peu pour sa santé. « Chicots pourris »…

Comment avait disparu Joseph Forig ? Si c'était bien lui qu'on avait retrouvé dans cet immeuble désaffecté, comment s'était-il retrouvé là ?

J'ai passé la nuit à me triturer les méninges sans parvenir à la moindre hypothèse crédible. Mais en me privant une fois de plus d'heures de sommeil réparatrices.

Dès le lendemain matin, j'ai pris de nouveau la direction des faubourgs de Poitiers. J'avais un nom et une date : Joseph Forig, disparu dix ans plus tôt. Un voisin pouvait savoir quelque chose. Je me suis garé au même endroit que la veille puis j'ai entrepris de sonner aux portes. À la première, juste avant celle du disparu, une grande dame frôlant les soixante-dix ans, cheveux gris bouclés et chapeau de paille sur la tête, m'a reçu. Joseph Forig ? Bien sûr qu'elle se souvenait de lui, un « type rustre », qui marmonnait à peine bonjour.

— Il allait et venait à bord de sa Renault 19 toute déglinguée.

À part le pot d'échappement de sa tire, ce Forig était d'une discrétion absolue. « Normal » que le quartier ait mis le temps à prendre conscience de son évaporation. La dame au chapeau, que j'imaginais artiste baba cool assagie par l'âge, me l'a décrit comme un type un peu sec, visage anguleux, « pas très beau, la tronche en biais et des yeux globuleux ». Elle n'a pas tardé à lâcher l'expression qui s'imposait : vieux garçon.

— Est-ce qu'il avait les dents abîmées ?

Elle m'a reluqué d'un air surpris.

— Ça se pourrait bien, je l'ai jamais vu de très près, en fin d'compte.

Je suis passé à la maison suivante, où un septuagénaire ventripotent m'a accueilli avec le sourire. Il a démarré sans se faire prier :

— Ah, quelle histoire, ce type ! Quelle histoire ! À l'époque, j'étais souvent sur les routes, j'étais VRP pour Ricard, vous savez.

Il s'était écoulé plusieurs semaines avant qu'il note l'absence de son voisin.

— Je lui avais parlé quelquefois, mais on ramait pour faire la conversation. Le gus a longtemps vécu là avec sa mère et puis elle est morte. Il était déjà pas joyeux avant mais, à partir de là, il est vraiment devenu triste comme une pierre... En plus il prenait pas soin de lui, ni de sa baraque. Enfin, quand sa mère est morte, il a dû toucher un peu de fric et il a quand même fait des travaux de ravalement.

— C'est un détail mais est-ce qu'il avait les dents...

— ... pourries ? Ouais, comme le reste !

J'avais de moins en moins de doutes : le macchabée du squat de la gare collait de plus en plus au portrait. Le retraité de Ricard avait bien une théorie :

— Moi, je pense qu'il s'est flingué. Vous savez, un vieux garçon comme ça, une fois qu'il a perdu sa mère, il ne lui reste plus rien.

Qu'est-ce que c'était glauque...

— Et il ne fréquentait vraiment personne ?

— Non, personne, jamais, ni femme ni homme.

— Et sa vieille Renault 19, évaporée elle aussi ?

— Il s'est peut-être bien foutu au fond d'un lac avec. Un jour, des baigneurs tomberont sur une vieille carcasse... Ou deux !

Il s'est marré. J'étais si concentré sur mes questions que j'en ai oublié de rendre la politesse.

— À votre avis, il a disparu quand exactement ? Ou à peu près ?

Il s'est gratté la tête, impuissant, tout en réfléchissant, plein de bonne volonté.

— Moi, la dernière fois que je l'ai vu, c'est quand ses travaux de ravalement se sont terminés.

La facture de son coffre me permettrait de resserrer le créneau.

— Il nous avait un peu emmerdé avec ses travaux, à vrai dire. C'est pour ça que je m'en souviens.

— Ah bon, pourquoi ?

— Z'avez vu l'étroitesse de la rue ? Les ouvriers qui s'en occupaient bouchaient tout le temps le passage avec leur fourgonnette.

J'allais sonner à une troisième porte lorsque le mot-clé fit tilt dans mon esprit.

Fourgonnette.

En rentrant chez moi, je me suis emparé à nouveau, non sans un certain dégoût, des documents trouvés dans la maison troglodyte. L'entreprise qui avait pris en charge son ravalement de façade était située à la sortie sud de la ville, juste avant l'étalement des zones commerciales. Je m'y suis hasardé sans trop de conviction : questionner le personnel des entreprises privées relevait toujours de la gageure. On tombait, en général, sur une secrétaire qui vous posait plein de questions sur vos motivations, d'un air suspicieux et hostile. Si on franchissait ce premier barrage, un autre se dressait : personne n'avait la moindre envie de fouiller dans les archives personnelles de la boîte, encore moins pour répondre à une question sur une affaire criminelle. Pourtant ça valait le coup d'essayer.

De trouver la fourgonnette. Histoire de vérifier si elle ressemblait à celle apparue et disparue sur la vidéo tournée au caméscope par les copains d'Adrien Mauly.

L'entreprise « Pérouen S.A. » affichait sa tristesse sur sa tôle blanche, son logo vert de vessie et son hall d'accueil amorcé par un carré de pelouse synthétique. Ça sentait la déprime de la zone industrielle, ça puait l'artificiel et les parkings trop loin des cœurs de ville, délimités par de grandes bennes. Le mot « Ravalement » jouxtait le nom de la boîte, en lettres blanches sur la vitre opaque. Il ne m'évoquait pas l'embellissement des façades mais plutôt d'autres images : on ravalait sa salive ou son dégueulis.

La bonne nouvelle, c'est qu'il n'y avait pas de secrétaire à l'accueil, samedi oblige, donc un obstacle en moins. À droite du guichet vide s'étendait une pièce en longueur, type entrepôt, avec de longs rayons métalliques supportant des pots de peinture. Un homme de trois quarts dos, à la calvitie offensive, la cinquantaine, un grain de beauté poireau à côté du nez, vérifiait des références sur le pot, en gribouillant des indications sur un bloc-notes à petits carreaux. Il a avisé ma présence, comme un chien renifle un nouveau venu près de sa panière :

— B'jour.

— Bonjour, je cherche le patron.

— Bonne pioche.

— Tant mieux. Je suis journaliste, j'ai besoin de votre aide.

Il a baissé d'un cran supplémentaire son stylo pour ranger la pointe, *clic*, et son expression a viré à la perplexité.

Je suis à la recherche d'une personne disparue. Un client à vous.

— Sans blague. Qui ça ?

— Un client d'il y a dix ans…

Il a gonflé ses joues puis en a expiré l'air d'un lent *prouf*.

— Comment voulez-vous que je m'en souvienne ?

— Vous avez peut-être un registre… Des archives ?

— Pfiou yaya ! Qu'est-ce que vous me demandez là ! Et puis, vous savez, je vais rarement faire le boulot moi-même. J'ai des salariés et des intérimaires… Et les intérimaires, ça va, ça vient.

— Vous n'avez pas de liste d'intérimaires ?

— Mais, mon petit monsieur, si vous saviez tout ce qui passe ici… Et je vous parle même pas des nouveaux ces temps-ci, des types venus de Syrie ou de Libye ou de je sais pas où… Difficile de retenir les noms…

— Vous avez tant de chantiers que ça ? On peut quand même essayer.

— Ben dites toujours, mais franchement…

J'ai brandi le document trouvé chez Joseph Forig, où figuraient à la fois son nom et le nom de cette boîte. Un détail a paru surprendre le patron, mais il n'en a rien dit sur le moment.

— Rue des Quatre-Routes, rue des Quatre-Routes…, a-t-il marmonné.

Il s'est dirigé vers l'ordinateur posté à l'accueil et je l'ai suivi docilement.

D'un coup d'œil rapide vers l'écran, j'ai vu qu'il localisait l'adresse précise sur un plan en ligne.

— Ce serait pas la maison de…

Je l'ai laissé cogiter. Un simple bouton permettait de visualiser les façades correspondant aux adresses renseignées.

— Ah si ! Ah si !

— Quoi ? Vous connaissiez le propriétaire ?

— Non, pas du tout, par contre je me souviens de ce chantier. Il avait traîné un peu et le type nous avait payés en liquide.

— Ah ? Et ça arrive souvent ?

— Non, pas du tout. C'est pour ça.

— Et vous vous souvenez des ouvriers qui bossaient sur le chantier ?

Sa bouche s'est refermée dans un plissement soucieux. Son regard m'évitait. Il y avait là quelque chose à creuser.

— J'ai l'impression que vous vous en souvenez…

— Ouais, ouais… Un ange a passé.

— Vous pouvez m'en dire plus ?

— Il a disparu comment, votre gars ?

— Aucune idée, c'est bien le propre des disparitions. Si vous savez où vous perdez vos clés, il n'y a plus de disparition, non ?

— Ouais. Pas con, pas con…

— Là, comme ça, à vous regarder, on a l'impression que votre salarié était louche.

— Ah ça !

Il n'a pas fallu tirer le fil longtemps pour qu'il vienne.

— Qu'est-ce qu'il avait, cet ouvrier ?

— Si je m'en souviens, aussi, c'est parce que c'était le type le plus bizarre que je connaisse. Notez qu'il ne travaillait pas mal, c'est pour ça que je l'ai gardé un peu. Il avait une fâcheuse tendance à faire beaucoup de bornes avec la fourgonnette du boulot et j'ai jamais su ce qu'il foutait avec. Mais surtout…

— Mais surtout quoi ?

— On m'avait déjà signalé son comportement bizarre sur les chantiers. Très taiseux, pas liant du tout du tout. Ça arrive, aussi, hein. Surtout en ce moment, avec les Syriens et les Libyens… Mais eux, y z'ont l'excuse de la barrière de la langue.

— Autre chose de bizarre ?

— Ouais…

Il a jeté un coup d'œil inquiet vers la sortie, pour s'assurer que personne ne viendrait surprendre ses confidences.

— Y paraît que…

— Que ?

— Y paraît qu'il se branlait sur les chantiers… J'aurais pas été surpris qu'il ait fait de la taule avant pour exhibitionnisme ou un truc dans le genre.

— C'est un client qui l'a surpris en train de faire ça ?

— Non, un autre ouvrier. Pendant un chantier. En fait, le mec avait disparu quelques minutes. Il l'a retrouvé devant la fenêtre d'un voisin en train de se branler frénétiquement.

— D'un voisin ?

— Ouais. D'un étudiant, je crois. Un jeune gars, en tout cas.

— D'accord, d'accord…

— Moi j'ai rien contre les pédés, hein, mais les pédés qui observent par le trou de la serrure, là, ça me gêne.

— Et comment il a réagi quand il s'est fait surprendre ?

— Très très agressif. Menaçant. C'est là que j'ai décidé de me séparer de lui.

— C'était quand, ça ?

— Je m'en souviens assez bien, c'était pendant la Coupe du monde de 2006. Coup de tête de Zidane à Materazzi. *Paf*, coup de pied au cul ici.

— Je vois. L'ouvrier qui l'a surpris, il bosse encore chez vous ?

— Non, je crois qu'il est mort dans un accident de bagnole… Il picolait un peu.

— Et cet ouvrier bizarre, vous ne l'avez jamais revu ?

— Jamais.

— Et la fourgonnette ? Vous l'avez toujours ?

— Ah non, depuis le temps, elle est partie à la casse.

L'adrénaline a figé un sourire sur mon visage. Le patron devait se demander pourquoi.

— Il avait des boucles d'oreilles ?

— Ouais, ouais. À chaque oreille.

— Et un tatouage de diable sur le bras ?

— Ah putain, j'avais oublié… Mais maintenant que vous le dites : ouais.

— Vous vous souvenez de son nom ?

Il a réfléchi de longues secondes.

— Pascal. Quelque chose comme ça…

— Pascal ? Son prénom ?

— Non, son nom.

— Et son prénom ?

— Alors là, aucun souvenir. C'était peut-être pas Pascal.

— Vous voudriez pas chercher dans vos archives ?

— Ah non, mais je le trouverai pas.

— Comment ça, vous le trouverez pas ?

— Je vous dis que je le trouverai pas.

— Parce qu'il était payé au black, c'est ça ?

Un client est entré derrière moi.

— Bonjour, a-t-il fait.

Et j'ai eu envie de lui répondre « Tire-toi ».

Le patron du BTP est allé à sa rencontre immédiatement. Ça l'arrangeait bien.

4

Visions

Calfeutré dans ma voiture, j'ai donné à manger au moteur de recherche, sur mon téléphone, des combinaisons de mots-clés. Pascal Poitiers. Pascale Poitiers. Pascale La Rochelle. Les consonnes et les voyelles se mélangeaient, les pages ne recrachaient que des articles sans rapport, des images sans ressemblance avec la description du Diablo. J'ai fini par allumer le contact et j'ai bifurqué vers le centre-ville et, plus précisément, l'appartement de Mernot. Puisqu'il avait gardé des liens avec les flics, il serait sans doute plus efficace que moi. Je peinais de mon côté à faire copain-copain avec les « sources », je n'avais pas le bagout ni l'aisance pour me les mettre dans la poche, j'avais le tutoiement anxieux et la poignée de main fragile. Le temps de Mernot était un autre temps, celui où flics et gratte-papiers se retrouvaient naturellement autour d'une bière à la fin de la journée de boulot. Les règles, les procédures, la méfiance réciproque ne permettaient plus tellement ce genre d'alliance. Ou peut-être n'étais-je simplement pas doué.

J'ai sonné à la porte de Mernot. Une fois. Puis deux. Pas de réponse. Il avait dû s'absenter pour faire une course. Hésitant devant l'interphone, j'ai composé son numéro. J'ai atterri directement sur sa messagerie et ai laissé quelques mots : « Salut, c'est Simon. J'ai du nouveau. Rappelle-moi quand tu peux, si tu peux. » Sans doute n'avait-il pas chargé son téléphone. Sans doute. Un vague pressentiment colorait soudain la lumière du jour mais j'ai fait de mon mieux pour l'oublier. Il y avait d'autres portes auxquelles toquer.

Ce nom de Pascal pouvait dire quelque chose aux copines de Lisa Fournier. La piste de la bibliothécaire purgée, il me restait celle d'une certaine Natacha Fary. Cette autre copine était restée fidèle à son cursus étudiant. Selon Google, elle vivait encore à Poitiers et gagnait sa vie comme artiste peintre et galeriste.

Sa boutique se nichait en haut de la Grand-Rue, artère jalonnée de bistrots qui plongeait de la place du marché vers le Clain. Deux colonnes repeintes fraîchement de gris anthracite, avec un côté un peu toc, soutenaient une enseigne sur laquelle avait été écrit en lettres jaunes et en italique « *Galerie 86* ». Légèrement teintée, la vitrine ne laissait qu'entrevoir les toiles exposées à l'intérieur, comme une femme qui aurait remonté sa robe au niveau des cuisses. Je me suis approché. Une blonde aux cheveux tombant jusqu'aux reins, salopette en jean tachée de peinture, accrochait un nouveau tableau au mur. Je suis entré. La fille, disons mon âge, s'est retournée pour me saluer d'un sourire net.

— Bonjour.

Autour d'elle, des œuvres abstraites : lignes bleu océan filant un blanc immaculé, halos solaires perçant dans des dégradés de gris. Pas laid mais rien d'éblouissant (à cent euros minimum tout de même).

— Bonjour, je cherche Natacha.

— C'est moi.

— Je suis Simon Magny, je travaille à *L'Écho*.

— Ah bon ? Mais l'expo ne démarre que dans deux mois et je n'ai pas encore lancé d'invitations.

— Ah non… Non, excusez-moi, je ne viens pas du tout pour ça.

— Ah ? Pourquoi alors ?

— J'enquête sur la mort de Lisa Fournier.

Elle a marqué un temps d'arrêt. Puis est devenue aussi blanche que l'un de ses tableaux. Elle s'est laissé lentement tomber sur la chaise posée derrière une table au fond de la pièce, où une machine à carte bleue faisait office de caisse. Un gros chat gris a surgi de dessous la table et est venu tourner à ses pieds pour la réconforter.

— Je savais que vous viendriez.

— Ah bon ?

— Vous pouvez fermer la porte derrière vous en tournant le panneau ?

Un malaise la fauchait en direct. J'ai exaucé son souhait en retournant l'écriteau « Fermé ».

— Vous… voulez un verre d'eau ?

— Je vous ai vu dans mon rêve cette nuit.

Elle me regardait mais devait voir autre chose à la place de ma carcasse.

— Moi ?

— Oui. Vous veniez ici et vous apportiez la lumière avec vous… Il y avait une sorte d'auréole de lumière au-dessus de votre tête.

— Ah bon ? Et vous la voyez en ce moment ?

— Non, mais c'est tout comme.

— D'accord…

J'ai esquissé un pas vers elle, ne sachant s'il fallait insister ou fuir.

— Vous avez comme un don, c'est ça ?

— Oui, depuis mon adolescence, je vois à travers les gens…

— Et qu'est-ce qu'il y a à travers moi ?

— Vous allez trouver la clé de l'énigme, je le sais…

— Vous connaissiez Lisa ?

— Oui. On s'est liées d'amitié aux Beaux-Arts.

— C'est quand la dernière fois que vous l'avez vue ?

— Dans notre dimension, il y a onze ans à peu près. Avant qu'elle disparaisse. Mais dans mes visions, je la revois souvent.

— Ah bon… Et elle vous parle, dans vos visions ?

— Oui. Elle me parle du monde de l'au-delà qu'elle a rejoint… De la quiétude qu'elle a trouvée… Et du pardon qu'elle a accordé.

— Du pardon ? À qui ?

Ses yeux étaient si grands ouverts qu'ils auraient pu m'éblouir comme un lampadaire. Elle se projetait ailleurs, loin, je n'étais plus qu'un spectateur – bienvenue au grand show de Natacha la médium ! Suivront la femme à barbe, le chat doué d'ubiquité et le nain vert jongleur !

— À son père…

Je m'attendais au Diablo mais pas à cette réponse. Le visage de monsieur Fournier, petit pépère seul avec son deuil dans sa maison de bord de voie ferrée, m'est apparu. Pas en vision, non, en simple souvenir.

— Son père ?

— Oui… Elle lui a pardonné ce terrible secret…

— Excusez-moi, mais de quoi vous parlez ?

— Elle me l'avait confié un soir. On aimait se retrouver après les cours dans ma chambre de bonne. À quelques pas d'ici, avec vue sur le sommet de la cathédrale. Elle avait alors déjà retiré sa croix de petite communiante… Mais elle ne l'avait pas encore peinte en noire pour la retourner…

— Ah bon, elle a fait ça ?

— Oui… Pour se venger de son père, lui dire à quel point ce qu'il avait fait l'avait horrifiée.

Un sifflement provenant de la vieille tuyauterie a envahi la pièce. Les mots lui venaient-ils vraiment naturellement ou inventait-elle un scénario pour m'impressionner ?

— Je comprends pas…

— Sa mère était très malade… Un cancer qui l'avait rongée lentement, mois après mois. Année après année. Progressivement, elle avait perdu presque tous les sens. Le goût. L'odorat. Puis la vue. L'ouïe. Il lui restait le toucher… Elle pouvait encore sentir la main de sa fille serrer la sienne, même dans les derniers moments… Quand tout traitement avait été arrêté et qu'elle avait regagné la maison familiale pour partir en paix…

— Je l'ignorais.

— Cette femme s'est battue longtemps. Dans la chambre parentale, elle a continué à se battre contre la mort et à serrer encore la main de sa fille adorée…

Par contre son père, lui, n'a pas eu la patience… Un jour, il a pris un oreiller…

Le sifflement de la tuyauterie sonnait à présent comme un cri venu des profondeurs. Un cri lointain, étouffé par la distance et les années mais qui appelait encore au secours. Le chat devait ressentir la même chose que moi et s'est mis à regarder en direction de l'arrière-salle.

— Lisa l'a surpris à ce moment-là, elle ne dormait pas… Son père lui a dit que c'était mieux ainsi, que sa maman ne souffrirait plus… Mais Lisa ne l'a jamais accepté.

— C'est ce qui l'a fait basculer, d'après vous ?

Elle est revenue à moi, comme si elle s'était souvenue de ma présence.

— La vie vous fait à l'aube une promesse qu'elle ne tient jamais… Vous connaissez ça ? J'imagine qu'elle a considéré que toutes les valeurs qu'on lui avait transmises ne comptaient plus…

— Sans doute.

Le reste de l'échange est devenu plus confus, et de la médium à la mytho, la frontière paraissait mince et le chemin sinueux. Avant de prendre congé, j'ai tenté ma chance :

— Le Diablo, vous n'en avez jamais entendu parler ?

— Le diable… Ça dépend de ce que vous entendez par-là.

— Un type avec deux boucles d'oreilles et un tatouage de diable ?

— Ah non… Il ne m'est pas encore apparu.

Au moment de franchir la porte dans l'autre sens, j'ai aperçu le chat qui semblait s'être téléporté. Il me fixait en se frottant contre un pan du mur. Je me suis immobilisé. À mon tour d'avoir un flash. Parmi toutes les toiles exposées, l'une jurait parmi les autres. Et me rappelait quelque chose. Ce trait, ces couleurs. On y voyait une rivière, sans doute le Clain, d'où jaillissait des algues, comme tirées vers le haut par un invisible fil. On aurait presque dit des cheveux, verdâtres, ceux d'un cadavre qui aurait séjourné dans les profondeurs des jours et des jours. Mais la texture finement représentée était bien celle d'algues. Le style était le même que sur toutes les autres peintures murales.

Je me suis retournée. J'ai pointé mon index vers l'œuvre.

— Celle-ci n'est pas de vous.

La médium ne l'avait pas vu venir. J'ai discerné alors, il me semble, oui, c'était bien cela : une goutte de sueur commençait à perler sur son front.

— Si, a-t-elle balbutié.

— Non, c'est pas de vous. C'est Lisa Fournier qui a peint ce tableau.

J'étais revenu sur mes pas pour me poster face à elle.

— Elle vous l'a donné ?

— C'était pas… C'était pas pour la vendre, c'était juste que je la trouvais belle, a-t-elle articulé d'une voix chevrotante. Je… Je l'ai trouvée sur le palier de ma porte il y a une dizaine d'années.

— Lisa avait déjà disparu ?

— Oui.

Elle regardait ses chaussures, elle était passée du blême au pourpre.

— C'était quand exactement ? Un mois après sa disparition ? Six mois ? Un an ?

— Je ne sais plus… Je ne sais plus…

— Faites un effort, s'il vous plaît. Vous me seriez d'une grande aide.

Elle s'est concentrée et j'ai compris qu'elle allait me jouer le numéro de la vision. Pourquoi pas, pourvu que la réponse soit exacte.

— C'était un mois avant qu'on apprenne sa mort… J'ai reconnu son trait dès que j'ai vu le tableau… Je me suis dit qu'elle voulait me faire signe, me dire qu'elle allait bien. Et quand ils ont dit qu'elle s'était suicidée, j'ai pensé que c'était pour me dire au revoir.

Le chat s'est mis à miauler en m'implorant du regard. Je me suis accroupi auprès de lui :

— Et toi, mon bonhomme ? T'y comprends quelque chose ?

Il a miaulé à nouveau puis s'en est allé chercher refuge sur les genoux de sa maîtresse. Elle l'a caressé et m'a ignoré.

— Merci pour le temps que vous m'avez consacré.

Elle n'a rien répondu et m'a laissé photographier le tableau. Dans le coin inférieur droit, une date et deux initiales : *23 septembre 2004. EA*. Comme Éric Angon.

5

Mauvais souvenir

Le vent s'était calmé, la chaleur de la fin du printemps revenait. Bientôt, les concerts en plein air, les terrasses ombragées et les peaux dévêtues électriseraient les soirées. Bientôt, Poitiers serait totalement vidée de ses étudiants encore à la repêche et redeviendrait ce gros bourg provincial où rien de grave ne se passe. J'ai déambulé dans les rues et je me sentais un peu seul. Le souvenir de Zoé me hantait encore mais il venait sans doute aussi combler le vide. Sa place était vacante et personne n'apparaissait pour l'occuper. Comme le cafard menaçait de me rattraper par la manche, je me suis replongé dans l'énigme.

Il manquait un tableau. Ou peut-être plus, si le nombre de victimes de Jack le pousseur et sa complice dépassait ce que je croyais connaître. Chaque date correspondait à un noyé, mais la toile figeant la date de la mort de Vincent Levin demeurait introuvable. Je savais, au fond de moi, où chercher la dernière image. Des lieux inoccupés, il en restait un à visiter, et tout me menait à lui. Tout m'attirait vers lui, comme l'aimant attire le métal. Comme le piège attire la souris.

Autant se faire hara-kiri.

Ou solliciter encore un vieil ami, malgré le poids de la culpabilité. Pourquoi faire subir ça à un type rongé par le cancer quand il faudrait plutôt prendre son courage à deux pognes ? J'avais tenté une fois d'appeler Mernot, une heure plus tôt, le téléphone avait sonné dans le vide. Je me suis pointé au pied de l'immeuble pour être fixé. S'il se sentait trop fatigué, ou même s'il disait banco mais que sa mine répondait mollo, je me promettais de ne pas insister et d'y aller seul. En espérant secrètement que l'excitation de l'enquête lui fasse oublier la maladie.

Rien de tout cela ne s'est passé : j'ai attendu trois minutes après avoir sonné et jamais l'interphone n'a crachoté de réponse. Mernot n'était manifestement pas chez lui. Il fallait agir seul.

Comme dix ans plus tôt, j'ai quitté la vie du centre-ville pour la morosité mal famée de la gare. Je suis descendu vers les bars masculins et les hôtels repoussoirs. Déjà, la nuit s'invitait à la noce. Je suis passé devant le bâtiment de la SNCF, il avait été rénové, aéré, éclairci, embelli, c'était mieux qu'avant mais ça ne le rendait pas agréable pour autant. Trois ados au teint mat et au visage dur fumaient des cigarettes sur le parvis en écoutant du rock de l'est sur un smartphone au volume trop fort. J'ai poursuivi vers la droite. Encore quelques restaurants orientaux, des enseignes de location de voitures, un ou deux salons de coiffure. Et puis… elles étaient encore là. Les travailleuses nocturnes, silhouettes offertes, en retrait du trottoir, à l'abri d'un arbre, attendant l'automobiliste qui savait exactement où s'attarder. Une décennie plus tôt, elles étaient black, blanches, beurettes. Aujourd'hui, il n'y avait plus que des Noires. Trois se répartissaient ce minuscule espace, à distance raisonnable. Une seconde, ou sans doute plus, j'ai imaginé lâcher mon obsession pour m'accorder une pause, une vilaine pause dont personne ne saurait jamais rien, un distributeur d'argent me tendait les bras cinquante mètres plus loin, cinquante euros plus tard…

Je me suis dirigé vers la première, tresses abondantes, short en jean moulant, haut blanc et violet. Mais ce n'est pas un billet que j'ai tendu, la mauvaise conscience me taraudait trop. C'est ma carte de presse.

— Je cherche un type avec deux boucles d'oreilles et un tatouage de diable, ça vous dit quelque chose ?

Elle a regardé, a pris un air désolé, et a prononcé avec un fort accent :

— Non, je vois pas.

J'ai répété ma demande auprès des deux suivantes, sans succès. J'ai replié le papier pour l'enfoncer dans ma poche. Il ne restait plus qu'à se confronter au dernier squat, au dernier immeuble fantôme. Celui où avait été retrouvé le corps de Joseph Forig. Celui où j'avais pris un pain dans la gueule, dix ans plus tôt.

Il ne s'était toujours pas écroulé, gris et muet comme une mauvaise rencontre. La porte était entrouverte, son bois défoncé laissait passer l'ombre.

Pas de scellés, en tout cas. On pouvait y entrer librement. J'ai vérifié que la batterie de mon téléphone portable était suffisamment chargée pour l'utiliser en mode « torche ». J'ai laissé derrière moi la porte ouverte. Peut-être quelqu'un pourrait-il m'entendre crier.

Le hall n'avait pas changé : toujours ce couloir vers la mort prêt à m'aspirer. Le bruit des pas se précipitant vers moi m'est revenu en tête. Une pulsation affolée a propulsé du sang glacé dans mon cœur. Il fallait s'y risquer tout de même. Bloquer son cerveau et ses souvenirs, quelques minutes. Quelques minutes pour parcourir avec mon halo numérique chaque paroi de ce no man's land. Trouver une peinture, si elle existait.

Je ressortirai d'ici soit victorieux, soit perdant, mais vivant donc victorieux malgré tout. Juste retenir sa respiration avant de plonger.

Je me suis avancé dans ce couloir. Ma main tendant l'appareil exécutait un mouvement de balancier : explorer le mur gauche puis le mur droit sans ralentir l'allure. Depuis combien d'éternités ce squat n'abritait plus d'habitant officiel ? À droite, des rangées de petites boîtes aux lettres s'alignaient, sans le moindre nom.

Au bout de dix mètres, un escalier de béton aux angles droits menait à l'étage. L'oxygène m'a manqué. C'est de là qu'il avait surgi. « *Qu'est-ce que t'as sur toi, fils de pute ?* » Nouvelle giclée de sang polaire dans mes artères.

Trop bête de reculer si près du but.

« C'est l'enquête de ta vie, Simon. » La voix de Mernot résonnait encore.

J'ai posé le pied sur la première marche. La poussière voletait sous chacun de mes pas. Je devais sans doute approcher de la dernière demeure de Joseph. Au bout d'une trentaine de marches, j'ai pénétré dans un grand espace aux cloisons abattues. Seuls les murs porteurs demeuraient : toutes les portes et cloisons avaient disparu. Il y avait jadis des appartements à cet endroit mais, dans l'état actuel, ça aurait pu être un ancien garage ou n'importe quel hangar. J'ai éclairé des portions du décor. Ici et là, les fantômes d'un ancien mobilier : une large trace noircie à cheval entre le mur et le sol marquait l'emplacement d'une cheminée supprimée. Un rectangle plus clair au milieu des débris se souvenait d'une table récupérée par un visiteur nocturne. Dix ans plus tôt, j'aurais probablement vu des types affalés par terre sur des banquettes défoncées. J'ai marché dans des éclats de verre, mais en quelle année avait été bue la bouteille qui s'était brisée ? Et s'agissait-il des débris d'un litre de gros rouge ou d'une seringue de camé ? J'ai promené ma lueur, le souffle écourté par la peur de trouver un cadavre, un rat ou un ultime squatteur. Aux murs, pas de tableau énigmatique mais des tags. Des blazes, des surnoms, des initiales, des slogans parfois vieillis, des « Nike la police », « Fuck Bush », « L'État assassine ». Rien d'artistique, seulement des bombes de peinture vidées pour tromper l'ennui.

J'ai avancé encore, au bord de la suffocation. Plus aucune ouverture ne communiquait avec l'air libre : chaque fenêtre avait été murée, l'immeuble entier était aveugle. Que la batterie de mon téléphone me lâche, et sa lumière avec, et je m'écroulerais sur place d'un arrêt cardiaque. Je devais faire vite.

Au bout, une porte menait vers un autre espace. C'était peut-être une cuisine autrefois, plus en longueur, étroite. Totalement vide. Des traces noirâtres, incrustées pour l'éternité, marquaient le sol…

Quelque chose m'a frôlé la main. J'ai poussé un cri, mon téléphone est tombé. Ce que je redoutais arrivait. À tâtons, au bord des larmes de panique, j'ai cherché à genoux dans l'obscurité. Au bout de quelque secondes, longues comme des minutes, ma main a touché le boîtier de la survie. J'ai rallumé aussitôt. Ce n'était pas un monstre qui m'avait touché mais un ruban flottant dans l'air, ranimé par le mouvement de mes pas. Un ruban jaune « Police nationale-Zone interdite ». J'ai compris alors que cet espace n'était pas si vide : cette traînée brune au sol, était-ce des gouttes de sang séchées ? Et là, contre le mur, sur deux mètres, cette décoloration crasseuse n'était-elle pas la trace du frigo saisi par les enquêteurs, dans lequel on avait caché le corps de Joseph ? Avec un peu d'imagination, on pouvait voir derrière chaque stigmate se dessiner une scène de crime.

J'ai hasardé ma lampe torche dans tous les recoins, jusqu'au plafond. Toujours pas de peinture. Demi-tour. J'ai traversé de nouveau la grande pièce vers le couloir. En frôlant le mur, j'ai découvert un accès qui m'avait échappé : une autre porte, bien fermée. L'idée qu'un ogre m'attendait derrière m'est venue aussitôt. Il me suffisait de baisser sa poignée en ferraille pour en avoir le cœur net. Il me suffisait aussi de passer mon chemin pour éviter de m'y confronter. Après tout, si les flics avaient perquisitionné, le ménage avait déjà été fait. Je ferais mieux de demander au commissaire Delmans si, par hasard, ses hommes avaient remarqué une œuvre d'art en fouillant le bâtiment, non ? Oui, bien sûr, c'était mieux… Et j'en profiterais pour lui donner la chaussette trouvée dans la grange. Et j'arrêterais de faire le malin, de jouer les enquêteurs alors que la seule chose qu'on me demandait, c'était de remplir les colonnes d'un journal local.

Un craquement. Un craquement derrière la porte. J'ai ravalé un cri d'effroi et reculé d'un pas. Étais-je vraiment seul dans ce squat ? J'allais m'enfuir lorsqu'une pensée dérangeante s'est superposée à la peur. Et si quelqu'un était retenu ici contre son gré ? Un pauvre type séquestré et laissé pour mort dans un désert où personne n'aurait l'idée d'aller le chercher ? Je me suis figé et j'ai tendu l'oreille. Plus de bruit. Trop tard à présent, il fallait s'en assurer. J'ai approché ma main tremblante de la poignée. Mon cœur avait renoncé à battre. J'ai ouvert et braqué ma torche. Rien que le noir complet virant à peine à la pénombre.

— Y a quelqu'un ?

Ma voix blanche a résonné malgré moi. En face, rien. Un petit cagibi, peut-être l'emplacement des compteurs électriques quand des gens vivaient encore entre ces murs. J'ai fait un pas : le craquement que j'avais entendu s'est répété. Tout était vieux, ici, pourri, moisi. Nouveau balayage horizontal et vertical, à la recherche de messages. Un pas de plus. Le craquement est devenu plainte bruyante. Il n'y avait rien à voir.

La suite s'est passée en quelques secondes. Des craquements plus forts, un fracas, un tonnerre sous mes pieds. J'ai hurlé à la mort. Et j'ai chuté dans la poussière et la sciure, sans avoir eu le temps de réaliser que j'allais y passer. Je n'avais jamais traversé un plancher jusque-là.

Je suis retombé sur le coccyx, cogné par le béton de la pièce d'en dessous. Au-dessus, le parquet éventré me méprisait. Passé le choc, la crise d'angoisse m'a ravagé, comme cette deuxième lame qu'on prend en pleine tête, groggy après une première vague.

Je me trouvais dans un autre cagibi et j'allais peut-être y mourir de faim et surtout de peur. Sauf si je parvenais à retrouver mon téléphone. À l'aveugle, j'ai fouillé les débris autour de moi, les morceaux de bois oblongs et piquants comme des couteaux. La pierre froide, plâtreuse confinait à l'ambiance cachot. La pointe d'une lamelle de bois m'a entaillé la paume. J'ai grimacé de douleur sans cesser ma quête, aux abois. Je manquais d'air, j'ai commencé à gémir comme le gosse qui pleurait sa mère, la nuit, quand j'étais en pension chez mes grands-parents dans leur grande maison effrayante. Mon pouce droit a fini par cogner contre le plastique du téléphone. J'ai activé un bouton pour vérifier s'il était encore en vie. La lumière bleutée m'a soulagé jusqu'à l'extase. Quelques barres indiquaient qu'il y avait du réseau et que je pouvais appeler police secours. J'ai repris peu à peu mes esprits.

En me redressant légèrement, j'ai heurté de la main gauche un autre bout de plastique, différent. Plus grand, moins droit, plus mou. Je connaissais cette sensation mais, sur le moment, c'était comme sentir un arôme les yeux bandés sans parvenir à l'identifier. Je suis passé en mode torche et j'ai éclairé ma découverte. Une poupée. Genre nourrisson en plastoc, tête nue, yeux qui s'ouvrent et se ferment selon la position, corps en tissu et jambes couleur peau. Drôle d'endroit pour une rencontre.

À bien y regarder, on lui avait tatoué quelque chose au feutre noir : une croix inversée sur le front. Bébé sataniste. Comme une intuition, je me suis détourné pour arroser les murs autour de moi du halo numérique. Le tableau était là.

Sur le mur, à ma droite, un poisson nageait en eau trouble. Ce n'était pas n'importe quel poiscaille mais un piranha, effrayant. Des dents ciselées, pointues, comme celles d'un vampire, lui sortaient de la gueule. En touchant l'œuvre, on se serait presque fait mordre. Il avait été figé dans des couleurs vertes où s'invitaient quelques lignes rouges ondulées, quelques litres de sang dans les profondeurs aquatiques.

Je l'ai photographié tandis que mon œil, désormais habitué, repérait une date, écrite dans des tons plus clairs au milieu de l'eau : *1er avril 2004. VL.* La mort de Vincent Levin.

En face de moi, un autre spectacle, plus rassurant, m'attendait. Une porte vers la libération. C'était peut-être un garage à vélos, ici, il y a une décennie, ou un local à poubelles, peu m'importait : le tour de train fantôme allait prendre fin. J'ai attrapé la poupée et me suis échappé dans la nuit en la tenant sous mon bras. Vivant. Victorieux.

6

Énigmes

Un cygne. Un poisson. Une sirène. Des algues. Une tempête.

À moins d'être complètement asséché du bulbe, il était évident que Lisa Fournier avait dessiné pour chaque victime un symbole aquatique. Rien à voir avec la quiétude du Clain où les piranhas n'avaient pas l'occasion de casser la croûte mais, vu son cerveau ravagé, et surtout vu ce que ces jeunes types avaient potentiellement subi, la violence des images associées était logique. Ces algues, ce cygne, tous avaient l'air d'être prêts à nous dévorer. Et même cette sirène. Mais fallait-il voir plus loin ? Y avait-il une autre signification ?

J'ai pris le chemin de la place d'Armes, avec un sac en plastique sous le bras qui contenait les impressions des cinq tableaux énigmatiques et aussi la poupée du squat que j'avais renommée, logiquement, Chucky.

Il était midi et quelques lorsque je suis parvenu au pied de son immeuble. J'avais posé un jour de congé pour les besoins de mon enquête. J'étais conscient d'être sur la mauvaise pente au journal, je bâclais mes articles, je me pointais au boulot avec une gueule de zombie et ma cote de popularité avait sévèrement baissé auprès de Suzy : elle ne m'avait rien dit de plus depuis sa dernière remontrance mais je le déduisais à son regard sévère, à sa parole devenue lointaine. Je savais bien que ça ne pouvait pas durer éternellement.

Comme la veille, j'ai sonné à l'interphone de Mernot. Une seconde est passée, puis une autre, et ainsi de suite. Personne. Un mauvais pressentiment m'a traversé l'esprit, que j'ai tenté d'étouffer en pressant la touche à nouveau. Toujours rien. Une dame d'une soixantaine d'années a ouvert la porte d'entrée en traînant son cabas à roulettes. Je me suis avancé pour profiter de l'opportunité et me faufiler à l'intérieur, mais elle m'a fusillé du regard :

— Vous n'habitez pas ici, vous.

— Euh, non, je viens juste voir un ami.

— Et c'est qui ?

Son ton de flic m'agaçait.

— Monsieur Mernot.

Immédiatement, son visage suspicieux s'est changé en mine compatissante.

— Ah, mais vous n'êtes pas au courant… Monsieur Mernot a fait un malaise, il a été conduit à l'hôpital.

— Ah bon ?

— L'ascenseur était en panne avant-hier, il a monté l'escalier à pied et s'est effondré en haut des marches. C'est une voisine, madame Hagel, qui l'a trouvé…

— Ah merde ! Vous avez des nouvelles ? C'est…

— Non, il est au CHU. Si vous le connaissez bien, vous devriez essayer de lui rendre visite.

En grimpant dans le premier bus qui passait et pouvait me rapprocher de l'hôpital, j'éprouvais un sentiment que j'avais oublié, différent de l'angoisse, même s'il pouvait lui emprunter ses accents : la mélancolie. Rien ne pouvait durer. Ni cette enquête ni la longévité et l'énergie de mon ami, mon maître. Il fallait toujours que la fatalité se rappelle à notre souvenir sans faire de sentiment. Brusquement, les mots de la petite Gitane me sont revenus en tête : « Il va mourir, le monsieur. » Seigneur, si vous existez, faites que la gosse se goure complètement. Encore un peu de répit. Il était trop tôt pour qu'il parte, je ne me sentais pas prêt à faire la suite du chemin seul. Sans lui, je ne serais pas assez fort pour dissiper le brouillard. J'avais progressé, c'est un fait, j'avais affronté ma peur pour visiter les squats les moins accueillants de cette ville, c'était déjà une performance en soi, mais ce n'était pas encore assez.

Ironiquement, la position géographique du CHU de la ville, la Milétrie, me renvoyait vers le passé, en l'occurrence vers le campus. C'est dans ce paysage plat aux allures de zone industrielle que le centre de santé se dressait, triste comme le décor où il avait poussé.

À l'entrée, une femme d'une quarantaine d'années promenait sa grand-mère en chemise de nuit rose, lui tenait la main en regardant à sa place où son pied se posait, lentement, hésitant. Plus loin, un jeune type maigre comme un chat de gouttière fumait une clope qui n'était sûrement pas le médicament prescrit pour son mal. J'ai franchi les portes transparentes à détection automatique pour atteindre le hall d'accueil. D'autres malades, parfois seuls, parfois avec leurs familles, passaient le temps autour d'un café dans un coin restauration, d'autres encore attendaient dans une salle d'attente ouverte à tous les vents et, plus loin, un kiosquier vendait avec gentillesse quelques exemplaires de *L'Écho*. J'ai gagné un îlot central où des femmes en blouse, assises derrière un ordinateur, orientaient les visiteurs. Celle qui était libre était une blonde à lunettes d'une cinquantaine d'années au sourire bienveillant.

— Bonjour, je voudrais rendre visite à un ami qui est hospitalisé ici. Monsieur Mernot.

— Vous savez dans quel service il a été admis ?

— Aux urgences mais il est peut-être en salle de repos. Il a été admis pour un malaise.

— Ah, je vois un monsieur Mernot en cancérologie.

— C'est lui.

— Étage 5, présentez-vous à l'infirmière qui sera au guichet, à droite en sortant de l'ascenseur.

Cancérologie. Rien que le mot jetait un froid. J'ai pris l'ascenseur, mon cœur a bondi comme dans un manège de fête foraine quand je suis sorti sur le palier. Ce long couloir vert me faisait moins peur que celui du squat, il était plus propre, plus civilisé, mieux entretenu, plus coloré, c'est certain. Mais ne menait-il pas au même endroit ?

L'infirmière, petite brune aux cheveux courts, m'a précédé jusqu'à la chambre 515.

— Attendez-moi ici, je vais voir s'il peut vous recevoir.

Elle est entrée, je suis restée à l'extérieur, Chucky dans son sac, l'anxiété au bord des lèvres. Elle a prononcé mon nom, posé sa question. J'ai entendu une voix à peine audible et redouté la suite. Elle est ressortie et m'a fait signe d'entrer, tout en m'intimant à voix basse :

— Essayez de ne pas rester trop longtemps, il a besoin de repos.

C'est fou comme un pyjama vous change un homme. Mon pygmalion avait l'air d'un petit pépé, au fond de son lit. Pas rasé, le pointillé gris de sa barbe mangeant ce qu'il restait de sa face blanche et émaciée. La lumière du jour qui dardait par la fenêtre éclairait les poils blancs de ses oreilles. Il m'a accueilli d'un sourire sincère mais forcé pour surmonter sa fatigue. J'étais gêné d'être là, comme si je violais son intimité.

— Salut… Je veux pas te déranger.

— Tu m'déranges pas, a-t-il répondu d'une voix tendre et un peu gênée aussi.

— Je suis venu sonner chez toi, c'est une des tes voisines qui m'a appris ça.

— Ah bon… Ben, qu'est-ce que tu veux… J'ai réussi à monter jusqu'à la Sainte-Vierge mais j'ai pas réussi à monter jusqu'à chez moi.

— Putain d'ascenseur.

— Comme tu dis.

Il a avisé le sac en plastique accroché à ma main droite.

— T'as quoi là-dedans ? Me dis pas que tu m'as apporté des chocolats…

— Ah non, non, non, c'est… un truc.

Il a examiné le sac avec plus d'acuité et s'est étonné :

— Une poupée ?

— Heu, ben oui.

— C'est un gentil cadeau mais je t'arrête tout de suite, je suis pas devenu gâteux au point de rejouer à la nourrice.

J'ai ri de bon cœur, on n'a pas si souvent l'occasion de rire dans les hôpitaux.

— Non, c'est un truc que j'ai trouvé.

— C'est ton enquête ?

— Je veux pas t'emmerder avec ça, tu dois te reposer…

— Je te dis que tu m'emmerdes pas. Ce qui m'emmerde, c'est d'être là, même si ça fait que deux jours. Allez, assieds-toi. Et dis-moi tout.

— D'accord.

Je me suis posé sur une chaise exposée au soleil qui tapait de l'extérieur. Je n'allais pas tarder à cuire.

— Dis-moi d'abord… Est-ce que les médecins sont rassurants ?

— Bien sûr, les médecins sont toujours rassurants. Même à l'article de la mort, ils seraient prêts à te proposer un nouveau protocole !

— Si tu as besoin d'aide quand tu seras chez toi, je serai là, tu sais…

— C'est gentil, Simon, c'est vraiment gentil. J'ai hésité mais son regard vif m'encourageait :

— Donc, hier soir, je suis retourné au squat.

Je lui ai relaté ma soirée, tentant d'y ajouter des touches d'humour çà et là, et lui arrachant parfois un sourire. La plupart du temps, il m'écoutait avec attention, mais parfois, l'espace de quelques secondes, ses yeux semblaient près de se clore. Chaque fois, je passais une vitesse dans mon récit.

— Donc tu as trouvé un doudou ?

— Ouais, si on veut… Bizarre, non ? C'est peut-être aussi un signe.

— Tu veux dire, comme les tableaux ?

— Oui, je crois. Je les ai tous trouvés, maintenant. Sauf s'il y a d'autres victimes.

— Il y en a peut-être d'autres…

— Ces dessins, c'est forcément un langage codé, non ? On dirait que Lisa Fournier voulait qu'on sache.

— Comme si elle n'était pas totalement sous l'emprise du Diablo.

— Peut-être… Peut-être qu'elle voulait qu'on les découvre… J'ai pensé à un truc. Le dessin, dans la grange. Le cygne qui fout la trouille. Il n'était pas terminé. Et si le Diablo l'avait surprise ? Et qu'il avait voulu la punir ? Ça expliquerait pourquoi les Gitans les entendent s'engueuler, pourquoi elle s'enfuit et dit à une fille qui la voit, affolée : « Quelqu'un me veut du mal »…

— Ça se tient complètement… Comment il s'appelle, déjà ?

— Pascal. Ou quelque chose comme ça. C'est ce que m'a dit le patron du BTP mais il était pas du tout sûr de lui.

— Tu as cherché un Pascal ?

— Oh oui, sur Internet. J'ai décrit son allure à des prostituées, personne le connaît.

— Mouais, c'était y a dix ans. Il est peut-être mort depuis.

— Peut-être… Peut-être qu'effectivement il n'y a plus rien à trouver.

— Mais peut-être qu'il y a quelque chose à trouver… Tu peux pas t'arrêter là, Simon. Remontre-moi les dessins.

Je lui ai donné mes cinq feuilles imprimées, il les a étalées sur la couverture de son lit, a scruté chacune d'elles attentivement, malgré la mauvaise qualité des images.

— Il faudrait déjà les mettre dans l'ordre. Pas l'ordre dans lequel tu les as trouvés… L'ordre chronologique des morts, a-t-il marmonné en joignant le geste à la parole.

Il a observé les peintures morbides longtemps. Très longtemps. Sur le fauteuil, exposé au soleil, je passais à l'ébullition. Les minutes se sont écoulées, je l'entendais parfois marmonner. En le regardant, des souvenirs remontaient à la surface. Mes premières fois à *L'Écho*. Son air taciturne. Le campement des Gitans. Mon vieux copain. Un jour, bientôt peut-être, tu ne seras plus là et je n'aurai plus personne à qui parler. La sueur perlait à mon front, et un peu à mes yeux, lorsque l'infirmière est entrée dans la chambre.

— Monsieur Mernot, le médecin va bientôt venir vous v…

— Bon, je vais te laisser, ai-je dit, déçu.

— Pasco.

Je n'ai pas compris immédiatement.

— Qu'est-ce que tu as dit ?

— Pasco. Ce serait pas ça le nom du Diablo ?

— D'où ça sort ? Tu le connais ?

— Non. Mais c'est marqué sur les dessins.

Intrigué, je me suis levé pour mieux voir.

— Où ça ?

— Pas directement sur les dessins mais à travers les dessins… Qu'est-ce que tu vois, là ?

— Monsieur Mernot…

L'infirmière parlait dans le vide.

— Ben… Un piranha.

— Et là ?

— Des algues.

— Voilà. Et ces deux-là ?

— Une sirène et un cygne.

— Continue.

— Une tempête ?

— Non, sois plus basique.

— Heu… La mer ?

— Essaie encore.

— L'océan ?

— Voilà. Si tu prends la première lettre de chacun de ces mots, ça donne…

— Pasco.

J'ai relevé la tête : l'infirmière nous regardait, ahurie.

7

Café crime

Pasco. Pasco. Je me répétais le nom en boucle pour être certain de ne pas l'oublier quand les portes de l'ascenseur se sont ouvertes. Ce n'est pas Pasco que j'ai trouvé face à moi mais Delmans. Le commissaire de police venait rendre visite à notre vieil ami commun. Il a souri.

— Tiens, un journaliste.

— Tiens, un commissaire.

— Alors, comment il est ? a-t-il demandé en me serrant la main.

— Pas si mal. Intellectuellement, je dirais même qu'il est toujours au top !

— Ah, tant mieux… Tu as le temps d'un café ?

— Avec plaisir.

On a cheminé ensemble jusqu'au coin cafétéria, où à chaque petite table blanche, entourée de chaises grises aux dossiers en corde, la même situation se répétait : des gens attentionnés penchés sur des vieux en pyjama, chaque voix contenue et sans aucun éclat de rire. On a pris place à proximité d'une des rares exceptions : un jeune homme au mal moins repérable, les yeux rivés au sol et un air abattu tandis qu'une femme, sans doute sa mère, lui parlait en posant doucement sa main sur son épaule.

— Alors, quoi de neuf ? a attaqué Delmans. Tu bosses sur quoi en ce moment ?

— Sur pas mal de choses… Et vous ?

— Ha ha ! Même réponse…

— Vous avez avancé sur le type retrouvé mort dans le congélo ?

— Un peu, ouais.

— C'est qui, finalement ?

— Un vieux garçon qui vivait seul chez lui, dans les faubourgs de Poitiers.

— Merde… Comment il s'est retrouvé dans un congélo ?

La serveuse est venue prendre nos commandes, deux cafés. Elle ne nous a pas déconcentrés dans notre partie de poker.

— C'est toute la question…

— C'est un crime, en tout cas.

— Bien sûr que c'est un crime, a-t-il lâché dans un rire acide.

— Et vous avez des pistes ?

— Pas vraiment… Même s'il s'est passé un truc bizarre hier.

Pourvu que mon coup de chaud ne se transforme pas en gouttes de sueur à mon front. Pourvu que mes doigts ne tremblent pas en attrapant le gobelet de café.

— Ah bon ? Quoi ?

— Des voisins ont vu un type traîner dans l'immeuble désaffecté. Comme s'il cherchait quelque chose.

— Ah, c'est bizarre.

— Un type d'une trentaine d'années environ.

— Ah bon.

Un ange est passé, j'ai arboré le visage le plus impassible possible.

— Qui ça peut bien être ? a-t-il interrogé.

— Un SDF ?

— Peut-être. En tout cas, on est dans le cadre d'une affaire criminelle, il mériterait d'être interrogé, tu crois pas ?

— C'est vous le flic.

La serveuse a posé nos deux gobelets entre nous. Delmans ne me lâchait pas du regard.

— Tu cherches quoi, Simon ?

— Quoi ? Vous me soupçonnez ?

— Tu veux que je relève les ADN dans l'immeuble ? Et que je compare avec le tien ?

— C'est pas moi.

— Prends-moi pour un con… Tu es en train d'outrepasser ton rôle, Simon. Un journaliste n'est pas un flic. Crois-moi, ça se passe toujours mal quand on mélange les genres.

Sa voix était sèche et cassante.

— Mernot t'a peut-être déjà raconté ses misères quand il a voulu aller plus vite que la musique… La petite Gitane, ça te dit rien ?

Je n'ai plus répondu, me contentant de virer au rouge écarlate.

— C'est dommage qu'il veuille prendre sa revanche sur le tard à travers toi. Mais lui, il a du bagage. Toi, t'es trop vert pour faire ce genre de choses.

— Et vous ?

— Quoi, moi ?

La colère, à qui la fatigue faisait la courte échelle, est montée subitement.

— Vous voulez que je vous parle des noyés du Clain et de La Rochelle ? Cinq noyés, cinq accidents de beuverie ! C'est signe d'une grande compétence, ça ?

— Ah, les fameux noyés… Figure-toi qu'on bosse toujours, dix ans après, sur la seule affaire criminelle avérée, Vincent Levin. Pour le reste, on parle d'accident, que ça te plaise ou non.

— Ils disparaissent en un éclair !

— Ils sont complètement défoncés et leurs potes de beuverie aussi. Ces gosses allaient mal, pour se défoncer autant.

— Ben voyons ! Et comme par hasard, ça leur arrive à chacun d'entre eux !

À part Vincent Levin, ils ne présentent aucune trace d'autodéfense.

— Lisa Fournier, retrouvée pieds et poings liés… C'est un suicide, ça ?

— Ça l'est.

— Mais enfin, c'est n'importe quoi !

Malgré moi, ma voix tutoyait les aigus. À la table d'à côté, le garçon et sa mère ont jeté un coup d'œil curieux dans notre direction.

— Parle moins fort, Simon… Et des affaires de suicides pieds et poings liés pour être sûr de se noyer, figure-toi que ça existe, à Poitiers comme ailleurs. Je pourrais te citer des cas, notamment dans la Seine à

Paris. C'est une technique qu'on trouve même dans des guides pour se suicider. Et justement, on a trouvé un exemplaire du genre dans la chambre d'enfant de Lisa Fournier !

— Elle était poursuivie, cette nuit-là.

— Par qui ?

Fallait-il tout lui servir ou en garder pour éviter des interférences ? J'ai choisi de garder le silence.

— Tu ne sais pas tout, Simon. Cette fille-là s'était marginalisée. Et puis elle avait vécu un événement qui l'a peut-être poussée à… se supprimer.

— Quel événement ?

— Il y a eu une autopsie poussée, figure-toi. Je te l'accorde, ça n'a pas toujours été le cas pour les autres. Mais pour elle, si.

— Quel événement ?

Il a bu une gorgée de café, s'est sûrement brûlé sans rien laisser paraître.

— Elle était enceinte.

Je ne l'avais pas vu venir. La poupée, la croix sataniste sur le front… Il n'avait pas tort : j'étais sans doute encore vert.

— Merde…

— Ben oui, Simon… Tu ne sais pas tout.

— Et qui était le père ?

— Ça, on ne sait pas. N'importe quel clodo dégueulasse aurait fait l'affaire.

C'est sa réponse que je trouvais dégueulasse, mais je n'avais pas le temps de faire un débat sur le racisme social.

— Et si c'était le père de son enfant qui l'avait tuée ? Peut-être qu'il voulait qu'elle avorte et pas elle.

— T'es têtu, hein ! Elle a laissé une lettre d'adieu à son père.

— Mais… il ne m'en a jamais rien dit !

— Non, bien sûr. Il est persuadé que c'est un faux, que c'est pas possible, et cætera. Tous les parents de suicidés refusent de voir l'évidence, ça les renvoie à leur propre culpabilité. Pourtant, crois-moi, j'ai personnellement comparé l'écriture avec celle de ses lettres. C'est bien elle.

— Qu'est-ce qu'elle disait, cette lettre ?

— Quelque chose comme « c'est de ta faute », ou un truc du genre… Je pense que ça l'a démoli et qu'il a préféré être dans le déni.

Delmans ne m'a pas apporté davantage de révélations mais pour un café de quinze minutes, c'était déjà beaucoup. Le père Fournier m'avait bien baladé. Il me fallait maintenant mettre la main sur cette lettre. Peut-être Lisa y avait-elle glissé un autre message codé. Un aveu ou une piste pour retrouver Pasco.

— Vous l'avez, cette lettre ?

— Non, je l'ai pas gardée. Il n'y a que lui qui l'a. Mais franchement, évite de l'emmerder avec ça.

Je vacillais. On me baladait, dans cette histoire, j'étais trop seul pour y arriver. J'allais me heurter à un plafond de verre et, quelque part, il me fallait l'aide de Delmans. C'était une tête de mule mais avec quelques arguments, peut-être pouvais-je le convaincre de bouger.

— Commissaire, vous pourriez faire quelque chose pour moi ?

— Je suis pas ton auxiliaire, Simon.

— Je vous demande juste une chose. Je vous promets que je me tiendrai à carreau. Juste une chose.

— Dis toujours.

— Vous pourriez vérifier un nom dans le fichier des antécédents judiciaires ?

— J'ai pas franchement le droit, c'est un fichier confidentiel.

— C'est le nom du mec de Lisa Fournier.

— Tu as ça ?

— Oui… Je ne suis pas si vert, vous voyez.

Il a soupiré puis a pioché dans la poche intérieure de sa veste en cuir une feuille de papier froissé avec un stylo-bille.

— Je t'écoute.

— P.A.S.C.O.

— Le prénom ?

— Ça, je l'ai pas.

— T'es à moitié vert, alors.

Il a souri, une trêve au conflit. Qui avait gagné la partie de poker ? Le bleu ou le vert ? L'avenir le dirait.

8

Le secret

Le temps m'était compté. Le lendemain je devais reprendre le boulot, la routine, les bagarres de poivrots, les procès de grands-pères qui avaient violé leur petite-fille. Mes cernes gris dans le rétroviseur me criaient de lever le pied. Vivre cette double vie n'était plus possible longtemps.

J'ai pris, pour la troisième fois, la route du domicile de monsieur Fournier. La trouille et la faim me filaient des crampes au bide. Il était tout à fait envisageable que le père Fournier en ait plein le dos de mes allées et venues, et qu'il m'ordonne de lui laisser faire son deuil tout seul. J'avais, pour le convaincre de me montrer cette fameuse lettre, quelques biscuits : des infos sur le dernier homme qui avait partagé la vie de sa fille. Après tout, s'il préférait l'hypothèse criminelle à celle du suicide, j'avais de quoi apporter de l'eau à son moulin. C'était cynique, amoral, mais peut-être que cela me donnerait accès à cette fichue lettre.

14 heures s'affichaient sur mon tableau de bord lorsque j'ai atteint sa bâtisse désormais familière, la voie ferrée, la grille verdâtre aux pointes de lance, les gravats dans la cour. La fenêtre de sa cuisine était ouverte et laissait passer le son de la télé. Il devait regarder une émission déprimante du début d'après-midi sur la 2 ou la 3, du genre « Mon mari me trompe tous les soirs mais je l'aime quand même » ou « Ma femme collectionne les pompes à vélo ». J'allais activer le carillon lorsque sa voix a percé derrière moi :

— Encore vous !

Il venait de surgir derrière le mur de droite, en provenance du jardin aux herbes folles.

— Oui, désolé de vous déranger… Vous étiez en train de jardiner ?

— Non, non je guettais.

— Vous guettiez quelqu'un ?

— Non, c'est rien. Qu'est-ce que vous voulez, cette fois ?

— Monsieur Fournier, j'avance dans mon enquête. Et je voulais parler d'un point qui me tracasse. Promis, j'en aurai pas pour très longtemps. On pourrait discuter autour d'un café ?

— Ben je vais finir par vous le faire payer, ce café… Entrez.

J'ai remarqué qu'il était en pantoufles et que celles-ci étaient passées du marron au vert en piétinant dans la verdure.

— Alors… Vous avez trouvé des témoins ?

Il a pris la direction de la cuisine pour faire chauffer le café. Je ne l'avais encore jamais vue. C'était une pièce vieillotte, avec du carrelage bleu ardoise sur la crédence, un robinet couleur calcaire et une collection de pots de moutarde comportant chacun le logo de Joe Bar Team. Fétichisme de motard.

— J'ai trouvé des amies de Lisa qui la connaissaient assez bien.

— Ah… Et alors, qu'est-ce qu'elles vous ont raconté ?

Je ne pouvais m'empêcher d'observer ses mains, grandes, veineuses, leur dos parsemé de poils blancs. Ces mêmes mains qui avaient précipité la mort de sa femme. Comment vivait-on après avoir tué quelqu'un ?

— Elles m'ont largement parlé de sa vie, de son éloignement progressif de l'école des Beaux-Arts.

— Ah ben c'est pas un scoop, ça. C'est tout ce que vous avez trouvé ?

Le ton de monsieur Fournier était sec, au minimum plus froid que lors de mes visites précédentes. Ça ne me mettait pas en confiance.

— Non, je sais mais… Vous saviez qu'elle avait rencontré un homme ?

— Non, je savais pas. Quel homme ?

Il a abandonné une seconde la cafetière pour se retourner vers moi, interrogatif.

— Un homme d'une trentaine d'années, à l'époque. Peut-être un ancien militaire, pas sûr. Pas très bonne réputation.

— C'est un peu court, ça. Il a pas de nom ?

— J'ai peut-être un nom mais je ne suis pas totalement sûr. Est-ce que « Pasco » vous dit quelque chose ?

Sa perplexité n'était pas feinte. Il a ouvert de grands yeux et a fait *pfft*.

— Jamais entendu parler.

— Il était brun, une boucle à chaque oreille et un tatouage de diable sur le bras. Un air de corsaire.

Son cerveau travaillait à fond.

— C'est quand même pas…

— Vous le connaissez ?

— Hier, j'ai vu un type… Non, il ressemblait pas à un corsaire. Il était maigre, abîmé. Il avait plus l'air d'un marin échoué.

— Attendez, ça date d'il y a dix ans, cette description.

— Mouais. Je sais pas. Je saurais pas dire.

— De quel type vous parlez ? Vous l'avez vu où ?

— Là, par là, à travers la fenêtre de la cuisine… J'étais en train de faire ma vaisselle et j'ai vu ce type bizarre qui rôdait.

— Il vous a parlé ? Il cherchait quelque chose ici ?

— C'est l'impression que ça m'a donné, mais non, il ne m'a pas parlé.

— Et il ressemblait à quoi ?

— Ben il ressemblait, je sais pas, moi, vous m'enquiquinez avec vos questions, à force ! Il avait une tête, heu… Ah si ! Il s'était appuyé sur la grille au moment où je l'ai surpris et là, j'ai vu un truc qui m'a marqué.

— Quoi ?

— Il avait les mains brûlées.

À cet instant, un train est passé en sifflant. Ce sifflet si caractéristique des wagons qu'on entend au loin et qu'on imagine traverser le pays. Sauf que ce n'était pas au loin, mais juste à côté, et que le passage avait même fait trembler la cafetière.

La grange brûlée. Le type que Mernot avait cru voir brûler la grange, c'était peut-être lui.

— Monsieur Fournier, j'ai parlé avec la police.

— Ben c'est bien.

— Ils m'ont tout dit…

Jusque-là, il paraissait presque blasé. À présent, il s'était redressé d'un coup sec, comme s'il avait pris une décharge électrique.

— Comment ça ?

— Ils m'ont parlé de cette lettre que Lisa vous aurait envoyée.

— Ah non !

Il a donné un grand coup de poing contre le plan de travail et les deux tasses qui nous étaient destinées ont valsé et se sont brisées au sol.

— Ça va pas recommencer, hein ! J'en ai marre qu'on me parle de ce courrier !

Il était rouge de colère.

— Excusez-moi, je ne voulais pas…

— Ma fille ne s'est pas suicidée ! Elle a été assassinée, je ne sais pas par qui, peut-être ce Pasco, mais elle ne s'est pas suicidée !

— Je vous crois, je vous crois… Regardez, si j'étais convaincu d'un suicide, je ferais pas tout ce travail.

— Et pourquoi elle se serait suicidée, hein, d'abord ?

Son menton tremblait et les larmes lui montaient aux yeux. Je l'avais perçu comme un type abattu par le chagrin mais finalement il était encore à cran.

— Je sais pas, on ne sait jamais… Je… Si c'est un crime, je tiens peut-être une piste, monsieur Fournier. Si c'est un crime, alors la lettre que vous avez reçue est une fausse, n'est-ce pas ?

— Ils disent que c'est son écriture. Moi je pense qu'on l'a fait écrire sous la contrainte.

Mon hôte pleurait et les mots sortaient difficilement. Je me suis surpris à lui parler comme si je devais raisonner un enfant.

— C'est possible… Écoutez, si vous me montrez cette lettre, je pourrais peut-être voir des indices cachés. Je ne vous promets rien mais ça m'aiderait beaucoup dans mon enquête.

— On m'a volé mon enfant…

Sur son visage, pâle comme celui d'un malade, pâle comme celui de Mernot, se lisait une détresse que rien ne pourrait jamais soulager. Il ne pleurait déjà plus parce que les larmes étaient elles-mêmes asséchées par la douleur crue. Il a levé les yeux vers le ciel, hagard, perdu.

— Cette lettre, oui… Je l'ai rangée à la cave, je vais vous la chercher. Asseyez-vous dans le salon, j'arrive.

Il s'est dirigé alors vers une porte dans le coin de la cuisine qui menait au sous-sol. En regagnant le salon je suis passé devant cette photo de Lisa Fournier, enfant, sur un vélo poussé par son père. Ce regard, cette expression sur son visage enfantin. Comme si, même avant le drame de sa mère, une faille existait déjà. Puis j'ai observé le tableau, l'océan déchaîné.

Elle avait voulu avertir son père, aussi. Peut-être s'était-elle suicidée. On parle parfois de suicide forcé. Mais avant de passer à l'acte, elle voulait qu'on remonte jusqu'à Pasco. Qu'on sache.

En bas, j'entendais son père farfouiller dans ses affaires, pousser des meubles. J'ai regardé l'escalier menant à l'étage. Tout en haut, une porte barrait la route. Il aurait fallu monter les marches, baisser la poignée. Et j'aurais vu. Ce qu'il y avait en haut. Ce que monsieur Fournier dissimulait, si toutefois il dissimulait quelque chose. J'aurais au moins vu la chambre de Lisa et ça aurait pu également me fournir d'autres indices. Je n'en aurais pas pour longtemps. Les pièces étaient mal isolées les unes des autres, j'entendrais sans doute monsieur Fournier remonter l'escalier de la cave. Mais ce serait trop court. Il n'allait d'ailleurs pas tarder.

BOUM !

Un meuble, pas très gros, venait de tomber en bas. Les recherches du paternel étaient manifestement laborieuses. J'ai posé le pied sur la première marche. Tout me revenait en tête : Lisa Fournier enceinte, le type aux mains brûlées… Autour de moi, plus un bruit.

J'ai compris.

Comme un dératé, je me suis précipité dans la cuisine, j'ai dégringolé jusqu'à la cave.

Au milieu d'un fatras de ferraille, d'outils de bricolage et de planches de bois poussiéreuses, le cadavre de monsieur Fournier se balançait. Sa langue sortait de sa bouche et ses yeux étaient encore grands ouverts, exorbités, prêts à exploser. À ses pieds, un tabouret renversé. Et, je m'en suis aperçu un peu plus tard, une lettre.

9

La lettre

J'ai cessé de dormir. Les somnifères avaient perdu la moindre efficacité. Je m'allongeais dans mon lit mais sitôt que je fermais les yeux, je ne voyais que le corps de monsieur Fournier se balançant dans sa cave, les yeux exorbités, la langue sortie. Et je me redressais aussitôt, en sursaut, manquant d'oxygène, une crise d'angoisse qui bégayait. J'avais déjà vu un cadavre, le type à la cervelle cramée dans sa bagnole quand je bossais dans l'est de la France, mais là, c'était autre chose : monsieur Fournier m'avait envoyé sa mort en pleine poire. Quelque part, il me disait : « Tu m'as tué. Avec tes questions, ton insistance, tu m'as tué. » Qui étais-je pour lui faire subir ça ?

J'avais appelé les pompiers.

— Vous voulez voir un psy ? m'avaient-ils demandé.

Les flics s'étaient pointés, je ne les connaissais que de vue, j'avais dû les croiser lors d'une de mes tournées des popotes. Puis j'avais appelé Suzy pour lui dire que j'aurais besoin de quelques jours de repos.

Elle avait été moins froide au téléphone, plutôt secouée par la nouvelle que je lui annonçais. Au fond d'elle, elle devait se demander – sans oser me questionner – par quelle malédiction je me retrouvais dans ce genre de situation. J'aurais pu lui répondre : la malédiction des noyés.

J'avais lu la lettre. J'avais compris pourquoi monsieur Fournier s'était pendu : il n'y avait plus vraiment de doute. Lisa s'était bien suicidée.

Cher papa,

Quand tu liras cette lettre, j'aurai rejoint maman sur l'autre rive. Ne pleure pas car ce sera mieux ainsi. Si un jour tu apprends que ta fille n'était plus une sainte et qu'elle s'était rangée avec le diable, dis-toi que les chiens ne font pas des chats. Nous sommes tous des prédateurs. Je rejoins les profondeurs où d'autres ont été jetés par ma faute. Adieu.

Tandis que je lisais et relisais ces lignes, d'une écriture encore belle, élégante, les boucles soignées comme un tableau, d'autres pièces du puzzle trouvaient leur place. Le vieux Fournier avait dû comprendre le rôle de sa fille dans la série de crimes. Il avait dû s'aveugler et rester sourd aux témoignages qui risquaient de conforter cette hypothèse.

Dans la cave, les flics avaient aussi trouvé des avis de décès. Toute la liste des noyés. On supposait que Lisa les avait joints à son courrier, pour qu'il comprenne. Quand le témoignage d'Audrey, la fille des Beaux-Arts, lui était parvenu, sans doute l'avait-il déjà admis.

Quelque chose avait brisé le rapport de soumission entre Lisa et le Diablo. Sans doute la grossesse. J'imaginais que Pasco avait surpris Lisa en train de finir son dessin, dans la grange, et peut-être compris qu'elle laissait des messages cryptés derrière elle pour qu'on les identifie. Qu'il lui avait foutu sur la gueule, qu'elle s'était enfuie (et avait croisé Audrey, près du Pont-Neuf). Là, à l'endroit de la scène criminelle originelle, celle de Vincent Levin, elle s'était tuée à son tour. Elle avait eu le temps d'écrire à son père juste avant. Fou de rage, Pasco se retrouvait tout seul. Et sans doute s'était-il défoulé sur ses clébards.

Le scénario se dessinait de plus en plus précisément. Restaient deux questions majeures : Pourquoi ces crimes ? Et qu'était devenu Pasco le Diablo ?

J'étais plongé dans ces dédales quand on a frappé à ma porte. D'un coup d'œil furtif en me levant de mon lit, plongé dans la pénombre, j'ai regardé si Robin ne m'attendait pas dans la rue, assis sur le trottoir. Il était 18 heures et j'avais passé la journée dans mon pieu. J'avais juste mangé une boîte de BN au chocolat. J'aurais pu aller me reposer chez mes parents mais je n'avais pas la force de prendre la route. Je serais sans doute mort d'une faute d'inattention au volant. Et je ne voulais pas que ma mère me voie dans cet état. Mes cheveux épais ne pouvaient plus être coiffés et s'agglutinaient autour de mon crâne comme une paillasse grotesque. Des cernes violacés s'affaissaient sous mes yeux rouges. Pas la peine d'aller draguer au bar dans cet état.

— C'est qui ? ai-je demandé, sur mes gardes.

— Commissaire Delmans.

C'était plus fort que lui : il fallait qu'il rappelle son titre, comme s'il avait peur qu'on l'oublie. J'étais en jogging et en tee-shirt mais j'étais certain qu'il serait compréhensif. J'ai ouvert. Il m'a scruté de la tête aux pieds, sourire poli, regard consterné. Dans sa main droite, il tenait une chemise cartonnée bleue.

— Je te dérange ?

— Non, j'étais en train de rien foutre.

— Ben dis donc, c'est sympa chez toi…

Je n'avais pas rangé depuis des lustres. Mes Post-it restaient accrochés au mur, des fringues traînaient sur le canapé. D'autres feuilles volaient entre la table basse et le sol parsemé de moutons de poussière. Dans mon coin cuisine, la vaisselle s'agglutinait dans des odeurs de raviolis froids. Et une poubelle dégueulait emballages en plastique et canettes de bière.

— Pas trop le temps de faire le ménage, ces jours-ci.

— Dure vie du journaliste enquêteur… Tu m'offres une bière ?

Il s'est installé dans le canapé, j'ai pioché les deux dernières canettes de blonde qui subsistaient dans mon bac à légumes sans légumes.

— Comment vas-tu ?

— Bof. J'ai des images glauques dans la tête.

— C'est normal. On peut te mettre à disposition un psy, tu sais ?

— C'est gentil… Ça passera sûrement.

— Bien sûr que ça passera, mais c'est pas rien, c'est sûr.

— C'est ma faute, non, s'il est mort ?

— Qu'est-ce que tu racontes ! Bien sûr que non ! Va pas te rajouter de la culpabilité au choc émotionnel… Il était fragile depuis la mort de sa fille… Peut-être même avant.

Assis sur une chaise en face du canapé, j'ai pris une gorgée de blonde sans répondre. Je me perdais dans mes cogitations, le visage de monsieur Fournier, ses yeux, sa langue revenaient comme des bulles à la surface. Des bulles acides.

— J'ai quelque chose pour toi.

Delmans m'a sorti de la crise d'angoisse latente en posant sa chemise cartonnée sur la table basse. Il se contenait, bien qu'impatient de me dévoiler la suite. Ça se lisait dans ses yeux vifs et insistants.

— J'ai trouvé la trace de ton gars.

— Pasco ?

— Richard Pasco.

Je me suis dressé immédiatement dans mon fauteuil. Je revenais à la vie.

— Bordel de merde…

Il a ouvert la chemise, j'ai vu une feuille avec une photo, format carte d'identité, du Diablo. Cheveux bruns. Visage anguleux, regard dur, sans remords, mauvais, noir. Une boucle à chaque oreille. Barbe de quatre ou cinq jours sur menton volontaire. Mélange de mauvaise graine avec quelque chose du paysan consanguin.

— Richard Pasco, ai-je répété, médusé.

— Connu des services, comme on dit… Né en 1974 à Nantes. Plusieurs mises en cause dès ses dix-huit ans : d'abord quelques vols. Puis trafic de drogue. À vingt-deux ans, gaulé pour agression sexuelle.

— Sur qui ?

— Sur un jeune homme, dans un foyer pour adolescents à Nantes. Un foyer de jeunes paumés dans lequel il gravitait. La parole de l'ado a été un peu mise en doute, était-il consentant ou non ? Pasco l'aurait pris sous son aile quelques jours puis l'aurait collé contre le mur dans un dortoir. Il s'en est sorti avec un an de taule.

— Il est donc sorti en… 98 ?

— C'est ça. Mais un an plus tard, rebelote en pire. Toujours un foyer pour adolescents, à Rennes ce coup-ci. Cette fois, il a commis un viol. Ça s'est passé dans une cave, une sorte de squat dans lequel il zonait. C'était sa technique : prendre des gosses fragiles sous son aile pour abuser d'eux ensuite. Il leur proposait de la came pour les appâter.

— Il a pris combien ?

— Sept ans. À l'audience, il a dit qu'il avait eu une enfance difficile. Il n'a pas connu son père. Sa mère s'est maquée avec un type violent. Ils vivaient dans un cabanon. Ils baisaient devant lui quand il était gosse…

— Beurk. Dégueulasse…

— Famille tuyau de poêle, comme on dit chez nous.

— Donc il sort de taule en 2005 ?

— Non, 2003. Remise de peine. Il s'est tenu à carreau en zonzon.

— Et après ?

— Après, on perd sa trace.

— Totalement ?

Delmans a avalé une gorgée de bière et a tiré furtivement sur le col de sa chemise, sous la veste qu'il n'avait pas ôtée.

— Fait chaud chez toi…

— Ouais, faudrait que j'aère.

— On perd sa trace, oui… Après la prison, soit il s'est rangé des bagnoles, soit il a changé de mode opératoire. Y a bien quelques tentatives de viol sauvage non élucidées enregistrées dans la région vers 2003, et même plus tard, dans les années 2010, mais s'il n'y avait qu'un violeur dans la région, ça se saurait.

— Tentatives de viol sur qui ? Où ça précisément ?

— J'ai pas la liste sous les yeux… De mémoire, sur un mec un peu bourré qui sortait de boîte à Angoulême. Des passants sont arrivés à ce moment-là et l'agresseur a pris la fuite. Ensuite, en 2010, c'est vers Royan. Un type assoupi sur une plage qui se serait réveillé à côté d'un gars qui lui mettait la main dans le froc… Là aussi, des passants sont arrivés in extremis.

— Et les victimes ont décrit leur agresseur ?

— Celui de la boîte, non. Il était trop bourré. Celui de la plage a fait une description qui pourrait correspondre. Les boucles d'oreilles, brun. Très grand.

— Donc il a pu continuer à sévir.

À présent, Delmans paraissait agacé. Ses doigts boudinés tapotaient sur le goulot de sa bière et ses sourcils se fronçaient.

— Merde, Simon ! Tu sais quoi sur lui ?

— C'était le mec de Lisa Fournier.

— Tu crois encore qu'il l'a tuée ?

— Non… Mais ils ont peut-être commis des choses ensemble.

— Laisse la police faire son boulot.

— La police n'a pas fait son boulot.

— Bon, je préfère arrêter là… Tout ça te monte à la tête ! Je t'ai aidé parce que Mernot m'a demandé de le faire. Mais tu es vraiment… buté.

Il a bu une dernière rasade, généreuse, et a posé la bière à moitié vide sur la table basse. Il s'est levé et dirigé vers la sortie. Il avait forci, les séances de footing avaient dû se raréfier, à l'inverse des déjeuners en ville. Au dernier moment, il s'est retourné vers moi, théâtral :

— Et puis mets-toi au vert. T'as vraiment une gueule à faire peur.

J'en étais bien conscient. Ma sale tronche dans cet appartement qui partait en lambeaux. Triste spectacle. Une chose au moins me revigorait malgré tout : Delmans venait de me fournir un mobile. Pasco-Diablo chassait les jeunes hommes.

10

Ultime traque

Une nuit de plus s'est passée et le sommeil ne venait toujours pas. Quand on ne dort pas pendant quarante-huit heures – sachant que les mauvaises nuits s'enchaînaient depuis des mois –, la réalité et la fiction se mettent à danser ensemble. Le sentiment de perdre la connexion avec le monde – de n'être plus que spectateur de ce qui se passe sous nos yeux – se répète plusieurs fois dans la journée. D'autres fois, de petites scènes du quotidien nous donnent l'impression de les avoir déjà vécues avant. On roule sur la jante. On sait que ça ne durera pas, que ça va s'arrêter, sans savoir vraiment quand ni comment. En temps normal, j'aurais pris immédiatement la direction d'un cabinet médical pour qu'on me prescrive des somnifères plus puissants. Mais je savais, je sentais du moins, que j'étais dans la dernière ligne droite. À ma grande surprise, j'étais encore capable de construire un raisonnement, même si des pièces devaient forcément m'échapper.

Trois choses avaient tilté : le fait que Pasco ait pu poursuivre ses crimes après la mort de Lisa, peut-être sur une plage de Royan. Et ces deux détails : Mernot avait vu un type s'enfuir après l'incendie de la grange, et le vieux Fournier avait repéré un type aux mains brûlées qui rôdait autour de son domicile. Il fallait trouver ce type.

À 10 heures du mat', j'ai pris une douche rapide, un café serré, j'ai fourré mon calepin dans ma poche, et je suis parti en quête. Si des gens avaient pu le croiser ces dernières années, c'était forcément des clochards, des types à la marge. Une bonne petite enquête de voisinage, comme Mernot m'avait appris à les mener, voilà ce qu'il fallait faire.

J'ai d'abord filé à l'accueil de jour, situé près du centre-ville, à côté du baptistère Saint-Jean. Je savais que des associatifs y accueillaient des sans-abri pour leur offrir le petit déjeuner et pour les aider dans leurs démarches administratives. J'y suis allé à pied afin de limiter mes déplacements en voiture, trop dangereux vu mon état. Une grappe d'hommes fumaient des cigarettes avec leurs ratiers devant une arche typique de l'architecture poitevine. L'un arborait une tenue de métaleux, grosse veste trop chaude kaki sur tee-shirt noir à la gloire d'un obscur groupe de musique de brute. Il brûlait une roulée, qui aurait pu être un joint, et causait avec un type nettement plus avancé dans la déperdition : crâne chauve et barbe hirsute, à la voix si forte et nasillarde qu'on l'imaginait à moitié sourd dans son naufrage. Un troisième mec se tenait entre les deux, moins bavard, très jeune, regard craintif, teint blafard. Un novice de la rue, sans doute. Ils n'ont pas fait attention à moi. Je me suis approché :

— Bonjour, messieurs…

— Salut, a fait le type à la voix trop forte en continuant son récit.

Il parlait d'un problème avec les flics qui l'avaient délogé d'un parvis mais la narration était décousue.

— Excusez-moi, je cherche un renseignement…

— Si tu veux becter, c'est la porte juste là.

J'ai marqué un temps d'incompréhension. J'avais enfilé les premières fringues qui m'étaient tombées sous la main et je m'apercevais, trop tard, que mon pantalon noir était troué au niveau de l'entrejambe. Ma tronche rétamée bouclait la boucle.

— Ah mais non, moi, je suis pas… Heu… Je suis journaliste.

Les trois se sont arrêtés net et ont braqué leurs mirettes sur ma petite personne.

— Ah… Ah, OK.

— Je cherche quelqu'un que vous avez pu croiser. Un type avec deux boucles d'oreilles et un tatouage de diable sur le bras.

Le premier, le métaleux, a fait *pfft*, le plus jeune n'a accordé qu'une attention fugace et le dernier, le barbu sourd, s'est esclaffé :

— Et l'autre, hé ! On gagne cent balles si on répond à ta devinette ?

— C'est sérieux.

Ils sont retournés à son récit en me laissant à l'écart. Chou blanc. Je me suis décidé à pousser la porte sous l'arche. Dans ce qui ressemblait à une salle polyvalente, plusieurs chiens attendaient attachés derrière un bar vide. Des tables longues et rectangulaires remplissaient l'espace dont le parquet me rappelait les gymnases de mes pénibles cours de sport au collège.

Ça sentait la bouffe, des conserves de chili con carne vidées dans de grandes casseroles autour desquelles s'affairaient de jeunes gens, probablement des associatifs. Une fille au regard sévère, la trentaine, pull en laine, m'a dévisagé. J'aurais voulu questionner les sans-abri autour, une large majorité d'hommes, mais elle m'en a empêché en se ruant sur moi.

— Vous cherchez quoi ?

— Je suis journaliste, je…

— Attendez, c'est pas open bar ici. Vous nous avez contactés avant ? C'est pour quoi ? Un reportage ?

— Non, non je cherche juste un mec avec un tatouage de diable et…

— Pourquoi vous le cherchez ?

— C'est quelqu'un qui est impliqué dans une affaire criminelle.

Elle a marqué un temps de surprise.

— Vous êtes flic ou journaliste ? Je peux voir votre carte ?

J'ai fouillé au fond de la poche de mon pantalon. Manque de bol, cette fois, je l'avais oubliée.

— Désolé, je l'ai laissée chez moi.

Autour, quelques regards commençaient à s'attarder. La jeune femme l'a senti et m'a entraîné dans une arrière-cuisine, à l'abri. Elle parlait d'une voix basse mais d'un ton nerveux.

— Vous êtes flic ? C'est ça ?

— Pas du tout, je vous jure que je suis journaliste.

— Qu'est-ce que vous lui voulez, à ce type ?

— C'est un potentiel criminel. Si ça se trouve, il a agressé des types d'ici… sexuellement, je veux dire.

— C'est pas des façons de faire. Vous ne savez pas où vous mettez les pieds.

— Bordel, c'est une secte ici ou quoi ?

Je perdais mon sang-froid avec la fatigue. « Surtout, ne t'énerve jamais, gamin. Celui qui s'énerve a toujours tort. » La voix de Mernot me tançait dans ma tête.

— Non, a tranché la jeune femme en baissant d'un ton pour compenser. Ces gens-là ne sont pas des bêtes de foire. Et les enquêtes, c'est pour la police avec une carte de police. Vous risquez de les effrayer. Et d'ailleurs… les agressions sexuelles, c'est tabou, ici. C'est bien la dernière chose dont ils vous parleraient… Même à nous, ils n'en parleraient pas.

— Vous êtes dans une association, c'est ça ? Vous êtes quoi ? Éducatrice.

— Oui.

— Pourquoi c'est tabou ?

— Ces gens ont des parcours accidentés. Ils viennent souvent de familles carencées. J'ai pas de stats à vous fournir mais, bien souvent, ils viennent de familles où se sont produits des abus sexuels. Donc votre histoire, là… Laissez tomber.

Je suis resté quelques secondes planté comme une asperge, puis, sous son regard intraitable, j'ai levé le camp. C'était fichu pour ce centre-là mais il y en avait d'autres. Ma prochaine destination se nichait plus loin, à proximité du rond-point en forme de tourelle du côté de la gare.

Je suis rentré récupérer ma bagnole. Les mots de la petite Gitane résonnaient dans mon crâne : « Il va mourir, le monsieur. »

Et si, au lieu de Mernot, elle parlait de moi ?

L'ambiance cotonneuse virait à l'angoisse généralisée. J'ai démarré en me jurant de rester prudent.

Midi sonnait. Au premier feu rouge, coup de klaxon derrière moi. Une seconde, mes yeux s'étaient fermés et j'avais loupé le vert. Première alerte. Je me suis collé une gifle pour me réveiller, j'ai monté le son de l'autoradio. Une chanson de funk, ersatz de Michael Jackson plutôt bien foutue, devait donner la pêche, sauf que je partais de trop loin pour que ça marche. En passant devant l'immeuble abandonné près de la gare, une fraction de seconde j'ai vu un type adossé à l'entrée me regarder. Robin. J'ai mis un coup de frein, par réflexe, nouveau klaxon derrière moi. Je me suis excusé d'un geste de la main. Puis j'ai jeté un œil de nouveau. Personne. Plus de Robin. Je commençais peut-être à halluciner.

Le trafic a diminué jusqu'au centre d'accueil. Un camion de livraison – un fourgon blanc – stationnait à proximité d'un petit immeuble de quatre étages à façade beige. Un homme est passé, avec une guitare dans le dos et une robe noire. Il avait le visage maquillé de la même couleur, androgyne, flottant dans les airs, la démarche légère. Il me semblait l'avoir déjà vu faire la manche près de la halle du marché Notre-Dame. J'ai baissé ma vitre à son passage.

— Excusez-moi… Je suis journaliste, je cherche un renseignement.

— Oui, qu'est-ce que je peux faire pour vous ? a-t-il répondu aimablement d'une voix qui ressemblait à celle de Fanny Ardant.

— Vous connaissez un homme avec un tatouage de diable et une boucle à chaque oreille ?

Il a réfléchi, le visage irradiant de bonne volonté, puis a douché mes espoirs :

— Je vois pas, désolé.

J'ai stoppé ma voiture aux abords de l'immeuble. Là, deux femmes d'une quarantaine d'années discutaient en fumant des cigarettes roulées. Leur âge apparent me laissait penser qu'elles avaient pu être présentes, dans ce même monde interlope, dix ans plus tôt. J'ai répété mon laïus, en mode automatique.

— Ça me dit vagu'ment, quequ'chose…, a réfléchi l'une d'elles.

— Je vous l'ai décrit tel qu'il était il y a dix ans. Vous étiez dans le coin ?

— Bien sûr, gamin, ça fait vingt piges que je suis à la rue, moi… Famille d'accueil, foyer social, j'ai fait la totale.

— Et y a dix ans, vous avez pu le croiser ?

— P'têt que oui, p'têt que non. Mais dix ans à la rue, ça te change la gueule. Chirurgie esthétique à l'envers !

— Et un type avec les mains brûlées, ça vous dit quelque chose ?

Cette fois, l'autre femme, légèrement moins ravagée, a pris la parole.

— Des mains brûlées… J'ai déjà vu ça à Buxerolles.

— Qu'est-ce qu'il y a à Buxerolles ?

— Y a un foyer là-bas. Vous devriez demander.

Enfin une foutue piste. Cette ville voisine n'était qu'à dix minutes mais il fallait enquiller les feux rouges piégeux et les passages cloutés périlleux. Mes cernes me brûlaient le visage, mes articulations grinçaient comme le portail du père Fournier. Et si je m'arrêtais sur le bas-côté pour faire un petit somme ?

Non, tenir, il fallait tenir, j'étais peut-être tout près du but. Encore quelques minutes.

Vers 13 heures le trafic s'intensifiait encore dans le centre-ville. Je repensais parfois au visage du père de Lisa. Ses yeux, sa langue. Puis à Mernot. Son pyjama dans le lit à l'hosto. Puis à Robin, le sourire bizarre au pied de l'immeuble abandonné. Puis tout se mélangeait. Mernot m'attendait devant le squat et Fournier souriait au bout de sa corde. Je mourais de fatigue. « Il va mourir, le monsieur. » Coup de frein : in extremis, j'ai évité d'emboutir la voiture devant qui avait freiné sans que je m'en rende compte. Mon rythme cardiaque s'est accéléré.

J'ai fini par atteindre Buxerolles. Mon GPS m'a indiqué l'adresse précise du foyer social. Dans ce petit quartier, une boucherie halal et un PMU jouxtaient un parking où s'ennuyaient plusieurs bandes. Au moins deux. D'abord, des jeunes, sweat à capuche, autour d'un scooter. Puis, plus loin, des vieux Arabes, calés au fond de chaises de jardin en plastique. À première vue, il n'y avait pas que des sans-abri trouvant refuge ici mais aussi des immigrés pas forcément en règle. Je suis sorti de ma bagnole, le dos voûté et la démarche appesantie par l'épuisement. Je me suis dirigé vers l'entrée du premier des trois bâtiments formant cette résidence Sonacotra. Un type en fauteuil roulant est passé à ma hauteur.

— Excusez-moi…

A suivi mon laïus sur le portrait.

— Nan, ça me dit rien, a répondu le type en surpoids qui devait avoir trente-cinq ans et parlait très lentement.

— Et un type avec les mains brûlées, ça vous dit quelque chose ?

— Non plus, désolé.

J'ai répété le même dialogue stérile auprès de plusieurs personnes au pied des immeubles : un vieil Arabe qui marchait à pas lents, un vagabond à la grande carcasse qui reniflait sans arrêt et une femme de ménage. À cette dernière, j'ai demandé :

— Vous pourriez me faire entrer dans l'immeuble ? Je ne connais pas le code…

— Non, m'sieur, on a pas le droit de faire rentrer des gens extérieurs, c'est interdit.

Merde, échouer si près du but !

— *Psst !*

Quelqu'un a sifflé dans ma direction. Appuyé contre la porte du deuxième immeuble, un adolescent maghrébin, pieds nus et tee-shirt jaune sable troué, m'interpellait.

— M'sieur, moi je te fais entrer, si tu veux.

— Ah oui ? Tu ferais ça ?

— Tu cherches qui ?

— Un type avec des mains brûlées. Ça te dit quelque chose ?

— Oui. Il est dans le troisième immeuble.

— C'est vrai ?

— Oui, j'te dis.

— Tu sais comment il s'appelle ?

— Non, il parle à personne. Mais je l'ai repéré, t'inquiète, je l'ai repéré.

— Ben je veux bien que tu me fasses entrer, alors.

— Combien tu me donnes ?

— Ah… Forcément.

J'ai saisi mon portefeuille pour estimer la monnaie qui me restait.

— Quinze euros.

— Ça marche.

— Mais t'es sûr que tu me dis la vérité ?

— Sûr, chef. Fais-moi confiance. Bâtiment C. C'est là qu'il est, le gars.

Je lui ai donné l'argent, un peu à contrecœur. Il a filé à toute allure vers la porte bleue du bâtiment. Il a tapé sur le digicode modèle vieillot un chiffre que je n'ai pas eu le temps de repérer.

— C'est bon, chef. Bonne visite.

— Attends, tu sais à quel étage il…

Le gosse avait déjà disparu. Du seuil me parvenaient des bruits de télévision, de discussions en arabe, des engueulades. Ce n'était pas un squat, cette fois. Il y avait de la vie. Mais n'était-ce pas plus dangereux ?

Il me fallait vérifier cinq étages. Des marches moches quadrillées de carreaux blancs et verts menaient au premier. Le petit malin m'avait peut-être entubé mais j'avais à présent dix portes auxquelles toquer et qui sait, enfin la clé de l'énigme qui m'attendait derrière l'une d'elles.

J'ai commencé par la première, à droite. Un vieux Noir en boubou et chapeau traditionnel a entrouvert la porte en laissant la chaîne de sécurité.

— Bonjour, je cherche un homme aux mains brûlées.

Il m'a répondu par une moue d'impuissance, un hochement de tête qui pouvait aussi bien dire « Il n'est pas là » que « J'entrave que dalle à ce que tu me racontes, vieux ». En face, un autre étranger, peut-être un Malgache, est apparu sur le seuil. Baraqué et torse nu, pas le genre à vous inviter à prendre le thé. J'ai répété ma question, il a fait non de la tête et a fermé la porte.

Deuxième étage. Porte de gauche : rien, pas de réponse. Porte de droite : idem.

Troisième étage. L'ascension commençait à tirer sur le palpitant. Sans doute à cause du manque de sommeil, je peinais de plus en plus à mettre un pied devant l'autre, l'oxygène me manquait. Dans pas longtemps, la tête me tournerait. Il fallait que je dorme, c'était vital.

Porte de gauche : un vieil homme à la gueule de professeur Tournesol crado, frisettes grises sur les côtés, lunettes à la monture fixée avec du scotch. J'ai ouvert la bouche et il s'est mis à crier dans une langue incompréhensible, mélange de français et d'autre chose. Il me prenait pour un flic. La situation commençait à tourner à la catastrophe. J'ai reculé. D'autres portes s'ouvraient en haut, en bas, les curieux venaient aux nouvelles. J'en ai profité pour monter à l'étage supérieur, laissant Tournesol à sa crise d'hystérie.

Au quatrième, un jeune homme à moustache me guettait depuis son paillasson, alerté par le raffut. Sans un mot, il a désigné de son index l'étage supérieur, le dernier.

C'était donc ici.

Mon cœur battait au rythme de l'effort et de l'adrénaline.

« Il va mourir, le monsieur. »

« Il va mourir, le monsieur. »

La porte de droite me faisait face. Elle n'était pas fermée à clé.

11

Face à face

À l'entrée, une paire de Dr. Martens défoncées signalait une présence humaine. Ma main s'est faufilée dans ma veste printanière à la recherche de n'importe quoi : je n'avais qu'un trousseau de clés comme arme. Je pourrais peut-être crever un œil, et encore.

Après l'entrée, un couloir desservait plusieurs pièces, dont la cuisine. *Plic ploc.* Une fuite d'eau venait taper contre une assiette sale portant encore les restes de pâtes collées, en équilibre à côté d'un verre à moitié rempli d'une eau jaunâtre. Dans l'égouttoir, un couteau mal lavé, à la pointe rongée par des dépôts rouges de sauce tomate, me faisait de l'œil. Il pourrait me servir à trancher une carotide. Je l'ai pris.

Comme Boucles d'Or, ou quelque chose comme ça, il me fallait choisir la bonne pièce pour atteindre l'ogre. À ma gauche, deux portes fermées. À ma droite, idem.

J'ai abaissé la poignée la plus proche en retenant mon souffle, l'autre main crispée sur le couteau. La pièce était vide. Il n'y avait qu'un matelas à même le sol, avec une couverture marron plucheuse abandonnée en vrac. À côté, une photo scotchée au mur montrant deux fillettes et une femme la tête couverte d'une voile, souriant dans un salon décoré à l'orientale, grands canapés bouffant tout l'espace. Seul souvenir d'une vie quittée. À droite du matelas, un paquet de P'tit Lu déchiqueté et un sac en plastique de chez Aldi bourré à craquer de fringues.

Personne ici.

Je me suis aventuré vers la chambre contiguë, la plus à droite. Une odeur m'a pris à la gorge. Une odeur d'égout, de fosse septique. Comme celle que je respirais parfois en jouant, enfant, dans le jardin de mes grands-parents. Les installations y étaient anciennes et les toilettes se bouchaient. Ça empestait ensuite dans tout le jardin.

Il était là. Je ne l'ai pas vu immédiatement, pourtant. D'abord parce que la puanteur perturbait tous mes sens. Ensuite parce que seule sa tête dépassait du matelas et que sa pâleur se confondait presque avec le crépi du mur, dépourvu de toute photo, de la moindre décoration. Une épaisse couverture beige recouvrait tout son corps. Une seconde, l'idée qu'il soit mort m'a traversé l'esprit. Le clignement de ses yeux m'a prouvé le contraire. Il me regardait, mais me voyait-il vraiment ? Ses yeux brillants de fièvre peinaient à s'écarquiller. Ses mains s'agrippaient à la laine, décharnées, arachnéennes. Brûlées. Ce qui dégageait ce remugle devait se dissimuler sous la couverture.

Il avait encore ses boucles d'oreilles. Les cheveux noirs comme la nuit avaient viré au gris. Le menton affaissé était fripé. Le visage dur était devenu cadavérique. Ce type n'avait plus longtemps à vivre. C'est sans doute parce qu'il paraissait déjà mort que j'ai pu le détailler aussi longtemps, qu'aucun de nous ne bougeait alors qu'on était face à face.

— Richard Pasco ?

Il n'a pas réagi. Ou à peine. Seule sa poitrine se soulevait et se rabaissait à intervalles réguliers.

— Tu es Richard Pasco ? ai-je répété sans déclencher davantage de réaction.

Les mots me manquaient. Que faire à présent ? J'ai posé doucement le couteau à mes pieds. Puis j'ai tiré de ma poche gauche l'avis de recherche de Lisa Fournier et je l'ai brandi devant lui. Ses yeux se sont posés lentement sur la photo et se sont écarquillés. Il a eu un mouvement lent, engourdi, vers l'image.

— Tu… tu la connais ?

Comme si elle avait pesé des tonnes, il a soulevé péniblement sa main droite, doigts fondus et tendus vers la photo. Il la réclamait. Je ne savais plus quoi faire. Je me suis approché pour la lui céder en craignant une ruse de sa part. La feuille n'était plus qu'à trente centimètres de ses phalanges. Je l'ai laissé tomber lâchement sur lui. Il l'a ramassée, l'a dépliée face à lui et l'a examinée longuement.

Que ressentait-il ? Impossible de le deviner. Son visage affaibli ne laissait plus transparaître d'émotion. Peut-être y avait-il un peu de tendresse dans ces yeux luisants. Ou peut-être me faisais-je des idées.

J'ai tenté :

— Tu l'as tuée ?

La question l'a piqué instantanément. Il a retrouvé un peu d'énergie pour relever la tête vers moi et la secouer dans un signe déterminé de négation. Cette fois, ses yeux s'étaient plantés droit dans les miens. La puanteur ne s'atténuait pas et je commençais à ressentir une chaleur désagréable, comme si sa fièvre me contaminait progressivement.

Les noms ensuite sont sortis mécaniquement de ma bouche :

— Vincent Levin.

Son regard a gagné en intensité, et pour la première fois une pointe de malice est venue s'y loger. Il a acquiescé doucement de la tête.

— Éric Angon.

Son mouvement a été plus franc.

— Arthur Morello.

Encore plus franc.

— Adrien Mauly.

Il n'y avait plus de doute, l'œil jubilait.

J'ai réfléchi et ajouté :

— Joseph Forig.

Il a acquiescé encore.

— Qu'est-ce que tu leur as fait ?

Il n'a pas baissé les yeux mais n'a rien répondu.

— Tu as tué Joseph Forig pour squatter chez lui et récupérer sa grange. Vous avez enlevé ces jeunes hommes et tu les as conduits dans cette grange avant de les foutre à l'eau.

Pas de mot, pas de geste de sa part.

— Qu'est-ce que tu leur as fait ?

Il est resté immobile. Puis, toujours lentement, sa tête a pivoté vers la gauche. Du menton, il a désigné un truc que je n'avais pas encore repéré. Sur le carrelage, à côté d'une cuillère tordue et noircie à son extrémité, gisait une seringue. Un peu plus loin contre le mur, une boîte de préservatifs et un couteau suisse.

Des paroles me sont revenues. « C'est lui ! C'est lui ! » C'étaient les mots étranges en fond sonore du message que Vincent Levin avait laissé sur le répondeur de Tania l'Anguille avant de disparaître. Mais n'était-ce pas plutôt « Fais-lui ! Fais-lui ! » ?

Puis d'autres paroles encore, « Le gars se camait », accompagnées de ce geste, celui d'une piqûre, que mimait le pêcheur de La Rochelle au sujet d'Arthur Morello.

— Tu les droguais…

Il m'a semblé qu'il souriait du fond de son matelas.

Je suis resté pétrifié, les bras pendant le long de mon corps. Une idée m'a poussé à saisir mon outil de travail, mon téléphone portable. D'abord, je l'ai photographié. Il ne remuait pas d'un cil. Puis j'ai commencé à filmer. L'objectif pointé sur lui. Ma voix tremblait :

— Tu es Richard Pasco. Tu as fait de la prison pour viol. Tu as atterri à Poitiers, tu gagnais ta vie en rénovant des façades. Tu as rencontré Lisa Fournier. Elle était paumée. Tu t'es servi d'elle pour attirer des jeunes hommes.

Il me fixait du regard, provocateur peut-être, me mettant au défi. Il attendait la suite.

— Tu les as drogués pour abuser d'eux. Puis tu les as jetés à l'eau pour faire croire à une chute, une noyade. Le seul que tu as loupé, c'est Vincent Levin parce que c'était ton premier meurtre.

J'ai guetté encore une quelconque réaction. Il n'y en a eu aucune.

— C'était ton premier meurtre ?

Rien. Seulement le silence de cette pièce nue.

— Puis Lisa est tombée enceinte. Elle a changé. Elle ne voulait plus être ton appât. Elle voulait laisser des traces de ce que vous aviez fait ensemble. Tu l'as surprise. Elle s'est enfuie puis elle s'est tuée pour échapper à ton emprise.

Le reste du puzzle me manquait. Le cadre de ma vidéo tanguait sous l'effet de mes tremblements. J'ai improvisé, puisqu'il ne baissait pas les yeux.

— Ensuite tu as dû fuir. Et commettre d'autres crimes. Puis t'es revenu neuf ans plus tard. Tu as voulu effacer les traces. Pourquoi ?

Il n'y avait sans doute aucune réponse à attendre de lui. Hors de question cependant de laisser s'échapper ce rendez-vous avec la vérité.

— Pourquoi tu es revenu effacer les traces ?

Ses doigts décharnés ont abandonné la photo de Lisa pour se lever lentement. Il m'a fait un geste de la main qui voulait dire : « Approche-toi. »

La tête me tournait, la fatigue resserrait son étau. J'ai fait un pas, prudent, effrayé, même s'il paraissait trop affaibli pour tenter quoi que ce soit. Mon pied gauche a tapé contre le couteau de cuisine au sol. Je me suis accroupi pour le ramasser et l'ai brandi en direction du Diablo.

Il a eu l'air amusé.

J'étais à présent à un mètre de lui. Son visage m'est apparu plus crûment encore : un kyste gros comme un raisin déformait son front, à la base du cuir chevelu. Un jaune pisseux emplissait chacun de ses yeux. Il lui manquait aussi quelques dents. Un tox.

J'avais devant moi un pauvre tox.

Il a répété son signe de la main pour m'encourager à réduire encore la distance. J'ai buté cette fois contre une bouteille de piquette vidée. J'ai refusé d'obtempérer.

— Qu'est-ce que tu veux ?

Parler lui demandait un effort qui lui tordait les lèvres et plissait son front.

— Elle était pas à la hauteur, cette pute…

Sa voix n'avait rien de maléfique ou d'envoûtant. C'était une voix de poivrot. Chaque syllabe s'empâtait dans un bruit de salive asséchée et de langue engourdie.

— Lisa ?

Il a acquiescé d'un infime mouvement de la tête.

Un logo rouge d'alerte s'est affiché sur mon écran. La batterie de mon téléphone allait bientôt lâcher. Il fallait faire vite.

— Ou tu étais ces dix dernières années ?

Il a cherché ses mots quelques secondes.

— Ici et là.

— Pourquoi tu es revenu ?

— On revient toujours sur les lieux de son crime.

Il a souri. Comme un enfant content de son trait d'esprit. Blagueur incongru.

Mes yeux ne se décollaient plus de cette face, tout paraissait absurde. Le Diablo n'avait plus rien de diabolique. Un toxico en train de crever. Un pauvre type marinant dans sa puanteur. Un pervers libidineux qui ne pouvait plus faire de mal à personne.

Combien de temps lui restait-il à vivre ? Un mois ? Peut-être moins.

Tout ça pour ça. Tout ça pour en arriver là.

J'aurais pu lui sectionner la carotide avec le couteau de cuisine. Lui planter la lame dans son œil vitreux. Le cogner ou juste le gifler. Le prédateur n'était plus qu'une épave. On s'imagine des tueurs en série hors du commun, on se retrouve face à des camés misérables. La dernière personne, le dernier visage qu'avaient vu Vincent Levin, Éric Angon, Arthur Morello, Adrien Mauly et peut-être d'autres, c'était lui, c'était le sien.

La batterie de mon téléphone a lâché. Terminé.

J'ai filé.

12

Tu te répareras

Je n'ai pas vu la voiture débouler en sortant du parking du foyer. Il y a eu un bruit de freinage, et le cri d'un passant. Un sentiment d'explosion. Tout le reste n'est que bribes, impressions cotonneuses, couleurs vertes et blanches. Le plafond d'une chambre d'hôpital. Une silhouette maigre et familière venant me saluer, en contre-plongée. J'étais shooté aux anti-douleurs et, en y repensant plus tard, la conversation de Mernot ressemblait à des images brèves, chacune ponctuée d'un fondu au noir. Mon vieux copain a bien dû s'apercevoir que ma concentration subissait quelques avaries et il n'a pas dû rester très longtemps à mon chevet. Je ne me rappelle que quelques mots : « Repose-toi bien », « Tu te répareras ». Peut-être a-t-il parlé aussi de la petite Gitane mais je ne sais plus dans quel ordre. Et peut-être qu'en me disant au revoir, il a voulu me dire adieu, ne sachant pas quand je serais apte à venir lui rendre visite. Je me souviens vaguement de son ombre quittant mon champ de vision à pas légers.

Puis, le lendemain, alors que ma lucidité et un peu de mon énergie me revenaient peu à peu, Delmans s'est présenté à moi. Ni souriant ni taciturne, il a posé son blouson sur une chaise et, dans sa chemise qui le boudinait, décorée d'auréoles sous chacune de ses aisselles, il attendait de pouvoir me parler. Je le trouvais un peu pâlot, mais c'était réciproque.

— Salut Simon. Comment tu vas ?

— Ça va, je me remets.

— Tant mieux. Il paraît que tu en as pour trois jours encore. C'est bien.

— Il paraît…

— Qu'est-ce que tu vas faire ?

— Je crois que je vais me reposer chez mes parents quelque temps.

— L'air pur de la campagne, bonne idée… Bon.

— Vous vouliez me dire quelque chose ?

— Oui, deux choses. Mais on aura le temps d'en reparler, je ne veux pas t'épuiser.

— Allez-y, dites.

Il a réfléchi une seconde, cherchant le regard approbateur d'une infirmière qui n'était pas là. Puis s'est lancé :

— D'abord, on a identifié le chauffeur qui t'a percuté. Il dit qu'il ne t'avait pas vu, que tu es arrivé sans regarder, mais peu importe, il est en tort donc tu peux porter plainte.

Passer de l'hôpital au commissariat ne m'enchantait pas.

— C'est qui ce chauffeur ?

— Juste un type du quartier.

— Je vais voir.

— Bon… Enfin, comme tu veux, hein… Et puis… l'autre chose.

Une sourde angoisse a commencé à cogner à mes tempes, en même temps qu'un début de migraine. Un tic, juste un retroussement brusque de la lèvre, a marqué le visage du flic.

— Que t'a dit Richard Pasco ?

C'était la première fois que je repensais au face-à-face. Tout m'est revenu comme un flash, ou plutôt comme une gifle.

— Il a… Il a tout avoué. Tous les étudiants jetés à l'eau…

— Il t'a dit quoi exactement ?

En fait, il ne m'avait pas dit grand-chose. Tout était passé à travers des gestes, des regards.

— J'ai filmé… Sur mon téléphone…

Delmans m'a regardé attentivement, le tic l'a repris. Ses lèvres voulurent articuler un mot, mais c'est comme s'il hésitait entre la surprise et la perplexité.

— Tu es sûr de tout ça ? Peut-être que tu as mélangé la réalité et un rêve, tu as passé plusieurs heures dans le gaz.

— Bien sûr que non !

Je me suis surpris à monter le ton, et ma voix s'est éraillée en grimpant dans les aigus.

— Simon, on n'a pas retrouvé ton téléphone…

— C'est impossible. Il était dans la poche de mon jean.

— Quelqu'un te l'a sans doute volé… Les gens sont capables de tout. On fera le nécessaire pour essayer de le retrouver, je te le promets.

— Enfin merde ! Et Pasco ? Qu'est-ce qu'il vous a dit ?

Delmans paraissait sacrément emmerdé. Il cherchait encore ses mots, ses yeux passaient de mon visage au sol.

— Pour l'instant, il est muet.

— Il va bien finir par parler, il y a trop de choses qui l'accusent !

— J'espère, Simon, j'espère. À vrai dire…

La suite tardait à venir.

— … on a dû l'hospitaliser, il est dans un sale état. Les médecins pensent qu'il n'en a plus pour longtemps.

Les images de son visage décharné, de ses mains brûlées me sont revenues en mémoire. Était-ce un cauchemar ou la réalité ?

— Je ne sais même pas si on aura le temps de l'interroger à nouveau.

Épilogue

15 juin 2015, L'Écho

L'enquête sur les noyés du Clain se poursuit

La mort de Richard Pasco mettra-t-elle un terme à l'affaire des noyés du Clain ? Rien n'est moins sûr puisque les enquêteurs en charge de ce dossier labyrinthique vont désormais s'attacher à retracer le parcours de cet homme pour identifier d'éventuels complices, voire d'autres victimes.

Interpellé dans un foyer social à Poitiers, le 8 juin dernier, le quadragénaire est décédé quarante-huit heures plus tard au CHU où il avait été transféré en urgence. Il souffrait de plusieurs pathologies et notamment d'une hépatite C et d'un cancer de l'estomac. La juge d'instruction n'a pas pu l'interroger.

C'est notre journaliste Simon Magny qui a mis les enquêteurs sur la trace de ce tueur en série présumé en établissant un lien entre la mort de Vincent Levin, en avril 2004 à Poitiers, et celle de trois autres étudiants retrouvés noyés dans le Clain ou dans les eaux du port de La Rochelle entre 2004 et 2005.

L'énigme a rebondi le mois dernier avec l'interpellation d'un SDF pour le cambriolage d'un bureau de tabac à Poitiers. L'individu était porteur d'une bague ayant appartenu à Vincent Levin, tombé dans le Clain après une soirée étudiante. Un signalement fourni par ce marginal, finalement mis hors de cause pour le crime, ainsi que les recherches obstinées de notre journaliste, ont permis de remonter la piste d'un homme qui gravitait alors dans le monde interlope de la région : Richard Pasco.

Parallèlement, les enquêteurs ont réexaminé les dossiers de trois autres étudiants, dont les noyades avaient été considérées comme accidentelles : Éric Angon, en septembre 2004 à Poitiers, Arthur Morello en mars 2005 à La Rochelle et Adrien Mauly, en octobre 2005 à La Rochelle également. Ces nouvelles investigations ont mis en évidence un point commun qui figurait pourtant dans les autopsies pratiquées à l'époque : la présence de GHB, surnommé la « drogue du violeur », dans leur sang. Administrée par la ruse ou par la force aux victimes, cette substance aurait permis à leur prédateur d'abuser d'eux avant de les jeter à l'eau. Un mode opératoire utilisé, d'une part, pour laisser croire à une mort accidentelle et, d'autre part, pour estomper au contact de l'eau les traces ADN de leur agresseur, connu pour des faits de viol.

Dans cette série criminelle, le tueur aurait bénéficié de l'aide active d'une complice, évoluant dans le milieu toxicomane, et qui s'est donné la mort en mars 2006 à Poitiers.

Par ailleurs, les policiers soupçonnent Richard Pasco d'avoir assassiné Joseph Forig, un agriculteur résidant à Poitiers, après lui avoir soutiré ses économies pour assurer son train de vie et notamment l'achat de GHB, voire la rémunération d'autres complices pour intimider des témoins. Le corps de Joseph Forig a été retrouvé dans un immeuble abandonné, près de la gare de Poitiers, le mois dernier, soit dix ans après sa mort. L'ADN de Richard Pasco et celui de sa complice ont été isolés sur un morceau de tissu à proximité de sa dépouille.

D'autres analyses scientifiques, menées dans les débris d'une grange incendiée volontairement dans l'agglomération poitevine, ont révélé un probable sanctuaire, dans lequel reposaient des objets ayant appartenu aux différentes victimes.

Le SRPJ a également établi un lien avec un autre incendie criminel, survenu cette fois à La Rochelle au mois de mai, dans un squat situé près du port de plaisance. Il pourrait s'agir d'une autre base arrière du tueur en série. Plusieurs ADN masculins ont été prélevés dans les restes de cette bâtisse et sont en cours d'analyse afin de déterminer si d'autres victimes ont pu croiser la route du prédateur. *(Plus d'informations page 11.)*

Pendant mon hospitalisation, j'ai refait ce même cauchemar : la voiture, la banquette arrière. Je sortais du Ness et j'errais dans Poitiers. Je finissais par déboucher sur la gare, je cherchais un train pour rentrer chez mes parents mais à cette heure tardive, plus aucun ne roulait. En faisant demi-tour, je m'attardais auprès des prostituées et tombais sur une jeune femme aux cheveux rouges. Elle m'offrait un beau sourire et n'était pas farouche, je la suivais bêtement. Elle me faisait envie. On marchait côte à côte et une fourgonnette blanche passait à notre hauteur. Je n'avais pas le temps de crier, un type surgissait et me prenait le bras pour me faire une piqûre. Je me retrouvais prisonnier sur la banquette arrière. Il y avait une odeur de peinture à l'intérieur et quelques pots. Je tentais d'appeler un ami avec mon téléphone, composais le premier numéro venu, échouais sur un répondeur. Devant moi, sur le siège passager, se tenait la fille aux cheveux rouges. À la place du conducteur, un homme lui ordonnait d'une voix caverneuse : « Fais-lui ! Fais-lui ! » Et elle tentait de me piquer. Le téléphone tombait de mes mains et le type le ramassait pour l'éteindre.

On m'amenait dans un endroit sombre et isolé, dans une grange à l'allure abandonnée, et on me jetait à terre. La suite était probablement trop horrible et je me réveillais en sursaut, en sueur, frappé du réalisme si terrifiant de mon propre cauchemar.

Lors de mon dernier jour à l'hôpital, Suzy est venue me rendre visite pour me soumettre la version finale de l'article qui raconterait à nos lecteurs l'histoire des noyés du Clain. En lisant les derniers mots, j'ai éclaté en sanglots. Elle m'a serré dans ses bras et il m'a semblé que son œil était humide. À l'oreille, elle m'a soufflé :

— Je suis si fière de toi.

Le lendemain, le jour de la parution, mes parents sont venus me chercher pour m'emmener quelques jours au vert, au village, avant de savoir la suite que j'allais donner à ma vie. On est montés dans mon appartement charger deux valises de fringues, de livres et de paperasse diverse. J'ai demandé à mon père de m'arrêter devant chez Mernot. J'ai sonné à l'interphone mais personne n'a répondu. Puis la voiture a pris le chemin du retour, passant devant la gare. Sur l'esplanade, il y avait quelques vagabonds qui faisaient la manche ou qui discutaient. Parmi eux, il m'a semblé voir Robin. Je crois même qu'il m'a fait un signe de la main, avant de se fondre à nouveau parmi les ombres.

Remerciements

Je remercie Daniel Martin, Nathalie Théry et Glenn Tavennec pour leur soutien et leurs encouragements.

Ce livre est pour ma mère qui a lu mes premiers romans, rarement terminés, jamais publiés. Pour ma compagne, Marion, qui m'a vu l'écrire. Pour mon père, ma sœur, ma nièce et mon neveu, qui le liront un jour.

TABLE DES MATIÈRES

DEUXIÈME PARTIE

TROISIÈME PARTIE

Ouvrage composé par
PCA 44400 Rezé

Achevé d'imprimer en Italie par Grafica Veneta SpA
en avril 2022

POCKET - 92, Avenue de France - 75013 Paris

Dépôt légal : avril 2022

S32289/01